山으로 가는 길

山으로 가는 길

1판 1쇄 | 2006년 5월 12일
지은이 | 임종헌
펴낸이 | 손형국
펴낸곳 | (주)에세이
출판등록 | 2004. 12. 1(제395-2004-00009호)
주 소 | 412-791 경기도 고양시 덕양구 화전동 200-1 한국항공대학교
        중소벤처육성지원센터 409호
홈페이지 | www.essay.co.kr
전화번호 | (02)3159-9638~40
팩 스 | (02)3159-9637

* 이 책의 판권은 지은이와 (주)에세이에 있습니다.
  이 책의 내용 일부와 전부를 무단 전재하거나 복제를 금합니다.

ISBN 89-6023-004-9 03810

山으로 가는 길

한의사 임산의 60일 동안의 백두대간 순례기

임 종 헌

| 우정의글 |

길 위에서 부르는 생명의 만트라

봄이 오는 길목
와!
이 풍진 세상 어느 구석에 이토록 유쾌한 남자가 숨어 있었더란 말인가?
칠갑산에 올라 속진(俗塵)을 몽땅 씻고 내려온 사람 셋이 느닷없이 우르르 토굴 마당 위로 쏟아져 내린다. 자칭 '가슴에 불을 담고 산다던' 예의 그 남자가 한 송이 들꽃처럼 청순해 보이는 그의 아내와 함께 이 궁벽한 시골 마을과는 도무지 어울리지도 않는 웬 늘씬한 미모의 소프라노까지 떠억 대동하고 나타날 줄이야.
우리는 만나자마자 미처 자세히 통성명할 겨를도 없이 곧장 의기투합하여 철마(鐵馬)를 치달려 간월도로 향했고, 홍시 빛 저녁노을이 주단으로 깔려오는 들녘을 달리며 주섬주섬 내키는 대로 유행가를 마구 불러 제켰다. (물론 소프라노의 노래는 빼고) 뒤에 앉아 니코틴 향이 적당히 배어 그 윽한 음성으로 별로 잘 부르지도 못하는 18번을 끝까지 진지하게 부르는 그를 바라보고 있노라니 참으로 감회가 새롭다.
누구든지 그와 대화를 나누노라면, 도무지 세상만사 어느 것 하나 걸릴 데 없이 호방탕탕 하기가 이를 데 없다. 또한, 정면으로 얼굴을 마주 하고 이글이글 타오르는 눈빛과 절절 끓는 심장의 박동소리를 듣고 있노라면 그의 비장무기인 '투박한 진실성' 앞에 꼼짝없이 감전되어 버리고야 만다.

그리고는 저도 모르게 '하늘이 두 쪽 나더라도 기왕지사 사람의 새끼로 태어난 바에야 반드시 신의(信義)는 지켜야 한다.' 뭐 이런 섬뜩한 자기 다짐류의 고백성사를 절로 해 버리게 된다.

각설하고, 일단 본론으로 접어 들어가 보겠다.

영혼의 씻김굿

작년 이맘때였다.

어떤 연유로 나는 미얀마에서 배낭을 메고 태국을 지나 라오스 캄보디아를 거쳐 베트남으로 들어가, 다시 기차로 중국 속의 작은 티베트라고 하는 샹그릴라 지역을 지나, 최근 국제적으로 차(茶)와 꽃 재배 단지로 급부상하고 있는 쿤밍(곤명)으로 들어가게 되었다.

중국 대륙을 처음부터 끝까지 일렬로 종주하여 백두산 천지(天池)에 올라 '영혼의 천제(天祭)'를 올리고자 함이었다. 나름대로 절대로 비행기나 배를 타지 않고 오직 육로를 통해서라는 다짐을 명백히 해 놓고.

북경에서부터 걸음을 다부지게 놓아 두 달 동안의 힘든 여정 끝에 드디어 내일이면 백두산에 오르기로 한 날이었다. 9월 초순부터 백두산에는 눈이 내리기 시작하므로 팔월 말부터 천지는 출입이 통제된다. 때문에 잠시도 한눈팔지 않고 필사적으로 드넓은 만주 벌판을 치달려가 말끔히 목욕재계를 하고 나니 조금 시장기가 감돌았다.

하릴없이 6~70년대 남한의 시골 풍경을 연상케 하는 거리를 어슬렁거리며 돌아다니다가, 마침 조선족 음식점이 눈에 띄기에 안으로 들어갔다. 백두산에 오르려는 외국인 관광객들과 한국 음식을 좋아하는 중국인들을 비롯하여 조그마한 식당 안은 그야말로 인산인해를 이루고 있었다.

먼지가 수북이 앉은 고물 녹음기에서는 도라지타령과 아리랑이 정겹게 흐르고, 색동저고리를 입은 수줍은 미소의 어린 소녀들이 부지런히 음식을 나르고 있었다. 매캐한 석탄 화덕 위에 고추장을 새빨갛게 바른 더덕구이와 순두부에 도라지무침에 냉면에….

화학조미료로 함부로 오염되지 않은 각종 토종 음식들이 구미를 돋우며 산더미처럼 쌓여 있었다. 손바닥만한 앞치마를 두르고 토끼 눈을 동그랗게 치켜뜬 꼬마 아가씨가 주문을 받으러 왔기에, 마침 옆 사람들이 먹고 있는 도토리묵을 가리키며 같은 것으로 원한다고 종이에 써보였다.

더덕구이 한 접시와 순두부를 곁들여 시켜놓고, 귀로는 중국에 사는 우리 동포들의 애환을 들으며, 눈으로는 벽에 걸린 족자의 글씨를 찬찬히 보고 있노라니, 이윽고 기다리던 음식이 나왔다. 장백산(중국에서는 백두산을 장백산이라고 부른다)에서 막 캐온 더덕 향기가 코를 찔렀고, 순두부와 고춧가루를 빨갛게 넣고 버무린 포기배추김치에, 내가 마음먹고 주문한

새까맣게 채를 친 도토리묵은 그야말로 진수성찬이었다.

　금강산도 분명 식후경이라고 했겠다. 나는 먼저 밥과 순두부를 한 수저 가득 떠서 입에 넣은 다음 더덕, 배추김치 다음으로 도토리묵을 차례로 맛있게 먹어 나갈 요량이었다. 드디어 가늘게 채를 쳐 놓은 도토리묵을 한 수저 듬뿍 떠서 마악 입에 넣었다. 그런데 이상하다. 어, 이게 뭐야. 무슨 도토리묵이 이렇게 미끄덩거리지? 다시 한 번 또 먹어보아도 역시 난생처음 느껴보는 요상한 묵 맛이었다. 아무래도 뭔가 조금 이상한 것 같다.

　"여보세요. 잠깐 여기 좀 와 보실래요? 이게 대체 뭐죠? 도토리묵이 왜 이렇게 미끌거리는 거지요?"

　나의 두서없이 쏟아지고 있는 질문에 우르르 몰려든 종업원들은 당황해서 어쩔 줄 몰라 하더니 이윽고 주인 내외를 불러왔다.

　맙소사!

　"그냥 드세요. 진짜 몸에 좋은 거니까 이유를 묻지 말고 그냥 드세요."를 연발하던 주인장이, 마침내 '에라, 모르겠다'는 식으로 하는 말.

　"헤헤, 개고기 깝떼기 벗낀 거래요."

　"뭐라고…."

　순간, 나는 온몸이 불덩이처럼 새빨갛게 달아올라서 소리소리 질러 버렸다. 그러자 중국 정부의 공식적인 입산통제(入山統制) 시기가 되기 전에 백두산에 오르려고 모여든 금발의 유럽 관광객들과 중국인들을 비롯하여 한국말을 알아듣는 조선족들이 대거 몰려들었다.

몇 달 전 인도에서 가장 추운 지방인 다르질링의 티베트사원을 방문하였을 때, 티베트 스님으로부터 선물받은 붉은 털모자와 자주색 가사를 두른 나는, 누가 보더라도 영락없는 티베트 스님이었다. 하여, 연변에서부터 백두산 입구까지 버스를 타고 오면서 내내 티베트 스님인 척했었다.

아직 인공의 손길이 닿지 않은 처녀림을 자랑하고 있는 소박한 자연 풍광이 너무나도 아름다운데, 공연히 한국 사람들(조선족)과 자꾸 일상적인 대화를 나누다 보면, 애써 마음속에 간직하고자 하는 시적감성(詩的感性)들이 달아나 버릴까봐, 어느 나라 스님이냐고 묻는 프랑스 사람들에게 눈 딱 감고 티베트 스님이라고 거짓말을 하였었다.

그들은 여태까지 영어로 겨우 묻는 말에만 억지로 대답하다가, 갑자기 유창(?)하기 이를 데 없는 한국어로 마구 신경질을 부려대는 나를 보더니 다들 어안이 벙벙해하였다.

"아휴, 이런 나쁜 놈들 같으니라고. 우주시민을 발원하며 세계평화와 조국통일을 위하여서 목욕재계하고, 백두산 천지에 올라 영혼의 천제를 모시려고 몇 달 전부터 철저히 일종식(日種食)만을 하면서 예까지 물어물어 왔는데. 여태도록 단 한 번도 입에 대본 적 없는 개고기를 졸지에 먹게 되다니. 엉엉…."

나는 너무 분해서 식탁을 펑펑 두드려 가며 울고 또 울었다. 내가 너무 광적으로 거세게 울며 소리 지르자, 속수무책으로 당황하여 어쩔 줄 몰라 하는 주인 내외를 대신하여 어느 조선족 노신사가 조용히 다가와서 나를 달래며 어르며 하는 말.

"아, 참. 거 마음을 닦으시는 분이 뭐 고까짓 일로 그러십네까? 일체(一切)가 유심조(唯心造)라고. 불경(佛經)에서도 일체가 다 마음먹기라고 하지 않았습네까? 알고 보면 개고기도 약이라요. 아무리 정신수도를 해서 깨달음을 얻는 것이 중하다지만, 일단은 몸이 있어야 하지 않것습네까? 몸이 제대로 있어야 도(道)를 이룰 수 있으니깐에, 거저 약으로 알고 눈 딱 깜아 버리시라니깐요."

문득 할 말이 없어졌다.

어느덧 마음을 가라앉히고 노인장이 백두산에서 따왔다는 잣을 둥둥 띄워 건네는 수정과를 한 사발 들이키면서 물었다. 어떻게 내가 한국 스님인 줄 알았느냐고. 어르신 왈, 아까 겉으로 보기에는 완벽히 티베트 스님 행세를 하던 내가 식당에 턱 들어서더니 -사람들이 있을 때는 전혀 한국말을 못하는 척하더니- 필담으로 음식을 시켜놓고, 벽에 걸려 있던 족자의 글씨를 중얼중얼 소리 내어 읽어 내려가더니, 갑자기 무릎을 타악 치면서 '와! 좋다.'를 연발하기에, 아마도 조선족 2세가 어떻게 몽골이나 티베트에 들어가서 스님이 되었었나 보다 생각하였단다.

어느 결에 파란 눈동자의 스웨덴, 노르웨이, 뉴질랜드에서 온 관광객들이 모두 가까이 다가와 빙 둘러앉았다. 그들은 며칠 동안 보였던 나의 응큼한 거짓말 -티베트 스님인 척- 을 나무라기 전에 "오! 노 프라블럼(전혀 문제될 게 없어요)"을 연발하며 가까이 다가와서 친절하게 눈물을 닦아주는 것이 아닌가.

　　知者樂水 仁者樂山 (지혜로운 이는 물을 좋아하고, 어진 이는 산을 좋아한다)

　　벽에 걸린 논어(論語)에 나오는 공자님 말씀을 엉터리 영어 실력으로 간신히 해석하여서 들려주고 '손에 손잡고'를 힘차게 부르며 우리는 모두 백두산에 올랐다.
　　그런데 얼떨결에 한 숟가락 집어삼킨 개고기가 정말 약이 되어 주었는지 장정들도 힘들어 하는 길을, 나는 등산화도 아닌 낡은 가죽샌들을 신고 잘도 올라갔다. 물론 장백폭포로 내려올 때 느닷없이 사나운 폭풍우가 휘몰아치자, 골짜기 아래로 미끄러져 오른쪽 발톱이 하나 빠져 달아나 버렸지만.
　　백두산 천지에 오르는 길은 결코 만만치가 않았다. 수시로 구슬만한 잔돌멩이들이 공중으로 휙휙 날아다니면서 머리고 얼굴이고 어디든 가리지 않고 마구 때렸다. 다행히 부처님과 보살님의 가피인지, 백두산 산신령의 도우심인지, 아니면 개고기의 힘인지, 나는 한쪽 발을 절룩거리면서 휘파람을 휘휘 불며 드넓은 만주 벌판을 속속들이 누벼 다니면서 고구려와 발해 유적지들을 답사하고, 해 저무는 압록강변에 서서 돌아오는 대로 곧장 백두대간 산행을 하기로 결심하였다.

인생은 새옹지마(塞翁之馬)

  그와 나는 언제부턴가 우리 민족의 정체성을 일깨워줄 기념비적인 사업의 일환으로 각자 '백두대간 순례'라는 공동의 주제를 택하고 한 길을 걸어가던 중에 만났고, 우리의 만남은 어쩌면 아주 오래전부터 이미 철저히 '예정된 우연'인지도 모르겠다.
  마치 〈화엄경〉 입법계품에 나오는 선재동자의 구도 여정에서 만나는 53 선지식(善知識)처럼, 드디어 그가 백두대간 따라 걷는 길 위에 홀로 우뚝 서기까지, 때로는 선지식의 모습으로 때로는 악지식(惡智識)의 모습으로, 일찍부터 그의 주변에 출현하는 협시보살(挾侍菩薩)들의 모습은 참으로 각양각색이기도 하다.
  이중환의 〈택리지〉와 김정호의 〈대동여지도〉를 그대로 펼쳐놓은 듯한 그의 순례기는 달리 보태고 뺄 것도 없이 그대로 한 편의 장쾌한 박물지(博物誌)이다.

修海 스님

들어가며

 산이 우리에게 주는 의미는 무엇일까? 산은 우리가 목숨을 붙이고 살아가는 평지보다 높은 곳이다. 그러니까 산을 오른다는 것은 '높은 곳'으로 오르는 것이다. 높은 곳은 '신성한 곳'이다. 그래서 나는 산을 오를 때마다 늘 경건한 마음을 가지려고 노력한다.
 또, 산은 언제나 변함없는 '영원한 존재'다. 그러기에 나에게 있어서 산은 하나의 화두다. 산의 그 의연하면서도 변함없는 모습은 항상 말없는 깨우침을 주곤 한다. 그런 의미에서 산은 나의 스승이기도 하다. 산은 사람이나 온갖 짐승과 새, 나무와 풀들까지도 차별을 두지 않고 따뜻하게 품어주는 어머니와 같은 존재다. 그래서 산에 들면 어머니의 품속처럼 포근함을 느끼게 된다.

 산은 '길'이기도 하다. 산에는 산으로 오르는 산길이 있다. 옛날부터 헤아릴 수 없는 사람들이 저마다의 사연을 안고 산길을 떠났다. 화전민들은 생존을 위해서, 나무꾼들은 화목을 구하기 위해서, 사냥꾼들은 짐승을 잡기 위해서 산으로 길을 떠났다. 도망자들은 피신처를 구하기 위해서, 독립군들은 국권 회복을 위해서, 파르티잔들은 이상 사회를 실현하기 위해서

산으로 가는 길을 선택했다.
 또, 그 산길은 산악인들에게는 끝없는 도전의 길이었으며, 구도자들에게는 구도를 위한 순례의 길이었다. 그들 중에는 사바세계로 다시 돌아온 사람도 있었지만 영영 산사람이 된 사람도 있었다.

 내가 산으로 난 길을 가는 것은 거기에 길이 있기 때문이다. 그 산길은 내 삶의 길이기도 하며 구도의 길이기도 하다. 산으로 난 길을 가다 보면 거기에 깃들여 살아가는 수없이 많은 존재들과의 만남이 있다. 사람들뿐만 아니라 짐승과 새, 그리고 풀과 나무들과의 만남도 있고, 하늘과 땅과 물, 바람과 구름, 해와 달과 별과의 만남도 있다. 끝없이 흐르는 시공간의 흐름 속에서 미지의 존재들과의 만남은 얼마나 기막힌 인연인가! 또, 얼마나 반가운 만남인가!
 무엇보다도 중요한 것은 자기 자신과의 만남이다. 오랜 시간 동안 홀로 산길을 걸으면서 자기 자신의 실상을 관할 수 있다면 좋은 경험이 될 것이다. 산은 인간과 자연이 만나는 곳이기도 하다. 산을 통해서 인간은 자연과 동화될 수 있다. 자연에 온전히 동화될 때만 인간은 비로소 삶의 진리를 터득할 수 있다. 인간과 자연은 둘이 아니라 하나다. 아니, 인간은 자연의 극히 일부분에 불과할 뿐이다. 그러니 자연을 파괴하는 것은 우리 자신을 파괴하는 것과 같다. 자연은 인간의 소유물이 아니라 후세에 길이 물려주어야 할 소중한 유산이다.

 백두대간은 한반도의 모든 산맥과 산들의 조종이라고 할 수 있다. 그래서 백두대간을 순례하는 것은 모든 산사람들의 꿈이기도 하다. 그 꿈은 궁극적으로는 히말라야 설산으로 이어진다. 나도 오래전부터 백두대간을 순례하겠다는 꿈을 가지고 있었다. 그러던 중, 그 꿈을 이룰 수 있는 날이 왔다.

2001년 5월 12일. 나는 홀로 배낭 하나만을 짊어진 채 백두대간으로 나의 인생길을 떠났다. 지리산 천왕봉에서 출발하여 진부령까지 백두대간 마룻금을 걷는 데 60일이 걸렸다. 30kg에 이르는 배낭을 지고 다니느라 몹시 힘들었지만 그만큼 보람도 컸다. 2001년 7월 10일 진부령에 이르러 마침내 백두대간 순례를 마쳤을 때는 감격에 겨운 나머지 눈물을 흘릴 줄 알았다. 그러나 눈물은 나오지 않았다.

왜냐 하면, 백두대간은 거기서 끝나는 것이 아니었기 때문이다. 나는 휴전선에 가로막혀 더 이상 갈 수 없는 북한 쪽 백두대간을 바라보면서 한없이 안타까웠다.

지금도 눈을 감으면 640km 천 육백 리에 이르는 백두대간이 선하게 떠오른다. 지리산에서 덕유산을 거쳐 속리산, 소백산, 태백산, 설악산에 이르기까지 거침없이 뻗어가는 준령들…. 그 백두대간을 걸으면서 백두대간을 닮은 사람들을 만나서 많은 도움을 받았다. 이들이 없었다면 아마도 나의 백두대간 순례는 불가능했을 것이다.

특히, 지리산에서 만난 심운 스님, 남원 인월에서 만난 이용호 군과 박성수 군 부부, 덕유산에서 만난 황인대 씨, 황학산에서 만난 금강화섬 이용재 노조위원장 부부, 추풍령에서 만난 작동마을 오천근 이장, 윗왕실재에서 만난 효곡감리교회 진태원 목사, 속리산에서 만난 고 심창한 군과 김정춘 씨, 이화령에서 만난 건국대학교 의대 부속병원장 정두용 박사와 윤병선 교수, 하늘재에서 만난 김위연 씨 부부, 고치령에서 만난 영주 단산면 옥대 2리 김진호 씨, 선달산에서 만난 이상견 씨, 도래기재에서 만난 덕산건설 양희정 부장, 태백산에서 만난 귀빈장여관 김희정 씨, 한의령에서 만난 태백여성산악회원들과 창죽리 오영애 씨 부부, 댓재에서 만난 중앙종합중기 정재성 부장과 삼척의 큰처남 내외, 백봉령에서 만난 장백 화백과 김명자 도예가 부부, 대관령에서 만난 정재현 민예총 충주 지부장과 전영상 두오출판사 대표 부부, 삼양목장에서 만난 충주추어탕 홍기돈 사장, 구룡령에서 만난 구룡령휴게소 안정훈 사장, 조침령에서 만난 꽃피는 산골 민박을 운영하는 조명호, 장은경 씨 부부, 단목령에서 만난 설피민국 이상곤 대통령, 한계령에서 만난 목포한솔산악회 오옥현 군, 희운각 대피소에서 만난 최영철 지킴이와 미8군 군무원 이무원 씨, 공룡능선을 함께 넘은 언론중재위원회 황정근 심의1팀장, 속초에서 만난 민박집 주인 김근배 씨 등이 지금도 잊어지지 않는 사람들이다.

또, 물심양면으로 도움을 주고 격려해 준 세명대 한의대 김규열 교수와 문재곤 박사, 안홍식 세무사, 후배 한의사들인 김형산 원장과 노창은 원장, 노승만 원장, 배용주 원장, 김규호 원장에게도 고맙다는 인사를 전하고 싶다.

백두대간을 순례하면서 사람들만 만난 것은 아니다. 산길을 홀로 고독하게 걸어갈 때 많은 산짐승들과 새들, 그리고 온갖 나무들과 풀들이 길동무가 되어 주었다. 전할 수만 있다면 이들에게도 감사의 인사를 전하고 싶다. 두로봉 근처에 있는 1234m봉과 북암령에 조금 못 미친 무명봉에서 먹이를 찾고 있다가 나를 보고 깜짝 놀라 달아난 멧돼지들에게는 지금도 미안하게 생각한다. 사실은 나도 많이 놀랐지만….

내가 백두대간 순례를 처음 시작할 때는 마침 지리산 연하봉과 세석평전에 진달래꽃이 지천으로 피어 있었다. 고리봉의 철쭉꽃도 장관이었다. 어느 산에서나 볼 수 있었던 원추리 꽃과 아카시아 꽃, 찔레꽃, 함박꽃, 그 밖에 이름 모를 풀꽃들도 외로운 산길 나그네에게는 적지 않은 위안이 되었다. 지리산을 온통 분홍색으로 물들인 진달래꽃을 보고서야 덕유 삼봉산에서 본, 어느 시인의 '온 산에 불이 났네'라고 읊은 시구의 진정한 의미를 깨달을 수 있었다.

5월 말부터는 내내 오디와 산딸기를 따먹으면서 산길을 걸었다. 배가 고플 때 이들은 훌륭한 식량이 되어 주었다. 나의 먹이가 되어 준 오디와 산딸기에게도 감사의 마음을 전한다.

백두대간 순례를 마치고 나니 몸무게는 5kg, 허리띠는 자그마치 10cm나 줄어 있었다. 제대로 먹지도 못한 채 무거운 배낭을 지고 산길을 걸었기 때문이다. 백두대간 순례는 나에게는 고행이라는 의미도 있다. 전부터 나는 고행을 통해서 깨달음에 이르겠다는 생각을 하고 있었다. 그래서 나의 한계가 어디까지인지 알고 싶었다. 고행을 통해서 몸과 마음은 단련될 수 있다. 백두대간 순례를 하면서 나는 나 자신과의 대화를 통해 좀 더 겸허해질 수 있었고 나 자신의 실상을 관할 수 있었다. 그리고 산을 높이 오르면 오를수록 나는 더 낮아질 수 있었다. 이런 깨달음을 얻을 수 있었던 것은 나에게는 큰 행운이었다.

나는 남한 쪽 백두대간 순례라는 소박한 꿈 하나를 이루었다. 이제는 두 가지 꿈이 남았다. 그 꿈은 북한 쪽 백두대간 순례와 히말라야 설산의 품에 안겨 보는 것이다. 그러기 위해서는 많은 어려움이 따를 것이다. 그러나 그 어떤 어려움도 나의 의지를 꺾지는 못할 것이다. 나는 꿈을 간직하고 있기에 행복하다. 무엇보다도 나의 꿈을 이해하고 응원해 주는 나의 사랑하는 아내 정란숙 여사와 딸 선하, 아들 정하가 있기에 더 행복하다. 나의 가족과 더불어 나와 인연을 맺은 모든 사람들에게 이 책을 바친다.

나의 책이 세상에 나오기까지는 5년이라는 세월이 걸렸다. 이 책에 빛을 준 에세이 출판사 손형국 대표이사와 이진숙 이사를 비롯한 관계자 여러분들께 깊은 감사를 드리는 바이다.

2006년 4월 17일 林 山

목차

| 첫째 날 | 백두대간으로 떠난 나의 인생길 _ 22
| 2일째 | 지리산 기슭에서 _ 27
| 3일째 | 로터리 대피소에서 정 처사와의 인연 _ 30
| 4일째 | 지리산 제일봉 천왕봉에서 _ 35
| 5일째 | 마고 할미가 산다는 노고단에서 _ 39
| 6일째 | 철쭉꽃이 만발한 고리봉에서 _ 43
| 7일째 | 고남산을 넘어서 홀로아리랑 _ 48
| 8일째 | 남원군 인월면 [지리산장]에서 _ 52
| 9일째 | 철쭉 잔치도 끝난 치재에서 _ 54
| 10일째 | 구름 속에 숨은 백운산을 넘어서 _ 58
| 11일째 | 빗속을 뚫고 간 육십령에서 _ 62
| 12일째 | 야생화가 만발한 남덕유를 넘어서 _ 66
| 13일째 | 살모사가 사는 북덕유 백암봉에서 _ 71
| 14일째 | 덕유 삼봉산 건너 대덕산을 넘어서 _ 76
| 15일째 | 찔레꽃 향기도 슬픈 삼도봉에서 _ 80

| 16일째 | 직지사를 품에 안은 황학산에서 __83
| 17일째 | 구름도 자고 간다는 추풍령에서 __87
| 18일째 | 산딸기를 따먹으며 넘은 국수봉에서 __91
| 19일째 | 포란지세의 백학산을 넘어서 __95
| 20일째 | 봉황신을 넘어서 속리산 형제봉으로 __99
| 21일째 | 속세를 떠나는 속리산에서 __103
| 22일째 | 낮달이 뜬 대야산을 넘어서 __108
| 23일째 | 어둠 속에 잠긴 백화산을 넘어서 __113
| 24일째 | 아픈 다리를 쉬면서 __118
| 25일째 | 다시 백두대간으로 떠날 준비를 하면서 __119
| 26일째 | 소나무와 기암절벽이 어우러진 조령산을 넘어서 __121
| 27일째 | 마의태자 울고 넘던 하늘재에서 __125
| 28일째 | 갈참나무숲이 우거진 대미산을 넘어서 __129
| 29일째 | 전망이 아름다운 황장산을 넘어서 __133

| 30일째 | 묘적봉과 도솔봉을 넘어서 죽령으로 __138
| 31일째 | 몸과 마음을 정비하면서 __143
| 32일째 | 식량과 부식을 준비하면서 __145
| 33일째 | 가랑비 부슬부슬 내리는 연화봉에서 __147
| 34일째 | 소백산 제일봉 비로봉에서 __153
| 35일째 | 무명봉들을 넘어서 늦은목이로 __158
| 36일째 | 선달산을 넘어서 도래기재로 __162
| 37일째 | 구룡산을 넘어서 태백산으로 __167
| 38일째 | 비를 핑계로 산행을 하루 쉬면서 __172
| 39일째 | 함백산은 안개에 젖어 __175
| 40일째 | 금대봉과 매봉산을 넘어서 피재로 __179
| 41일째 | 태백여성산악회와 함께 간 구부시령 __185
| 42일째 | 덕항산을 넘어서 댓재로 __189
| 43일째 | 두타산과 청옥산을 넘어서 백봉령으로 __193
| 44일째 | 케니 지의 연주를 들으며 산행을 쉬다 __198

| 45일째 | 사라진 자병산과 석병산을 넘어서 삽당령으로 __200
| 46일째 | 석두봉과 화란봉을 넘어서 닭목재로 __204
| 47일째 | 고루포기산과 능경봉을 넘어서 대관령으로 __207
| 48일째 | 끝없는 초원에 솟은 곤신봉을 넘어서 __211
| 49일째 | 안개 장막이 드리운 노인봉에서 __214
| 50일째 | 장사익의 소리를 들으며 산행을 쉬다 __218
| 51일째 | 동대산과 응복산을 넘어 구룡령으로 __220
| 52일째 | 바람 부는 구룡령에서 __224
| 53일째 | 비 내리는 갈전곡봉을 넘어 조침령으로 __226
| 54일째 | 달맞이꽃도 서러운 세나드리에서 __230
| 55일째 | 북암령을 지나서 단목령으로 __232
| 56일째 | 점봉산을 넘어서 한계령으로 __235
| 57일째 | 설악산 제일봉 대청봉에서 __240
| 58일째 | 공룡 능선을 넘어서 미시령으로 __244
| 59일째 | 백두대간 길 마지막 밤을 속초에서 __250
| 마지막 날 | 비 내리는 진부령에서 __251

백두대간으로 떠난 나의 인생길
– 백두대간 순례 첫째 날

　오늘은 내가 그토록 고대하던 백두대간으로 떠나는 날이다. 기대감 때문일까 자명종 소리가 울리기도 전에 저절로 눈이 떠졌다. 새벽 4시가 조금 넘은 시각이라 밖은 아직도 한밤중 같았다. 간단히 씻고 준비를 하는 동안 나는 미지의 세계로 떠나는 소년처럼 마냥 설레고 떨리는 마음을 감출 수 없었다. 하지만 마음 한편으로는 출전을 앞둔 병사처럼 두려운 마음이 들기도 했다.
　전날 미리 준비해 둔 여장을 다시 점검하고 있을 때 건국대 경제학과 윤병선 교수에게서 전화가 왔다.
　"곧 도착해요. 5분 후에 집 앞으로 나와요."
　전화를 받자마자 잠기운이 가시지 않은 아내와 아들 정하와 함께 서둘러 집을 나섰다. 집 바로 앞에 윤 교수의 차가 안개등을 깜빡이며 서 있었다. 윤 교수 옆에는 건국대 의대 정두용 교수가 앉아 있었다. 두 사람과는 사전 약속이 되어 있던 터였다.
　내가 백두대간 순례를 지리산에서 시작한다는 말을 했을 때 두 사람 모두 반색을 표했다. 그들은 전부터 지리산을 무척 가보고 싶어 했지만 한 번도 가볼 기회가 없었다고 했다. 그래서 백두대간 순례까지는 못해도 지리산 천왕봉까지는 함께 가기로 하고 따라나서게 된 것이다.
　나는 윤교수의 차에 올라 잘 다녀오라는 아내와 아들의 배웅을 받으며 드디어 충주를 떠났다. 차가 출발한 후에도 아내는 한참 동안이나 서서 멀어져 가는 차를 바라보고 있었다. 아내는 나의 주체할 수 없는 역마살을 20여 년간이나 묵묵히 이해하고 도와준 사람이다. 그런 아내에게 새삼 애틋함과 고마움이 솟아오른다.

문경, 점촌을 거쳐서 상주를 지날 때쯤 동녘 하늘을 온통 붉게 물들이며 해가 솟아오르고 있었다. 멀고 가까운 산기슭에 활짝 핀 하얀 아카시아 꽃은 아침 햇살을 받아 더욱 눈부시게 빛났다.

김천을 지나 거창으로 들어선 우리는 그곳에서 아침을 먹기로 했다. 거창읍내 큰 도로 옆 식당에서 국밥을 한 그릇씩 먹고 식당을 나서니, 학생들이 잰걸음으로 바삐 등교를 하는 모습이 보였다.

88고속도로를 한참 달리다가 드디어 지리산 나들목을 통과해 전북 남원시 인월면으로 접어들었다. 차창으로 비치는 지리산맥의 산줄기가 자못 장엄해 보였다. 자나깨나 늘 가슴앓이하며 그리워하던 지리산이었다. 지리산이 남성적인 산이라고들 하지만 나는 지리산에서 언제나 어머니의 품에 안기는 듯한 아늑함과 편안함을 느끼곤 했다. 어떤 전생의 연이 있어, 매번 나를 지리산에 찾아가게끔 하는 것인지 모르겠다.

인월을 지나 어느덧 경남 함양군 마천면 추성리로 들어섰다. 이곳은 칠선계곡으로 해서 천왕봉을 오르는 등산로가 있는 곳이다. 우리는 지리산에서 가장 험하다는 칠선계곡을 타고 천왕봉을 오르기로 했다.

그런데 초입부터 문제가 생겼다. 지리산 관리사무소의 직원이 우리를 막아선 것이다.

"들어가실 수 없습니다."

알고 보니 산불 위험 때문에 5월 15일까지는 입산금지 기간이라고 했다. 더구나 칠선계곡은 휴식년제에 들어가 있어 15일 이후에도 출입이 통제된다는 것이다. 잔뜩 부푼 마음으로 산행을 시작하려던 우리는 그만 맥이 탁 풀려 버렸다. 우리가 멀리서 왔다는 것과, 백두대간 순례를 이곳에서 시작하려고 한다는 말로 통사정을 했지만 직원들은 요지부동이었다. 할 수 없이 우리는 백무동으로 가서 입산이 허용된 가내소 폭포까지만 갔다가 오기로 했다.

폭포로 올라가는 길에 이어지는 계곡 물은 맑고 수량도 많았다. 가내소 폭포에 다다라 세석평전 쪽을 바라보니 영신봉이 눈에 잡힐 듯 우뚝 다가왔다. 우리는 아쉽지만 여기에서 발길을 돌리지 않을 수 없었다.

백무동으로 도로 내려와 매표소 근처 식당에 들러 흙돼지 불고기로 점심을 먹었다. 반주로 막걸리도 한 잔씩 돌렸다. 서글서글한 인상의 젊은 주인 남자가 술 한 병을 가지고 친근하게 다가왔다.

"제가 직접 담근 술인데 한 잔씩들 맛보시죠."

오미자주였다. 오미자는 한방에서 고정축뇨지대약(固精縮尿止帶藥)으로 쓰는 약재로 술로도 많이 만들어 마신다. 주인이 따라준 오미자주는 상큼한 맛이 그야말로 일품이었다.

배를 든든하게 채운 뒤 백무동을 나와 반선, 달궁을 지나 성삼재로 올라갔다. 노고단이라도 보기 위해서였다. 토요일이어서 그런지 노고단을 오르는 사람들이 꽤 많았다. 무넹기에 이르러 화엄사골을 내려다보았다. 화엄사 골 좌우로 남쪽으로 치달려 가는 산줄기가 장쾌하다.

노고단 정상에는 진분홍색의 진달래가 활짝 피어 있었다. 진달래는 어떤 이의 절절한 한으로 피어난 듯 색이 뚝뚝 떨어질 것처럼 짙고 붉었다. 그래서 나는 이곳에 핀 진달래를 볼 때마다 어쩐지 가슴이 울렁였다.

저 멀리 천왕봉이 아스라이 보였다. 견우와 직녀의 마음이 이랬을까. 그래도 내일이나 모레쯤에는 천왕봉을 만날 수 있다는 생각으로 안타까운 마음을 애써 달랬다. 대신 바로 눈앞의 반야봉이 오랜만에 만나는 중년의 누이처럼 반갑게 다가섰다. 언젠가 반야봉에서 보았던 운해. 무등산과 조계산 봉우리만 달랑 내놓고 온 세상을 새하얀 솜으로 덮은 운해 위로 찬란한 태양이 빛났다. 신선이 산다는 세상이 바로 이런 곳이 아닐까 하는 생각이 들 정도였다. 그런 장관을 처음으로 보았던 나는 그만 그 위로 풀쩍 뛰어내리고 싶은 충동을 가까스로 참았다.

노고단을 내려와 성삼재 휴게소에 도착한 우리는 캔맥주를 하나씩 나눠 마셨다. 마침 갈증이 나던 터라 뱃속 끝까지 시원해지는 기분이었다. 그때 마침 화개에 암자를 가지고 있는 심운 스님과 통화가 되었다. 심운 스님은 몇 년 전부터 우연히 알게 된 후 지금까지도 나와 절친하게 지내는 스님이다. 마침 스님도 시간이 되신다고 해 우리는 1시간 뒤에 화개에서 만나기로 약속을 정했다.

화개는 조영남의 '화개장터'란 노래로도 유명한 곳이다. 화개 쌍계사 맞은편 언덕 위에 자리 잡은 성원 산장에 미리 도착해 있던 스님은 우리를 반갑게 맞아주었다. 산장에 여장을 풀고 우리는 스님의 안내로 쌍계사 바로 앞 사찰 음식만 전문으로 하는 음식점으로 갔다. 자리를 잡고 앉으니 이 집 특주라는 매실주가 나왔다. 매실은 그 효능이 알려지면서 요즈음 민간에서 각광받고 있는 과실이다. 매실은 한방에서 오매[烏梅]라고 하는데, 수삽약[收澁藥]으로 분류된다. 오래된 기침, 허열로 인한 소갈증, 설사 등을 치료하는 약재로 옛날에는 회충약으로도 썼다.

매실주는 상큼하면서도 감칠맛이 돌았다. 안주로 나온 톳 볶음요리도 담백하고 고소한 맛이 입맛을 당겼고 참죽나무순 장아찌라는 음식은 이곳에서 난생처음 맛보는 것이었는데 향이 매우 독특하고 좋았다.

매실주가 조금 아쉬웠던 우리는 화개 막걸리로 또 한 잔씩을 돌리기로 했다. 삼겹살에 곁들인 음나무순과 취나물의 향기가 식욕을 돋궜다. 음나무순은 일명 개두릅이라고도 하는데 쌉싸래한 맛이 매력이라 할 수 있다. 예전에는 가시가 달린 음나무 가지는 문 앞에다 액막이로 매달아 두기도 했다.

오래간만에 벗을 만나 기분 좋게 취해 있는데 심운 스님이 노래방에 가자고 부추긴다. 그래서 우리는 화개장터에 있는 노래방까지 내처 들르기로 했다. 심운 스님의 노래 솜씨는 보통이 아니었다.

산장으로 돌아와 나는 심운 스님과 한 방에 나란히 누웠다. 그리고 아랫목의 뜨듯한 기운에 저절로 잠에 빠져들었다.

지리산 기슭에서
―백두대간 순례 2일째

　맑은 산 기운 덕분인지 전날 늦게 잠이 들었는데도 아침 일찍 일어났다. 방문을 여니 녹음이 우거지기 시작한 지리산의 준령들이 한눈 가득 들어왔다.
　그날은 마침 구례에 5일장이 서는 날이라고 해 일행이 모두 함께 구례 읍내로 나가기로 했다. 구례 읍내에 도착해 시장 구경을 하기 전에 우리는 일단 스님이 가끔 들린다는 한정식집에서 아침을 먹었다. 노릇노릇 잘 구워진 부세 구이와 맛깔스런 된장찌개가 특히 입에 착착 붙었다.
　아침식사를 마치고 우리는 본격적으로 재래시장을 구경하러 나섰다. 아직 오전이라서 그런지 시장은 한산했다. 이것저것 신기하게 구경하던 중에 심운 스님이 채소 씨앗 몇 가지와 애호박 묘 몇 포기를 샀다.
　"새로 옮긴 암자 터에 심어 보려고요."
　그러면서 스님은 상인이 건네주는 씨앗을 조심스레 건네받았다. 그 말에 나는 스님의 암자가 궁금해졌다. 그래서 시장 구경을 마친 후 새로 산 씨앗과 호박 묘를 지프에 싣고 우리는 스님의 새 암자로 향했다. 구례에서 섬진강을 건너 해발 4백 미터쯤의 산 정상 부근에 자리 잡고 있는 암자로 가는 길은 깎아지른 낭떠러지 위로 나 있어 그야말로 위험천만이다. 하지만 가파르고 울퉁불퉁한 길 때문에 차가 마구 요동을 치는 데도 스님은 익숙한 듯 잘도 올라갔다.

마침내 암자의 공터에 올라서자 시야가 탁 트였다. 차에서 내려 사방을 둘러보니 지리산에서부터 조계산, 백운산이 파노라마처럼 펼쳐졌다. 북쪽으로는 노고단, 서쪽으로는 무등산, 남서쪽으로는 조계산, 남동쪽으로는 백운산이 그곳 암자를 둘러싸고 있었다. 또한, 바로 앞에는 섬진강이 휘돌아 나가고 그 건너편에는 구례읍이 아담하게 내려다보이는 것이, 누가 보아도 명당이었다.

훤하게 트인 산에는 밤나무, 잣나무, 두충나무들이 울창했다. 암자 바로 앞에는 오래 묵은 아름드리 노송 한 그루가 품위 있게 서 있었으며 암자 주위로는 물앵두, 자두, 포도, 탱자, 배 등 온갖 과일나무들이 싱싱한 빛을 띠었다. 물앵두는 이제 막 빨갛게 익어 가고 있는 중이었다. 그렇게 아름다운 자연의 풍광 속에서 난생처음 보는 나무를 발견했다.

"스님, 이건 무슨 나무죠?"

"그건 열녀목이라고 부릅니다."

열녀목이라는 나무는 둥치는 가늘면서 하늘 높은 줄 모르고 날씬하게 뻗어 올라간 모양을 하고 있었는데, 그 모양새가 어쩐지 신묘해 보였다. 스님의 말로는 청와대에도 이 나무를 두 그루 기증했다고 한다. 스님은 내게도 가져다 심으라고 어린 묘목을 몇 그루 캐어 주었다.

암자 주변 밤나무 과수원에는 취밭도 있었다. 우리는 진한 취향을 맡아가며 연한 취를 한 바구니씩 뜯었다. 윤 교수는 충주로 돌아가면 돼지 삼겹살을 구워서 함께 싸 먹겠다며 너털웃음을 지었다.

암자를 내려와 정 교수와 윤 교수는 다시 충주로 돌아갈 채비를 했다. 두 사람은 다시 일상으로 돌아가야 하는 것이다.

"임 선생님, 백두대간 순례에 꼭 성공하고 돌아오기 바랍니다."

스님은 만남과 작별의 선물로 직접 덖은 우전녹차 한 통씩을 그들에게

쥐여 주었다. 우전이란 절기상으로 곡우가 오기 전에 햇잎을 따서 만든 것으로 최고의 품질로 치는 녹차다. 마음이 담긴 스님의 선물을 고맙게 받은 그들은 아쉬운 마음으로 발길을 돌렸다.

"출출한데 읍내에 나가 식사나 할까요? 구례시장 안에 맛있는 우무국수 집이 있어요."

정 교수와 윤 교수를 떠나보낸 후 스님이 내게 제안을 했다. 이제 혼자 남아 순례를 해야 하는 나를 북돋아 주려는 뜻이리라.

스님의 말대로 우무국수는 별미였다. 우무로 만든 국수는 콩 물에 말아 주는데 담백하고 구수한 맛이 그만이었다. 흘낏 옆을 보니 김을 무럭무럭 내며 팥죽이 끓고 있는 커다란 솥이 보였다. 팥죽을 파는 아주머니는 내가 말을 붙이자마자 KBS '6시 내 고향'에도 나온 적이 있다고 자랑을 했다. 팥죽장사 19년에 딸 둘, 아들 하나 삼 남매를 다 대학까지 보냈다고 하니 자랑할 만도 한 일이었다.

산장으로 돌아오니 피곤이 갑자기 몰려와 나도 모르게 잠에 빠져들었다. 두 시간 정도 낮잠을 달콤하게 자고 일어나자 그때를 맞춰 스님이 차를 달여 내왔다. 코끝을 스치는 차향이 향기롭다. 스님과 차를 마시며 세상 사는 이야기를 나누다 보니 어느새 해가 뉘엿뉘엿 지고 있었다. 신선놀음에 도낏자루 썩는 줄 모른다는 얘기가 딱 맞는 말이었다.

로터리 대피소에서 정 처사와의 인연
—백두대간 순례 3일째

아침 메뉴는 갈치국이었다. 심운 스님과 함께 구례읍내 우체국 옆 갈치구이 백반 집을 찾게 되었는데 갈치국이 그렇게 맛있는 줄을 나는 그날에야 처음 알게 되었다.

스님은 그날 속가가 있는 충남 홍성에 다니러 간다고 했다. 그 김에 나도 남원 버스터미널까지 스님의 차를 얻어 타기로 했다. 스님은 남원 버스터미널에 도착해서 산청까지 가는 버스표 한 장을 직접 사 내 손에 쥐어 주었다. 스님에게 진한 우정과 고마움이 새삼 느껴졌다.

버스는 터미널을 빠져나와 산청을 향해 달리기 시작했다. 내 옆자리에는 웬 스님 한 분이 앉아 있어 방금 헤어진 심운 스님이 또다시 떠올랐다. 옆자리에 앉은 스님은 내게 어디를 가느냐고 물어 왔다.

"백두대간 순례를 하려고 합니다. 그래서 지금 중산리로 가는 중이고요."

이렇게 대답하니 스님은 약간 놀라는 눈치다. 그리고 자신은 벽송사로 해서 천왕봉을 올라 법계사로 내려갈 예정이라고 한다. 스님이 또 묻는다.

"수염을 기르신 것을 보니 보통 사람은 아닌 것 같은데, 무슨 일을 하시는 분인가요?"

"대학에서 한의학을 공부하고 있습니다."

"아 그래요? 저도 사상의학을 공부했습니다."

"스님은 어떤 계기로 사상의학을 공부하게 되셨나요?"

"전에 건강이 몹시 안 좋아서 의사나 한의사에게 치료를 받아도 낫지를 않더군요. 그래서 사상의학을 익혀 제 병을 스스로 치료했답니다. 다행히 지금은 건강을 완전히 회복했습니다."

"자기 자신이 의사가 되어 건강을 돌보는 것이 가장 바람직하지요."

스님이 나를 가만히 살펴보더니 내 체질을 소양인 중에서도 토양인(土陽人)이라고 감별을 했다. 체질이란 언뜻 보고 단번에 감별되는 것이 아닌데도 스님은 명쾌하게 결론을 내려 버린다. 나는 내 스스로 음양화평지인(陰陽和平之人)이라고 생각하고 있었는데 말이다.

"혹시 신장에 약간 이상이 있진 않나요?"

"아직까지는 아무 문제가 없는 것 같은데요."

그랬더니 스님은 고개를 갸우뚱한다. 사실 사상의학을 하는 사람들의 폐단은 모든 사람을 4가지 또는 8가지의 틀에다 맞추려고 하는 데 있다. 수십억 명이나 되는 사람들을 어떻게 단 몇 가지 틀에만 넣어 맞출 수 있겠는가. 한의학을 화제 삼아 스님과 대화를 하는 사이에 어느덧 버스는 인월로 들어서고 있었다. 스님이 그곳에서 내려야 했기 때문에 대화는 그쯤에서 마무리되었다.

버스는 함양을 거쳐 산청에 들어섰고 나는 중산리로 들어가는 길목인 원지에서 내렸다. 그리고 얼마 지나지 않아 도착한 중산리행 버스에 다시 몸을 실었다. 구불구불 이어진 계곡길을 천천히 달린 끝에 버스는 오후 5시가 다 되어서야 중산리에 도착할 수 있었다.

매표소에서 입장권을 사면서 직원에게 물어보니 야영장까지만 출입이 허용된다고 한다. 야영장에는 부산서 왔다는 젊은 남녀가 텐트를 쳐 놓고 야영을 하고 있었다. 하지만 나는 지리산 관리소 직원의 말을 무시하고 바로 등반을 시작하기로 했다. 계획이 이틀이나 지체되었기 때문에 입산통제가 풀리기를 마냥 기다릴 수는 없는 노릇이었다.

오늘은 법계사 바로 밑에 있는 로터리 대피소까지만 가기로 작정했다. 칼바위를 지나니 장터목과 법계사 갈림길이 나타났다.

나는 법계사 쪽으로 난 돌계단 길을 타고 오르기 시작했다. 계단 길은 언제나 나를 힘들고 지루하게 한다. 40kg이나 나가는 배낭이 벌써 어깨를 짓눌러 왔다. 어깨가 주저앉을 것만 같았다. 57kg밖에 되지 않는 내 체중에는 아무래도 배낭의 무게가 버거웠는지 땀이 비 오듯 쏟아졌.

중턱쯤 올라 천왕봉에서부터 내려오던 지리산 관리소 직원들과 마주쳤다. 그들은 16일부터 입산금지가 해제되니 오늘은 로터리 대피소에서 묵으라는 말을 전해 주었다.

가파른 돌계단 길은 계속 이어졌다. 나는 입에서 단내가 날 지경이 되어서야 잠시 쉬어가기로 했다. 쉬면서 포도당과 식염이 함유된 정제 한 알을 삼켰다. 초콜릿도 한 조각 잘라 먹었더니 조금 살 것 같은 기분이었다.

다시 얼마쯤 올라가다가 산에서 내려오고 있는 중년 부부를 만났다. 가도 가도 끝이 없는 하산길이었는지 그들이 참지 못하고 물어 왔다.

"중산리까지 얼마나 더 내려가야 합니까?"

내가 1시간만 내려가면 될 거라고 일러 주니 부부는 아직도 그렇게 많이 남았느냐는 표정을 지었다.

중년 부부를 뒤로하고 쉬지 않고 한참을 오르다 보니 마침내 법계사가 눈앞에 나타났다. 그게 그렇게 반가울 수가 없었다. 나는 로터리 대피소를 얼마 남겨두지 않고 가느다란 물줄기가 바위틈을 흐르고 있는 곳에서 배낭을 내려놓고 휴식을 취했다. 시에라 컵으로 물을 떠서 마시니 물맛이 기막혔다.

로터리 대피소에 도착한 것은 날이 어둑어둑해질 무렵이었다. 대피소의 관리인이 나를 반갑게 맞아 주었다. 자신을 정 처사라고 불러 달라는 그는 32살의 총각으로 지리산 살리기 운동을 하고 있다고 자신을 소개했다. 그 말에 나는 환경운동연합의 정책위원을 맡고 있으며 세명대 한의대 본과 2학년에 재학 중인 늦깎이 대학생이라고 말하자 그는 반가운 사람을 만났다고 악수까지 청해 왔다. 정 처사는 급히 물을 끓이더니 커피 한 잔을 타서 내왔다. 나는 답례로 쌀 한 봉지와 깡통 햄 한 통을 그에게 주었다. 도시에서는 흔한 것이, 아마도 산속에서는 귀할 것이리라.

손님은 덜렁 나 혼자뿐이었다. 나는 얼른 밥을 지어 배낭에 넣어 온 즉석 쇠고기 카레로 비벼 먹는 것으로 저녁식사를 해결했다. 저녁을 먹은 뒤 땀에 젖은 옷을 벗고 마른 옷으로 갈아입었다. 양치질까지 하고 나니 피로가 싹 가시는 것처럼 상쾌했다.

대피소에서 하룻밤을 묵는 비용은 2천 원이었고 이불은 5천 원에 빌려준다고 했다. 미리 침낭을 준비해 왔으니 이불은 필요 없을 것 같았다.

"새벽에는 추울 겁니다. 침낭으로는 안 될 텐데요."

그러면서 모포 두 장과 이불 하나를 줄 테니 4천 원만 내라고 권했다. 나는 그의 충고를 따르기로 했다.

밤 10시가 넘어 관리인은 내실로 잠을 자러 들어가고 객실 마루에는 나만 홀로 덩그러니 남았다. 이 생각 저 생각을 하며 자리를 지키고 있는데 그가 다시 마루로 나왔다.

"대피소는 태양전지로 불을 밝히거든요. 그래서 전기를 아껴 써야 해요."

관리인은 소등을 하고 대신 촛불을 하나 붙여 주었다.

사방은 쥐 죽은 듯이 고요했다. 새들마저도 잠자리에 들었는지 조용했다. 오로지 벽시계의 초침 돌아가는 소리만이 고요한 밤의 적막을 깨뜨렸다. 불현듯 시 한 수가 떠올랐다.

山으로 가는 길
꿈 속에서조차 그리운
雪山으로 가는 길

'내일은 천왕봉에 오른 다음 장터목까지 가든가, 아니면 세석평전까지는 가야지.'
아직 입산금지가 풀리지 않아서 그게 가능할지는 모르겠지만 나는 속으로 내일의 계획을 세워보았다.

지리산 제일봉 천왕봉에서
−백두대간 순례 4일째

아침 일찍 나는 정 처사와 작별인사를 나누고 로터리 대피소를 나섰다. 그리고 천왕봉을 향해 바로 등반을 시작했다.

천왕봉을 오르는 길은 특히나 험하고 가파르다. 그 길을 쉬지도 않고 내쳐 오르다 보니 땀이 바가지로 쏟아졌다. 두어 시간을 오르고 나니 이제 천왕봉까지 바위봉우리 하나만 남겨놓고 있었다. 천왕봉 바로 밑 바위 틈새로 솟아나는 샘에서 잠시 다리를 쉬고 목을 축였다. 그리고 정제 소금도 한 알 삼켰다. 등 뒤에 진 배낭의 무게가 천근만근이었다.

한참을 바위계곡과 씨름을 하고 난 뒤에야 천왕봉과 중봉으로 가는 갈림길에 올라섰다. 드디어 천왕봉이다. 1915m. 그러니까 남한에서 한라산 다음으로 높은 산이다. 정상에는 사람이 한 사람도 보이지 않았다. 너무 지쳐서인지 아무런 생각도 나지 않고 그저 멍할 뿐이었다. 마치 지리산맥의 푸른 바다에 둥둥 떠 있는 듯한 느낌이었다. 이런 것도 무아지경이라고 할 수 있을지.

늘 아련한 그리움으로 가슴속 깊은 곳에 자리 잡고 있던 지리산 천왕봉이었다. 지리산이 너무도 그리운 나머지 나는 몇 년 전에도 한 보름간 지리산맥을 무작정 헤매고 다니기도 했다. 그 어떤 기운이 나로 하여금 산으로 발길을 돌리게 하는 것일까. 진달래꽃 빛 붉은 피를 흘리며 산속에서 이름 없이 죽어간 젊은 빨치산들의 영혼이 나를 부르는 것일까. 아니면 산의 저 영원한 푸르름을 그리워하는 것일까. 그도 아니면 변하는 듯하면서도 변하지 않고 언제나 그 자리에 있는 산의 자성(自性)에 다가가려는 것일까.

천왕봉에 서서 사방을 둘러보았다. 북쪽으로는 백운산, 삼봉산, 법화산이 솟아 있고, 서쪽으로는 노고단을 향해서 지리산맥이 장엄한 모습으로 치달려 간다. 남쪽으로 눈을 돌리니 남해가 아스라이 보이고, 동쪽으로는 대원사골과 중산리 계곡을 가르는 산줄기가 힘차게 뻗어 있다. 나는 기념으로 세석평전과 반야봉이 나오도록 풍경사진을 찍었다.

한참을 쉬고 있으려니 중봉 쪽에서 사람 한 명이 올라오는 모습이 보였다. 반가웠다. 사람이 반가운 것이다. 인사를 청하니 그는 대구 사과연구소에서 농업연구사로 근무하고 있는 백봉렬이라는 사람이라고 자신을 소개했다. 그는 아그배나무의 분포 상태를 조사하는 식물자원 탐사를 나왔다고 했다.

나는 백봉렬 씨와 동무가 되어 장터목을 향해 출발했다. 제석봉을 오르기 전 길 바로 옆에서 꽤 오래 묵은 아그배나무를 여러 그루 발견했다. 그는 아그배나무를 배경으로 나를 모델로 하여 사진을 찍었다. 내 사진을 찍어주기 위해서가 아니라 내 키를 기준으로 아그배나무의 크기를 측정하기 위해서였다. 제석봉(1806m)을 오르니 살아서 천 년, 죽어서 천 년을 간다는 구상나무 고사목이 많이 보였다.

장터목 대피소에는 12시가 조금 넘어서 도착했다. 옛날에는 이곳에 큰 장이 섰다고 한다. 우리는 대피소 평상에 앉아 라면 두 개를 끓여 함께 나누어 먹었다. 라면을 먹은 후에는 그가 가져온 참외로 입가심을 했다.

간단한 점심을 마친 다음 백봉렬 씨는 중산리로 내려가는 계곡길을 내려갔고 나는 세석평전으로 향할 채비를 했다. 아직 입산금지가 풀리지 않은 상태라 장터목 대피소 직원인 조대현 씨로부터 허락을 받았다. 그는 세석으로 가는 도중에 공원 순찰대를 만나면 자기 이름을 대라고 하면서, 세석 대피소에도 전화를 해 놓겠다고 했다. 참 고마운 일이다.

연하봉(1667m) 산기슭에는 진달래꽃이 활짝 피어 있었다. 진분홍 물감을 여기저기 들어부은 듯 온 산이 진달래꽃으로 가득했다. 산 전체를 붉게 물들인 진달래는 내겐, 다른 꽃이나 잎에서 느낄 수 없는 절절한 한이 느껴지는 꽃이었다.

촛대봉(1703.7m)을 올라서자 수백만 평이나 됨직한 세석평전이 눈앞에 펼쳐졌다. 여기도 진달래꽃이 한창이었다. 드넓은 평전에 불이라도 난 듯 전체가 진달래꽃으로 만발한 풍경은 입을 다물지 못할 만큼 장관이었다.

세석평전은 이현상의 남부군 주둔지로 유명한 곳이다. 당시 이곳에서는 남부군의 군중대회와 연극공연 등이 열렸다. 그러나 마지막에는 토벌대에 포위되어 몰살을 당했던 피비린내 나는 역사의 현장이 바로 이 세석평전이기도 하다. 세석 대피소와 군부대 막사가 저만치 건너다보였다. 영신봉에서 청학동 삼신봉으로 산맥 하나가 뻗어 간다. 문득, 몇 년 전 화개에서 불일폭포를 거쳐 삼신봉에 올랐다가 이 능선을 타고 하루종일 세석평전을 바라보며 걸었던 기억이 떠올랐다.

세석 대피소에 들러 목을 축이는데, 입산금지 기간이어선지 직원들 외에는 사람이 보이지 않았다. 하늘을 보니 해가 아직 남아 있어 나는 내친김에 벽소령까지 가기로 마음먹었다.

일단 영신봉(1651.9m)을 어렵지 않게 넘었다. 왼쪽으로 보이는 대성골이란 계곡은 무속인들이 기도를 위해서 많이 찾는 곳이다. 대성골 말고도 무속인들이 많이 찾는 데가 백무동인데, 내가 아는 여성 무속인도 백무동에 백일기도를 하러 가는 것이 꿈이라고 했다. 그만큼 신령스러운 곳이라는데 나로선 이해할 수 없는 이야기였다.

칠선봉을 지나 덕평봉(1521.9m) 바로 밑에 있는 선비샘에 이르러 비로소 잠시 쉬며 숨을 골랐다. 얼굴도 씻고 아무도 없는 틈을 타서 사타구니도 닦았다. 그러고 나니 기분이 한결 상쾌해졌다. 전에 야영이 허용될 때 여기서 하루 텐트를 치고 자고 간 적이 있었다. 불문에 출가했다가 칠 년 만에 환속한, 법명이 성호인 친구와 충주시장 후보로 출마했던 정재현 민예총 충주지부장과 함께 지리산 순례를 할 때의 일이었다. 그때는 이곳에 야영객들로 붐볐지만 지금은 개미새끼 한 마리도 보이지 않는다.

벽소령 대피소에 도착하니 6시가 다 되어 있었다. 어깨, 팔, 다리, 허리, 발바닥이며 안 아픈 데가 없었다. 옷은 땀에 절 대로 절어 쥐어짜면 물이 뚝뚝 떨어질 정도였다. 나는 피로에 지친 몸을 이끌고 50m 정도 내려가야 하는 샘으로 가서 쌀을 씻고 물도 떠 왔다. 그런데 지대가 높아서인지 아니면 아직 밥 짓는 법을 터득하지 못해서인지 밥은 설익고 말았다. 하지만, 시장이 반찬이라더니 배가 몹시 고프던 차라 설익은 밥도 꿀맛이었다. 식사를 하고 몸을 씻고 나니 오늘은 잠이 잘 올 것 같았다.

내일은 노고단까지 갈 예정이다. 저녁 늦게 먹구름이 몰려오는 것을 보았는데 내일 비가 오지나 않을까 조금 걱정이 됐다.

마고 할미가 산다는 노고단에서
−백두대간 순례 5일째

오늘은 아침 일찍 출발해서 노고단대피소까지 가기로 했다. 이젠 몸도 어느 정도 적응이 된 것 같았다. 형제봉(1442m)을 거쳐 삼각고지를 가뿐히 넘었다.

연하천 대피소에 도착하니 등산객들 여럿이 쉬고 있는 모습이 보였다. 연하천 대피소는 몇 년 전 친구인 예성문구 최종근 사장, 정재현 민예총 충주지부장과 함께 지리산을 순례하다가 하루 묵었던 곳이다. 그때 정재현 지부장은 산행에 지친 산악인들을 위로하는 음악회를 열자고 문득 제안했다. 그래서 즉석에서 연하천 대피소 역사상 초유의 음악회를 열렸고, 정재현 선생이 부른 가곡 '산노을'은 야영객들로부터 연하천 골짜기가 떠나갈 정도로 우레와 같은 박수를 받았다. 최종근 사장도 '들국화'를 멋들어지게 불렀고 나도 어쩔 수 없이 '봄 처녀'를 한 곡 불러야만 했다.

어느 정도 땀을 식힌 후 다시 배낭을 짊어지고 명선봉(1586.3m)을 넘었다. 길가에는 얼레지와 연자줏빛을 띤 현호색 꽃들이 많이 보였다. 어제보다는 확실히 땀이 덜 쏟아졌다. 오늘이 입산금지가 해제되는 첫날이어선지 천왕봉을 향해 가는 등반객들을 자주 만났다.

토끼봉(1634m) 정상에 올라 배낭을 내려놓고 허리를 펴는데 반대편에서 한 무리의 청년들이 떼를 지어 올라왔다. 그들은 졸업여행을 온 전북대 의대생들이었다.

산에서의 인연으로 이런저런 이야기를 나누는데 학생 중 한 명이 질문을 했다.

"혹시 따님도 같은 대학에서 한의학을 공부하고 있지 않은가요? TV에서 뵌 것 같습니다."

"맞아요. 제가 바로 그 사람입니다."

지난해 내 딸 선하가 세명대학교 한의대에 입학하자 부녀가 같은 대학에 선후배로 다닌다고 매스컴에서 여러 차례 보도를 한 적이 있었다. 아마 그것을 보았던 모양이었다. 내가 백두대간을 혼자서 순례 중이라고 하니까 모두 신기한 듯 나를 쳐다보았다. 잠시 후 전북대 의대 학생들은 벽소령을 향해 떠나고 나는 토끼봉을 내려갔다.

삼도봉, 일명 날라리봉에 올라 잠시 쉬어가기로 했다. 산 이름을 왜 날라리봉으로 부르게 되었는지 그 까닭을 아직도 모르겠다. 삼도봉은 전라남도 구례군과 전라북도 남원시, 경상남도 하동군의 경계가 만나는 지점이다. 삼도봉에서는 반야봉도 눈에 들어왔다.

반야봉과 임걸령으로 가는 갈림길이 있는 노루목을 지났다. 임걸령에 도착하니 이미 점심때가 넘었다. 3년 전 해직된 지 10년 만에 단양중학교로 복직이 되었을 때, 여름방학을 이용해서 동료 선생님들과 산악부 학생들 합쳐 일곱 명이 함께 지리산 순례를 하던 중 바로 이 자리에서 야영을 한 적이 있었다. 저녁을 먹고 나서 널찍한 바위 위에 둘러앉아 별구경을 하는데, 손에 닿을 듯 초롱초롱 반짝이는 별들에 모두 그만 넋을 잃고 말았다.

알퐁스 도데의 소설 〈별〉을 떠올리게 하는 별 밤이었다. 별들이 어찌나 초롱초롱한지 나는 새벽에 자다 말고 나와 한참 동안 하늘을 바라보았다. 큰곰자리, 작은곰자리, 오리온자리, 전갈자리, 북극성들을 찾으며 사람이 죽으면 별이 된다는 전설을 떠올렸다. 그때 서녘 하늘에는 샛별이 유난히도 반짝였다.

어느덧 멧돼지들이 자주 출몰한다고 해서 이름 붙여진 돼지평전도 지나 드디어 노고단(1507m)에 올랐다. 노고단에는 여주에서 수학여행을 왔다는 중학생들이 돌탑을 배경으로 기념사진을 찍느라 야단이었다. 저 멀리 이틀 전 내가 올라 있었던 천왕봉이 아스라이 보였다.

노고단은 옛날 신라시대부터 지리산의 산신 선도성모를 모시는 남악사가 있었던 민속신앙의 영지다. 노고단이라는 명칭도 지리산 신령인 선도성모를 마고 할미로 존칭하며 부르게 된 데에서 유래했다.

마고 할미는 원래 반야봉에 얽혀 있는 전설과 관계가 있다. 지리산 산신 중 여신(女神)이자 천신(天神)의 딸이었던 천왕봉 마고 할미는 지리산에서 불도를 닦고 있던 도사 반야(般若)를 만나 결혼해 천왕봉에서 살며 8명의 딸을 낳았다. 그러던 어느 날 반야는 더 많은 깨우침을 얻기 위해 가족들과 떨어져 반야봉으로 떠났고 마고 할미가 백발이 되도록 돌아오지 않았다.

마고 할미는 반야봉에서 깨우침을 얻기 위해 외로이 수도하는 남편 반야를 그리며 나무껍질을 벗겨 남편이 입을 옷을 만들었다. 그리고 딸들을 한 명씩 전국 팔도에 내려보내고 홀로 남편을 기다렸다. 하지만 기다림에 지친 마고 할미는 끝내 남편 반야를 위해 만들었던 옷을 갈기갈기 찢어 버린 뒤 숨지고 말았다. 그렇게 찢긴 옷이 바람에 날리어 반야봉으로 날아가니 그것이 바로 반야봉의 풍란이 되었다고 한다.

후세에 사람들은 반야가 불도를 닦던 봉우리를 반야봉이라 불렀고 그의 딸들은 8도 무당의 시조가 됐다고 말했다. 또한, 반야봉 주변에 안개와 구름이 자주 끼는 것은 하늘이 저승에서나마 반야와 마고 할미가 만날 수 있도록 하는 것이라고 한다.

노고단 대피소에 도착해 직원에게 조용히 쉴 수 있는 방을 부탁하니 가족실로 안내해 주었다. 숙박료는 3만 원이었다. 비싸긴 해도 화장실과 샤워시설이 갖춰진 깨끗하고 넓은 방이었다.

나는 방에 들어서서 일단 빨래부터 했다. 옷에서 시커먼 구정물이 끝도 없이 나왔다. 그런 다음 차가운 물로 샤워를 하고 나니 온몸이 선득선득한 게 정신이 번쩍 났다.

오늘 하루종일 산봉우리들을 오르고 내리면서 한 가지 깨달은 것이 있었다. 오르막이 있으면 반드시 내리막이 있다는 것. 고생 끝에 낙이 온다는 속담이 저절로 깨쳐진 것이다. 고진감래(苦盡甘來)다. 인간의 가치는 땀을 흘린 양과 정비례하는 것임이 틀림없다.

내일은 여원재까지 갈 예정이다. 조금은 무리한 일정인 것도 같지만 가다가 못 가면 쉬었다 가면 되지. 문득 고려 말 고승인 나옹선사의 선시가 떠오른다.

청산은 나를 보고 말없이 살라하고
창공은 나를 잡고 티없이 살라하네.
사랑도 벗어놓고 미움도 벗어놓고
물같이 바람같이 살다가 가라하네.
세월은 나를 보고 덧없다 하지 않고
우주는 나를 보고 곳없다 하지않네.
번뇌도 벗어놓고 욕심도 벗어놓고
강같이 구름같이 말없이 가라하네.

나는 나옹선사의 시를 노래로 부르다가 까무룩 잠이 들었다.

철쭉꽃이 만발한 고리봉에서
−백두대간 순례 6일째

오늘은 조금 늦잠을 잤다. 그래서 부랴부랴 일어나 아침식사를 한 후 배낭을 가볍게 하기 위해 필요 없는 물건들은 과감히 버리고 노고단을 떠났다.

10시 50분쯤 차일봉(1356m)을 지나 종석대에 올랐다. 뒤를 돌아보니 노고단과 반야봉이 나를 배웅하는 듯했다. 구례읍이 저만치 아래로 내려다보이고 무등산과 조계산, 백운산도 보였다.

성삼재로 내려오니 주차장은 전국 각지에서 온 관광버스들로 만원이었다. 수학여행을 온 것으로 보이는 학생들도 많이 보인다. 그래서 성삼재는 마치 군중대회라도 열린 듯 떠들썩했다.

성삼재를 지나 1102m봉에 올랐다. 이 구간은 비교적 경사가 완만하여 힘이 덜 드는 편이었다. 오른편에 넉넉한 품으로 다가오는 반야봉을 바라보며 정오쯤에는 작은 고리봉(1248m)을 지났다. 어느새 만복대가 성큼 다가와 있었다.

작은 고리봉을 다 내려와 안부에 있는 헬기장에서 잠시 땀을 식히고 다시 만복대를 향해 떠났다. 나는 그 길을 걸으며 혼자 '산사람'이라는 노래를 흥얼거려 보았다.

어려서도 산이 좋았네
할아버지 잠들어 계신 뒷산에 올라가
하늘을 보면 나도 몰래 신바람났네

젊어서도 산이 좋아라
시냇물에 발을 적시고 앞산에 훨훨 단풍이 타면
산이 좋아 떠날 수 없네

보면 볼수록 정 깊은 산이 좋아서
하루 또 하루 지나도 산에서 사네
늙어서도 산이 좋아라

말없이 정다운 친구
온 산에 하얗게 눈이 내린 날
나는 나는 산이 될 테야

부르면 부를수록 정감이 가는 노래였다. 이 노랫말처럼 산이 좋고 산을 닮고 싶은 마음에 나는 내 이름까지 산(山)으로 바꾸었다. 그래서 지금의 이름 임산(林山)이 된 것이다.

만복대를 오르는 도중에 산나물을 뜯기 위해 구례에서 왔다는 아주머니 두 사람을 만났다. 마침 갈증이 나던 차에 후덕해 보이는 아주머니가 오이를 하나 내주었다.

묘봉치를 지나 오후 2시쯤에는 만복대(1433.4m)에 올랐다. 정상에는 돌무더기를 쌓아서 세운 돌탑이 하나 있었다. 오늘은 하루종일 반야봉만 안고 도는 것 같다. 정령치를 건너 큰 고리봉이 바라다보였다. 만복대를 사이에 두고 고리봉이라는 같은 이름을 가진 봉우리가 두 개 있다. 지나온 것은 작은 고리봉, 지금 보고 있는 것은 큰 고리봉이다.

한 시간 후쯤 정령치에 도착해 컵라면으로 점심을 때웠다. 밥을 하려면 귀찮기도 하거니와 오늘 계획한 곳까지 가려면 시간을 절약해야 했다.

정령치를 떠나 큰 고리봉으로 가는 능선에 올라섰다. 바람이 꽤 부는 날씨였지만 그에 아랑곳없이 철쭉꽃들이 제철을 만난 듯 활짝 피어 있었다. 철쭉꽃을 보러온 상춘객들이 사진을 찍느라 야단들이었다.

다시 길을 재촉해 큰 고리봉(1304.5m)에 올랐다. 그곳에도 철쭉이 만개해 있다. 연하봉과 세석평전에서는 진달래가 한창이더니 여기는 철쭉이 제철을 만난 모양이었다.

오른쪽으로 세걸산과 바래봉을 끼고 하산을 시작했다. 큰 고리봉에서 고기리까지는 꽤 긴 능선이다. 비탈길을 걷는데 갑자기 무릎이 시큰거려 나는 조심스레 발걸음을 떼어 놓았다.

고기리 삼거리까지 오니 더는 걸을 여력이 없었지만 젖먹은 힘까지 짜내 다시 일어섰다. 여기서부터는 지도를 눈여겨봐야 하는 구간이다. 그런데 먼저 간 백두대간 순례자들이 달아 놓은 꼬리표가 있어 따로 지도를 보지 않아도 무방했다. 고기리에서 국도를 따라가다가 덕치리 가재마을부터는 논둑길로 접어들었다. 혹자가 생각하길 이게 무슨 백두대간이냐고 할 정도다. 하지만, 분명한 것은 물을 건너지 않는다는 사실이다. 대간은 대간인 것이다.

오늘 비로소 지리산을 벗어났다. 지리산은 넓고 깊고도 큰 산이며 모든 존재를 품어 주는 덕산이다. 또한, 부드러운 육산이다. 나는 지리산을 벗어나자마자 또다시 지리산을 그리워하는 나 자신을 발견했다. 아, 지리산! 언제 또다시 만나게 될는지.

어두워질 무렵 덕치리 가재마을에 도착했는데 그곳엔 민박집도 가게도 없었다. 여원재까지 가는 것은 너무 늦어 가재마을에서 야영을 하기로 하고 마을 이장을 찾아갔으나 아무도 없었다. 할 수 없이 수돗가에서 물만 받기로 했는데 이게 웬일인가. 오늘 처음 사용하는 수낭이 새고 있었다. 수낭이 없으면 많은 불편을 감수해야 할 텐데 정말 큰일이었다.

빈 수낭을 들고 터덜터덜 돌아온 나는 마을회관 바로 옆에 있는 정자 위에다 텐트를 쳤다. 만복대와 고리봉, 바래봉이 손에 닿을 듯 바라다보이는 곳이었다. 나는 마을 공동우물에서 물을 길어다 밥을 짓고 미역국을 끓여 저녁을 때웠다. 마을 앞 논에서는 늦은 밤까지 개구리들이 합창을 했다.

저녁을 먹은 후 나는 마을 샘에서 세수를 하고 양말도 빨았다. 이제는 매일 빨래하는 것이 일과가 되었다. 집에 있을 때는 아내가 모든 것을 다 해 주어 편하게 지내다가 백두대간 순례를 시작하고부터 혼자 밥을 짓고 빨래를 해보니 그간 아내가 얼마나 힘들었는지를 깨달았다. 게다가 뒤늦게 한의학을 공부하겠다고 나선 남편 대신 가족의 생계까지 도맡아 온 아내였다. 나는 아내에게 새삼 무한한 고마움을 느꼈다.

잠을 청하려는데 개구리 울음소리가 어찌나 소란한지 통 잠이 오질 않았다. 텐트 밖으로 나와 우두커니 하늘을 보니 만복대에서 바래봉에 이르는 능선이 실루엣으로 다가왔다. 그리고 구름 한 점 없는 하늘에는 별빛이 초롱초롱하다. 불현듯 윤동주의 시 '별 헤는 밤'이 떠올랐다.

별 하나에 추억과
별 하나에 사랑과
별 하나에 쓸쓸함과
별 하나에 동경과
별 하나에 시와
별 하나에 어머니, 어머니.

짧은 일생을 부끄러움의 미학으로 일관한 시인이 윤동주다. 별들이 반짝이는 밤하늘을 볼 때마다 윤동주의 시가 생각나는 것은 아마 내게도 부끄러움이 있기 때문일 것이다. 이번에 홀로 나선 백두대간 길은 나 자신을 버리고 더욱 더 겸허해지기 위해 택한 고행이었다. 나는 탐욕과 분노, 그리고 어리석음을 백두대간 길을 걸으며 훌훌 벗어 던지자고 마음속으로 다짐을 했다.

고남산을 넘어서 홀로 아리랑
–백두재간 순례 7일째

아침 일찍 나는 아내에게 전화를 걸었다. 아내에게 부탄가스와 쌀, 수낭 등의 보급품을 부탁하며 내일 저녁때 지리산 휴게소에서 만나기로 약속을 했다. 누군가의 지원을 받지 않고 혼자서 백두대간 순례를 마치려고 했던 애초의 계획은 초장부터 어긋나 버리고 말았다.

나는 아침을 먹고 마을 샘에서 세수를 하고 설거지도 했다. 샘 옆에 서 있는 오래 묵은 향나무에는 백두대간 순례자들이 달아 놓은 꼬리표들이 수도 없이 많았다. 그릇을 챙겨들고 일어서는데 나이가 지긋한 등산객 한 분이 지나갔다. 대구 사람이라는 그는 백두대간을 두 번째로 구간순례하고 있는 중이라고 했다.

그를 앞서 보내고 나는 여장을 챙겨 다시 대간 길에 올랐다. 수정봉(804.7m)에 오르니 오른쪽으로 성삼재에서 바래봉에 이르는 산맥이 운봉읍을 산자락에 품고는 나란히 달려간다.

해가 중천에 떴을 때는 남원시 이백면 과립리와 운봉읍 행정리 갓바래를 이어 주는 고개인 입망치를 지나 여원재에 닿았다. 여원재는 운봉과 남원을 연결하는 24번 국도로 아스팔트로 포장이 되어 있었다. 그곳에서 나는 앞서 간 대구 사람 김한규 씨를 다시 만났다. 그는 오늘 여원재까지만 구간순례를 한다고 했다. 육포를 꺼내 나눠 먹으며 대화하는 동안 나는 그분에게서 백두대간 순례에 필요한 귀중한 정보를 많이 얻을 수 있었다.

대구로 다시 돌아가는 그를 배웅하고 나는 다시 혼자가 되어 길을 나섰다. 장치(561.8m)를 지나니 고만고만한 봉우리가 연달아 나타났다. 한적한 곳을 골라 소변을 보는데 소변 색이 노랗다 못해서 벌건 색을 띠었다. 소변이 방광에서 좁아들 대로 좁아들어서 그런 것이다. 흐르는 땀도 끈적끈적했다. 한 걸음마다 땀도 한 방울씩 떨어졌다.

3시가 넘어서야 고남산(846.4m)에 오를 수 있었다. 정상 부근에는 중계소가 자리 잡고 있다. 남쪽으로 지리산의 장엄한 산맥이 파노라마처럼 굽이치는 가운데 백두대간에 둘러싸인 운봉읍이 평화로워 보였다. 대간 발치를 따라가던 88올림픽 고속도로가 모래재를 올라가서는 이실재에서 사라졌다. 산불 감시초소에는 감시인이 쌍안경을 목에 걸고 산불 감시를 하고 있는 모습도 보였다. 올해는 봄부터 가뭄이 들어 산불이 날 위험성이 매우 높아 조심해야 한다.

통안재에서 유치재를 지나 매요리에 이르는 구간은 지루하기 짝이 없었다. 나는 그 길을 5·18 전두환 군부학살 독재정권에 맞서 이 땅의 민주화를 위해 장렬하게 산화한 광주 시민혁명군들의 영령을 생각하며 내내 걸었다.

2시간가량을 소요한 끝에 매요리에 도착했다. 이곳은 백두대간이 마을 한가운데로 지나가는 특이한 동네였다. 나는 마을 초입의 목기를 만드는 집에서 물을 얻었다. 그 집 꼬마는 내가 초콜릿을 하나 건네주자 좋아서 어쩔 줄 몰라 했다. 우물가에 앉아서 쉬는데 발바닥이 아프다고 아우성이었다. 두 시간 이상을 쉬지도 않고 온 결과다. 무릎도 시큰거린다. 오늘의 목적지인 이실재까지 가기 위해서는 서둘러야 한다. 서유석이 부른 '홀로 아리랑'을 부르며 다시 길을 떠난다.

저 멀리 동해바다 외로운 섬, 오늘도 거센 바람 불어오겠지.
조그만 얼굴로 바람맞으니, 독도야 간밤에 잘 잤느냐.
아리랑 아리랑 홀로 아리랑, 아리랑 고개를 넘어가 보자.
가다가 힘들면 쉬어가더라도, 손잡고 가보자 같이 가보자.
금강산 맑은 물은 동해로 흐르고, 설악산 맑은 물로 동해 가는데
우리네 마음들은 어디로 가는가, 언제쯤 우리는 하나가 될까.
아리랑 아리랑 홀로 아리랑, 아리랑 고개를 넘어가보자.
가다가 힘들면 쉬어가더라도, 손잡고 가보자 같이 가보자.
백두산 두만강에서 배타고 떠나라, 한라산 제주에서 배타고 간다.
가다가 홀로 섬에 닻을 내리고, 떠오르는 아침해를 맞이해 보자.
아리랑 아리랑 홀로 아리랑, 아리랑 고개를 넘어 가보자.
가다가 힘들면 쉬어가더라도, 손잡고 가보자 같이 가보자.

    노래를 부르면서 산길을 걸으니 힘이 덜 드는 것도 같았다. 어느덧 유치(柳峙)를 지나 이실재에 도착하니 저녁 7시였다. 지금까지 순례한 구간 중에서 오늘 제일 먼 거리를 온 셈이다. 나는 지리산 휴게소로 내려가 5천 원짜리 인삼곰탕으로 저녁식사를 했다. 곰탕의 맛은 시원치 않았지만 대신 잘 익은 김치가 일미였다.
    오늘은 야영을 하지 않고 제대로 된 방에서 쉬어가기로 했다. 나는 인월에 있는 지리산장에 여장을 풀고 목욕과 빨래를 했다. 뜨거운 물에 몸을 푹 담글 때 온몸이 녹아내리는 듯한 기분이란. 목욕을 끝내고 시원한 콜라 한 병을 벌컥벌컥 들이켜니 가슴속까지 뻥 뚫리는 것 같았다.
    유난히도 오르락내리락하는 코스가 많은 하루였다. 오르막길이 있으면 내리막길이 있다는 깨달음에 한 마디 더 덧붙일 게 생각났다. 그것은 내리막길이 있으면 반드시 오르막길도 있다는 것이다. 인간지사 새옹지마(人

間之事 塞翁之馬)라는 말이 있다. 오늘의 불행이 내일의 행복이 될 수도, 오늘의 행복이 내일의 불행이 될 수도 있다는 말이겠다. 그러니 인간사 모든 일에 조바심을 낼 필요가 어디 있겠는가.

남원시 인월면 지리산장에서
−백두대간 순례 8일째

오늘은 산행을 하루 쉬기로 했다. 다리도 아프고 무릎도 시큰거려 산행을 하기에는 아무래도 무리일 것 같았다.

공수부대에 근무할 당시 낙하산을 타다가 다친 오른쪽 무릎이 내내 말썽이었다. 그때 나는 대대 선임 팀장이었기에 항상 맨 먼저 낙하산을 타곤 했다. 그날도 나는 낙하산이 펼쳐진 것을 확인하고는 착륙지점을 찾으며 내려오던 중이었다. 그때 갑자기 내 낙하산이 기우뚱거렸다. 위에서 내려오던 낙하산 하나가 내 낙하산으로 들어와 한 바퀴 휘감아 버린 것이다. 어떻게든 빠져나가려고 발버둥을 쳐도 소용이 없었다. 어쩔 수 없이 낙하산 하나를 가지고 둘이 내려야만 했는데 설상가상으로 밑을 보니 물색이 시커먼 저수지가 입을 떡 벌리고 있었다. 어떻게 해서든 저수지를 벗어나야만 했다. 왜냐하면, 3월의 추운 날씨에 물속으로 떨어지면 심장마비로 죽을 위험이 아주 컸기 때문이다. 그러나 낙하산이 엉켜서 방향을 조종하는 태크라인이 말을 잘 듣지 않았다. 간신히 저수지를 벗어났다고 생각하는 순간 나는 땅에 곤두박질치고 말았다. 그런데 운이 없었는지 떨어질 때 그만 오른쪽 무릎을 땅에 박고 말았다. 그 이후로는 조금만 무리를 해도 오른쪽 무릎이 시큰거리곤 했다.

그때 내 낙하산을 감은 하사관은 다행히도 무사했다. 헬멧을 벗고 보니 그는 바로 내 고등학교 후배였다. 그런 인연으로 나는 김연호라는 이름 석자를 아직까지도 잊지 않고 있다. 그는 지금 어디서 어떤 모습으로 살고 있을까.

　나는 산장에서 여유롭게 쉬면서, 지도를 펴 놓고 앞으로의 산행계획을 세워 보았다. 남원과 운봉 지도는 이제 더는 필요 없었다. 육십령까지는 3일쯤 걸리는 거리, 강행을 하자면 이틀 만에 갈 수 있을 것도 같았다. 그러나 다시 생각하니 굳이 그럴 필요가 있을까 싶었다.

　지리산장 바로 옆에 자리한 지리산 기사식당에서 구수한 된장찌개 냄새가 풍겨왔다. 나는 그 냄새에 식욕이 동해 바로 나가 된장찌개를 시켜먹었다.

　저녁때에는 후배 이용호 군이 운전하는 차를 타고 아내가 도착했다. 아내는 남편의 순례를 위한 보급품을 챙겨주기 위해 충북 충주에서 전북 남원 인월까지 먼 거리를 달려온 것이다. 동행도 있었다. 친정이 구례인 후배 박성수 군의 아내와 아이들과 함께였다. 아내가 나를 만나러 가는 참에 친정에 다녀갈 요량이었다고 한다. 아내를 내려준 후 일행은 곧 구례를 향해 떠났다.

　며칠밖에 지나지 않았지만 그래도 오랜만에 재회를 하니 아내가 그렇게 아름답고 예뻐 보일 수가 없었다. 아내도 나를 만나니 무척이나 반가운 모양이었다.

　아내는 가져온 버너와 가스, 쌀, 그리고 새 수낭을 꺼내 놓았다. 가져온 물건은 챙기고 필요없는 물건들은 내어 놓은 후 배낭을 다시 꾸리니 한결 짐이 가벼웠다. 짐을 정리한 뒤 아내가 삶아온 돼지족발을 안주로 소주 한 잔을 걸쳤다. 소주 맛이 달게 느껴졌다. 아내도 옆에서 소주 한 잔을 거들었다. 근처 논에서 울어대는 개구리 울음소리는 술자리의 음악을 대신해 주었다.

철쭉 잔치도 끝난 치재에서
−백두대간 순례 9일째

따뜻한 방에서 하룻밤을 푹 자고 나니 몸이 한결 개운했다. 아침밥은 지리산장 근처 평화식당에서 갈비탕으로 해결했다. 아침이라 입맛이 없었지만 순례를 계속하는 동안 언제 또 이런 고기 음식을 구경하겠나 싶어 나는 꾸역꾸역 배를 채웠다. 그런 다음 아내를 떠나보내고 다시 백두대간 길에 올랐다. 하루를 쉬어서 그런지 시큰거리던 무릎도 많이 좋아지고 몸 상태가 그런대로 괜찮은 편이었다.

어디선가 뻐꾹새 울음소리가 들려왔다. 하늘을 나는 노고지리도 정답게 우지진다. 그 소리를 들으며 나는 남구만의 시조 '동창이 밝았느냐'를 읊조려 보았다.

동창이 밝았느냐 노고지리 우지진다
소치는 아이놈은 상기 아니 일었느냐
재너머 사래 긴 밭을 언제 갈려 하나니

봄을 맞이한 농촌의 풍경을 읊은 남구만은 조선 숙종 때에 영의정을 지낸 사람으로 자는 운로, 호는 약천이다. 나는 노고지리가 우짖는 소리를 들으면 언제나 이 시조가 떠오르곤 한다.

새소리를 동무 삼아 걸어가다 보니 어느새 697m봉을 넘어서 있었다.

이 봉우리는 남원시 아영면 아곡리와 장수군 번암면 유정리의 경계가 되는 지점에 있다. 나는 다시 30분쯤 더 걸어 새맥이재에 당도했다. 새맥이재에는 아영면 당동마을에서 올라오는 우마차 도로가 나 있다. 이 재로부터 약 1.5km 되는 구간에서 백두대간은 장수군과 남원군의 군계를 빗겨간다. 이 구간은 거의 평평한 구릉지대여서 걷기에 수월했다.

구름이 약간 낀 날씨였지만 산행을 하기에는 아주 좋았다. 2시쯤 되어 나는 781m봉을 넘어 복성이재에 도착했다. 복성이재는 남원 상성마을과 장수 노단리를 잇는 재로 우마차길이 나 있다.

복성이재를 지나 잣나무와 소나무숲이 우거진 능선을 오르는 도중 나는 부산서 왔다는 여성 등산객을 만났다. 그녀는 산악회의 단체 산행에서 길라잡이를 맡았다고 했다. 그리고 보니 저만치 뒤에 한 무리의 등산객들이 산에서 내려오고 있었다. 내가 백두대간을 순례하고 있는 중이라고 하니까, 그녀가 보온병에 담아온 시원한 냉커피를 한 잔 따라 주었다. 염치도 없이 주는 대로 받아 마시고 나는 줄 것이 없어 고마움만을 표했다. 산에서 만나는 사람들은 처음 만나도 그 인정이 남다른 것 같다.

2시 반을 넘겨 치재에 닿았다. 치재로 내려오는 산등성이는 전체가 철쭉의 군락지다. 하지만 철쭉꽃 잔치는 끝나고 철쭉은 이미 다 진 상태였다. 땅 위에 무수히 떨어진 꽃잎들을 바라보다가 나는 나도 모를 서러움에 젖어들었다. 철쭉을 보려면 이듬해 찬란한 봄을 다시 기다려야 하겠지. 나는 잔치가 끝난 철쭉 군락지를 바라보면서 김영랑의 시 '모란이 피기까지는'을 마음속으로 읊으며 산을 내려갔다.

모란이 피기까지는
나는 아직 나의 봄을 기다리고 있을 테요.
모란이 뚝뚝 떨어져버린 날
나는 비로소 봄을 여읜 설움에 잠길 테요.
5월 어느 날, 그 하루 무덥던 날
떨어져 누운 꽃잎마저 시들어 버리고는
천지에 모란은 자취도 없어지고
뻗쳐오르던 내 보람 서운케 무너졌느니
모란이 지고 말면 그뿐, 내 한 해는 다 가고 말아
삼백 예순 날 하냥 섭섭해 우옵네다.
모란이 피기까지는
나는 아직 기다리고 있을 테요,
찬란한 슬픔의 봄을.

    문득 목이 말라 치재 주변의 물을 찾아보았는데 샘은 바짝 말라 있었다. 가뭄이 워낙 심한 탓이었다. 나는 입안이 쩍쩍 달라붙을 만큼 마르는 것을 참으며 치재 마을까지 내려와서야 간신히 물을 구할 수 있었다. 일단 치재 마을의 '철쭉 슈퍼'에서 냉각된 콜라 한 병을 사서 단숨에 들이켰다. 톡 쏘는 탄산과 함께 시원한 기운이 뱃속까지 전해져 왔다.
    하늘을 보니 금방이라도 소나기가 내릴 듯 먹구름이 잔뜩 끼어 있었다. 그래서 산을 내려온 김에 민박을 겸한다는 '철쭉슈퍼'에서 그냥 머물기로 했다.
    나는 방에 들어와 늘 하던 절차대로 빨래와 샤워를 한 후, 걸레를 빨아 방청소까지 끝냈다. 방청소는 몸이 좋지 않다는 주인 아주머니를 대신해 내가 자청한 일이었다. 아주머니는 매우 미안해하며 떡 한 접시를 가져다 주었다. 꿀떡, 쑥떡, 팥고물떡 등 혼자 먹기엔 많은 양이 시골의 후한 인심처럼 가득 담겨 있다. 게다가 주인 아주머니가 내온 저녁밥은 취나물과 두릅을 반찬으로 한 웰빙 밥상이었다. 산나물이 어찌나 맛있던지 나는 그만 과식을 하고 말았다.

  내일도 갈 길이 멀다. 일단 무룡고개까지만 갈 계획이지만 그것이 어려우면 아무래도 중재에서 야영을 해야겠다.

구름 속에 숨은 백운산을 넘어서
−백두대간 순례 10일째

개 짖는 소리에 나는 예정보다 이른 6시에 잠이 깨고 말았다. 어제부터 비가 올 듯 말 듯 먹구름이 계속 서성이더니 아침 하늘은 온통 잿빛이었다.

철쭉 슈퍼 아주머니가 끓여준 된장찌개로 든든히 배를 채우고, 나는 일찌감치 마을을 떠나 치재로 올라갔다. 봉화산 가는 길은 밋밋하고 경사가 완만해 꼬부랑재까지도 별로 힘을 들이지 않고 지날 수 있었다.

대간의 왼쪽은 경사가 급한 데 비해 오른쪽은 완만하다. 다리재에 이르니 구상리에서 오르는 등산로가 보였다. 봉화산 주변에는 전에 산불이 났었는지 큰 나무들은 눈에 띄지 않았고 군데군데로 억새가 자라고 있었다. 억새가 크게 자라면 영남 알프스 사자평의 억새밭처럼 장관을 연출할 것이라는 상상을 해 보았다.

출발이 빨라서 봉화산(920m)에 올랐는데도 겨우 9시 20분이었다. 봉화산이라는 명칭은 옛날에는 이곳에 봉수대가 있었을 것이라고 짐작게 한다. 나는 아침의 신선한 공기를 만끽하며 산 정상을 휘휘 둘러보았다. 정상은 꽤 넓은 평지로 보라색 제비꽃이 한창 피어나고 있었다. 제비꽃은 한방에서 자화지정(紫花地釘)이라 하여 종기를 치료하는 데 쓴다.

봉화산 사방에는 안개가 낮게 깔려 있어 그윽한 분위기가 감돌았다. 봉화산 뒤쪽으로는 임도가 산허리에 생채기를 내며 능선까지 올라와 있는

게 보였다.

  봉화산을 떠나 30여 분쯤 가다 보니 전북 장수, 남원과 경남 함양의 경계지점이 나타났다. 오른쪽으로 산줄기 하나가 전북과 경남의 도계를 이루면서 뻗어나간다. 여기서부터 백두대간은 전북과 경남의 도계가 된다.

  나는 940m봉을 넘은 후 왼쪽으로 속금산이 솟아 있는 것을 보며 광대치에 도달했다. 광대치는 함양 대상동에서 장수 광대동으로 넘어가는 재로, 지금은 사람들이 거의 다니지 않는 것 같았다.

  해가 중천을 가로지를 때 드디어 중재에 닿았다. 중재에는 비포장도로가 나 있고 언덕배기에는 커다란 서낭나무가 한 그루 서 있었다. 물을 구하기 위해 지도에 표기되어 있는 민가를 찾았으나 어쩐 일인지 하나도 보이지 않았다. 할 수 없이 중재마루에 배낭을 벗어놓고 도로를 따라 계곡으로 내려갔다. 가뭄 탓으로 그곳 계곡도 많이 말라 있었다.

  한참을 내려가 물을 떠 가지고 오는데 마침 밭일을 마치고 돌아가는 마을 청년을 만났다. 나는 반가운 마음에 말을 걸었다.

  "저 실례합니다. 지도에는 중재에 민가가 몇 채 있다고 나와 있는데 보이지가 않아서요. 어찌된 일입니까?"

  "벌써 없어진 지 오래되었습니다."

  청년은 한 마디만을 짧게 던지고는 그대로 가던 길을 갔다. 조금 쓸쓸한 기분이었다. 지도는 도대체 몇 년마다 새로 제작되는 것일까. 국립지리원이 발행한 축적 1대 5만 지도는 실제와 달라 별로 쓸모가 없는 것 같았다.

  나는 중재로 다시 올라가 육포 두어 조각과 초콜릿 한 개로 점심을 대신했다. 이젠 산 체질이 다 된 것 같은 느낌이다. 집에 있을 때는 한 끼만 굶어도 뱃속이 난리를 치는데, 산에만 들어오면 아무것도 먹지 않아도 배가 고프지 않다. 아마도 산의 청청한 기를 받아서 그런 것이 아닐까.

  중재를 떠나 중고개재를 넘으니 백운산이 눈앞에 나타난다. 그러나 백운산 정상은 짙은 구름에 가려 보이지 않았다. 백운산의 왼쪽으로는 장안산(1236.9m), 오른쪽으로는 서래봉(1157m)이 백운산을 호위하듯 좌청룡 우백호의 형세로 서 있다. 장안산과 백운산 사이에는 지지계곡이라고 부르는 계곡이 있는데, 그 계곡을 따라서는 무룡고개로 오르는 비포장도로가 나 있다.

3시를 넘겨 드디어 백운산(1278.6m)에 올랐다. 정상에는 헬기장이 닦여져 있었다. 나는 배낭을 아무렇게나 부려놓고 평평한 바위를 골라 주저앉았다. 옆구리가 결리는 것이, 그러고 보니 중재에서부터 한 번도 쉬지 않고 여기까지 온 셈이었다. 옷도 땀에 흠뻑 다 젖어 있었다. 이렇게 높은 산을 오를 때면 생각나는 시조가 있었다. 바로 조선전기 4대 명필 중의 한 사람인 양사언의 시조다.

태산이 높다하되 하늘 아래 뫼이로다.
오르고 또 오르면 못 오를 리 없건마는
사람이 제 아니 오르고 뫼만 높다 하더라.

노력과 실천은 하지 않고 힘든 것만을 생각하는 사람들을 질타하는 내용이다. 여기서 '뫼'는 꼭 '산'만을 이르는 것은 아닐 것이다. 사람들은 저마다 높은 '뫼'를 하나씩 마음속에 간직한 채 살아가고 있을 테니 말이다.
백운산의 북쪽 계곡에서는 진주 남강의 상류인 남계천의 지류가 발원하고, 남쪽 계곡에서는 위천이 발원하여 함양읍 남계천에서 합류한다. 또, 서쪽 장안산 사이에 있는 계곡을 섬진강의 지류인 백운천이 남쪽으로 흐른다. 백운산에서 백두대간은 북서쪽으로 방향을 튼다.
무룡고개가 있는 영취산까지는 3.8km가 남아 있었다. 하늘에는 여전히 시커먼 비구름이 떠 있었다. 나는 산중에서 혹시나 비를 맞을까봐 발길을 재촉했다.

영취산(1075.6m)에는 5시 20분경에 도착했다. 정상에는 '전북사랑 청년회'에서 세운 표지판이 있었다. 왼쪽으로 400m만 내려가면 무룡고개였다.

영취산에서 무룡고개로 내려오니 현대식 화장실이 지어져 있고, 주변에는 소공원이 조성되어 있었다. 지도에는 무령고개로 표기되어 있는데 이곳의 안내판에는 무룡고개라고 쓰여 있다. 야영을 할 생각에 텐트를 칠 자리를 잡는데 갑자기 굵은 빗방울이 후두두 떨어졌다. 이틀 내내 물을 머금고 있던 하늘이 기어이 비를 토해낸 것이다.

나는 하는 수 없이 야영을 포기하고 장계에 있는 '귀빈모텔'에 들었다. 그런대로 깨끗하고 괜찮았다. 나는 숙소에 들어가자마자 비와 땀에 엉망이 된 옷들을 벗어 던졌다.

몸을 씻고 저녁을 먹은 후에는 모텔 근처 가게로 나가 손톱깎기와 캔맥주를 샀다. 그리고 방으로 돌아와 길게 자란 손톱과 발톱을 잘라냈다. 시원하게 냉각된 캔맥주도 벌컥벌컥 들이켰다. 창밖에는 여전히 가랑비가 부슬부슬 내리고 있었다. 맥주의 술 기운이 온몸에 퍼지며 천천히 눈꺼풀이 감겨 왔다.

빗속을 뚫고 간 육십령에서
-백두대간 순례 11일째

아침에 일어나니 온몸이 물에 젖은 솜처럼 천근만근이었다. 눈꺼풀도 잔뜩 들러붙어 잘 떨어지지 않았다. 어제 무리한 산행을 한 게 바로 티가 나는 것이다. 나는 이제 좀 마음의 여유를 가지고 산행을 해야겠다고 마음먹었다.

밖을 보니 비는 그쳐 있었다. 하지만 여전히 먹장구름이 낮게 깔려 있어 언제 다시 비가 내릴지 알 수 없었다. 가뭄에 애가 타던 농민들에게는 몹시도 반가운 비 님이겠지만 산길을 가야 하는 나로서는 그렇지가 못했다. 세상일은 언제나 이렇게 상대적이다. 하지만 내가 비를 맞는 한이 있더라도, 김소월이 '왕십리'에서 노래한 것처럼 한 닷새쯤 비가 와서 농민들의 시름을 덜어 주었으면 좋겠다고 생각했다.

비가 온다
오누나
오는 비는
올지라도 한 닷새 왔으면 좋지.

무거운 몸을 추스르고 길을 나선 지 얼마 안 되어 가랑비가 내리기 시작했다. 나는 배낭 커버를 씌우고 판초 우의를 뒤집어썼다. 영취산은 안개에 휩싸여 모습을 감추어 버렸다. 바람도 제법 세차게 불었다. 어디가 어딘지 전혀 분간할 수가 없을 정도였지만 나는 주룩주룩 내리는 비를 제치며 깃대봉을 향해 걸었다.

그런데 오동제 저수지가 빤히 내려다보이는 곳에 이르자, 거짓말처럼 안개가 걷히면서 산등성이와 계곡의 초록빛 바다가 산뜻하게 펼쳐졌다. 저수지의 방죽에는 갓 자란 풀들이 초록색 양탄자를 깔아놓은 듯 연푸른 물결을 이루고 있었다. 물방울을 머금은 풀빛이 어찌나 고운지! 그 자태에 정지상의 한시가 저절로 떠올랐다.

雨歇長堤草色多 비 개인 강둑에는 풀빛이 푸른데,
送君南浦動悲歌 남포에서 임 보내며 슬픈 노래 부르네.
大同江水何時盡 대동강 푸른 물은 그 언제 다 마를까!
別淚年年添綠波 해마다 이별 눈물 푸른 물결에 더하는 것을.

고려 인종 때에 살았던 정지상은 묘청 등과 더불어 서경 천도론을 주장했다가 사대주의자 김부식 일파에 의해 죽임을 당한 비극적 운명의 주인공이다. 바로 그가 이별의 슬픔을 노래한 칠언절구(七言絕句) '송인(送人)'을 지었다. 이 시의 첫 구절은 초봄에 갓 돋아난 연초록 풀빛의 서정을 잘 드러냈다.

하지만 잠시 후 다시 안개가 몰려와 눈앞에 모든 것을 감추어 버렸다. 마치 산길 나그네에게 산의 비밀을 내어 보이지 않으려는 것처럼 말이다. 옷은 물론 등산화까지 다 젖어 질겅거렸다. 뒤집어쓴 판초만으로는 비바람에 당해낼 재간이 없었다.

깃대봉을 얼마 남겨놓지 않았을 때 나는 백두대간 구간순례를 한다는 사람을 만났다. 육십령에서 오는 길이라는 그도 나처럼 혼자였다. 우리는 좋은 산행이 되기를 서로 빌어주면서 헤어졌다.

　빗속을 헤쳐 걸으며 깃대봉(해발 1014.8m)에 오른 시각은 오후 2시였다. 그때까지도 비는 계속 내렸고 안개도 걷힐 기미를 보이지 않았다. 우리네 인생도 이처럼 안갯속에 가려질 때가 있다. 뭐가 뭔지, 어디로 가야 할지 도무지 모를 때가 있는 것이다. 그럴 때는 안개가 걷힐 때까지 차분히 기다려야만 한다. 그렇지 않으면 안갯속을 헤매다가 생을 마감할 수도 있다.

　깃대봉에서 육십령 쪽으로 내려가다 보니 산나물을 뜯으러 온 사람들이 많이 보였다. 어떤 사람은 커다란 자루를 하나 가득 채울 정도로 산나물을 많이 뜯었다. 나는 산나물을 잘 모른다는 어떤 중년 부인에게 참취가 어떤 것인지 가르쳐 주었다. 참취는 한방에서 간을 치료하는 데 쓴다. 간에 염증이 있으면 간 열이 생기는데 참취는 바로 간의 열을 내리는 작용이 있다. 육식을 많이 하고 운동량이 부족한 현대인들에게 권장할 만하며 말려서 갖은 양념을 해서 무쳐먹어도 좋은 산나물이 바로 참취다.

　나물 뜯는 사람들을 지나 한참을 걸은 끝에 마침내 육십령에 닿았다. 육십령은 경남의 함양, 거창과 전북의 장수를 이어주는 큰 재다. 어느새 비도 그치고 안개도 걷혔다. 하지만 내 몸은 꼭 물에 빠진 생쥐처럼 말이 아닌 것이, 그런 자신의 모습에 피식 웃음이 났다.

　나는 버스를 타고 장계로 내려와 어제 묵었던 귀빈모텔에 다시 들었다. 그리고 밖으로 나가 할매집이란 식당에서 보신탕을 한 그릇 사 먹었다. 보신탕은 우리나라의 많은 사람이 좋아하는 음식이다. 그런데 서양인들은 한국인들이 개고기를 먹는다고 비난하곤 한다. 하지만 그것은 어불성설이다. 예를 하나 들면 프랑스에서는 임신한 암소를 잡아 송아지를 꺼내어 만드는 요리가 있다고 한다. 잔인하기로 말하자면 이보다 더한 것이 있겠는가.

　보신탕은 엄연히 한국인의 고유한 음식문화다. 남의 나라 음식문화에 대해서 이러쿵저러쿵하는 것은 주제넘은 일이다. 문제는 정부당국에도 있다. 왜 당당하게 보신탕이 한국인 고유의 음식문화임을 주장하지 못하고 저들의 눈치만 살피면서 전전긍긍하고 있는가 말이다. 고작 한다는 짓이 보신탕집이나 없앨 생각이나 하고 있으니 한심하기 짝이 없는 노릇이다.

　보신탕을 먹고 있을 때 지나가는 비가 한 차례 더 내리고 그쳤다. 방으로 돌아가는 길에는 내일 점심을 위해 튀김을 샀다. 튀김집 주인은 오징어, 고추, 김말이, 달걀튀김 등을 골고루 담아 주었다.
　내일은 삿갓골이 목표지만 가능하면 향적봉까지 갈 수 있으면 좋겠다. 그러면 모레 산행이 순조롭게 진행될 수 있을 것이다. 나는 내일 덕유산을 만난다는 생각에 문득 가슴이 설레어 왔다.

야생화가 만발한 남덕유를 넘어서
–백두대간 순례 12일째

아침 일찍 장계 버스터미널에서 버스를 타고 육십령에 도착했다. 이곳에 오니 79년도 공수특전단에 근무할 때 거창에서 장계 쪽으로 육십령을 걸어 천 리 행군을 했던 기억이 났다.

자욱이 낀 안개를 헤치고 남덕유 능선길에 올랐다. 백두대간 능선상의 봉우리는 죄다 안갯속으로 숨어 버렸다. 그러다가 가끔 안개가 걷히면 산봉우리들이 마술처럼 나타나곤 한다. 한동안 울창한 소나무 숲길을 걷는데 불현듯 할머니가 생각났다.

아흔을 바라보는 할머니. 젊어서 청상이 되어 아버지와 고모 남매만을 바라보고 살아오신 분이었다. 사는 게 바빠 글도 배우지 못하셨다. 요즘엔 할머니가 눈에 띄게 쇠약해지는 모습이 이승에서의 당신과의 인연도 멀지 않았음을 절실하게 느낀다. 할머니로 인해 이어져 온 윤회의 한 고리인 나. 그런 할머니와 이승에서 이별을 하지 않으면 안 되는 인연 법을 어찌할 수 없음에 눈물이 난다. 나는 이름은 잊었지만 한 스님이 부른 '싯다르타의 출가'란 노래를 부르면서 산길을 걸었다. 심란할 때 부르면 마음이 평온해지는 노래다.

동쪽문 나갔을 적에 늙은 자 모습 보았네
세월이 흘러 간 뒤에 그의 환영 보는 것 같아

남쪽문 나갔을 적에 병든 자 모습 보았네
괴로움 견디지 못해 신음하는 모습 보았네
허무한 마음 달랠 길 없어 명상 속에 번민하셨네

서쪽문 나갔을 적에 죽은 자 모습 보았네
육체에 영혼이 떠난 제일 슬픈 이별 보았네
허무한 마음 달랠 길 없어 명상 속에 번민하셨네

북쪽문 나갔을 적에 구도자 모습 보았네
남루한 옷차림 속에 눈빛만은 총명하였네
반가운 마음 깨달은 마음 출가의 길 결심하셨네

왕궁의 부귀영화도 한순간 던져 버리고
외로운 구도의 길을 구름 따라 헤매이셨네
보리수나무 그늘 아래서 명상 속에 깨달으셨네
우주의 진리 생명의 실상 명상 속에 깨달으셨네

가파른 암릉지대를 기어오르다시피 하여 1026m봉 정상에 올라섰다. 이 곳은 오르기도 힘들었지만 내려가는 길도 만만치가 않았다. 로프가 매어져 있는 암릉지대는 까딱 잘못하면 수십 길 낭떠러지로 떨어질 판이었다. 게다가 무거운 배낭 때문에 힘은 배로 들었다. 등허리에 식은땀을 내리며 가까스로 봉을 내려오니 올망졸망한 산봉우리들이 이어졌다. 이 길부터는 좀 지루하기는 했지만 그다지 힘은 들지 않았다.

서봉으로 향하는 길가에는 새하얀 은방울꽃이 소담하게 피어 있고 단풍취도 새빨간 꽃을 피우고 있다. 단풍취의 새순이 나올 때는 그 모양이 꼭 강아지 발과 똑같아서 '개발딱지'라는 이름으로도 불린다. 개발딱지는 나물로도 먹는데, 끓는 물에 살짝 데쳐서 초고추장을 찍어 먹으면 쌉쌀하면서도 고소한 맛이 그만이다. 나는 개발딱지 먹는 법을 몇 년 전 지리산 치밭목 대피소에서 만난 등산객으로부터 배웠다.

울창한 산죽 숲 사이로 난 길이 서봉에 가까워지면서부터는 암릉길로 변했다. 암릉길은 울퉁불퉁한 바위투성이라 걷기가 영 불편했다.

오후 1시에 전체가 거대한 바위봉우리로 된 서봉(1492m)에 올랐다. 서봉도 안개에 휩싸여 있어 산길을 걷는지 안갯속을 걷는지 모를 정도였다. 이곳 역시 내려가는 길이 암릉지대라 가파르고 험했다.

암릉지대를 간신히 벗어나니 남덕유산으로 가는 길가에 분홍빛 병꽃과 흰 밀나물꽃이 활짝 피어 있다. 그리고 그 주변에는 이름 모를 야생화들도 많이 피어 있었다. 사람의 손에 의해 개량된 꽃과 야생화는 한눈에 구별된다. 온실에서 자란 화초는 온실을 걷으면 금방 시들어 버리지만 야생화는 비바람을 맞으면서 자랐기에 그만큼 생명력이 강하다. 사람 역시 시련을 많이 겪은 사람일수록 위기에 대처하는 능력이 더 크지 않은가.

남덕유산과 월성재로 갈라지는 삼거리에서 잠시 쉬어가기로 했다. 안개가 나뭇잎에 이슬로 맺혔다가 바람이 불 때마다 후두둑 떨어지곤 했다. 그 자리에서 어제 사둔 튀김을 점심으로 먹었다.

맛이 없어진 튀김을 의무감으로 씹어 먹은 후 다시 몸을 일으켰다. 그리고 걸음을 재촉해 3시가 다 되어서 월성재에 도착했다. 월성재에서 오른쪽 계곡을 따라 3.8km를 내려가면 황점이 나오고, 왼쪽으로 내려가면 토옥

동 계곡이었다.

이제 삿갓봉을 넘을 차례였다. 서쪽에서 동쪽으로 날려가는 안개를 보며 산봉우리를 넘는 동안 산죽 숲이 계속 나타났다. 그런데 걸어가면서 물방울이 맺힌 산죽잎을 연방 건드리는 바람에 옷이 흠뻑 젖어 버렸다.

5시가 넘어서야 삿갓골재에 닿았다. 대피소로 들어가니 신앙 엠티를 온 노인 세 분 외에 등산객은 나 혼자뿐이었다. 나는 황점 쪽으로 50m쯤 떨어진 곳에 있는 샘으로 가서 발을 닦고 양말도 빨았다. 머무는 곳에서는 언제나 빨래가 우선이다. 인간이란 어쩌면 이리도 거추장스러운 것이 많은지.

오늘은 하루종일 안갯속을 헤매며 걸은 하루였다. 게다가 배낭과 옷이 흠뻑 젖어 더 힘든 산행이었다. 더군다나 안개가 자욱이 끼는 바람에 호흡조차 수월하지 못했다.

백두대간으로 난 길, 그것은 고행길이다. 스님들이 안거가 끝나면 만행을 떠나듯이 나도 그렇게 떠나왔다. 백두대간은 나에게 하나의 화두다. 태산 같은 황소의 울음소리. '할!' 꿈일 뿐이다.

또한, 백두대간은 고독이다. 자신과의 대화를 통해 참 나를 발견하기 위해서는 고독해야 한다. 홀로 외로이 산길을 걸으면서 나는 내 속에 감추어져 있는 추악한 실상을 보았다. 지금까지 나는 얼마나 교활하고, 비겁하고, 욕심 많고, 어리석고, 이기적이고, 질투심에 불타는 아주 형편없는 자였던가! 하늘은 속일 수 있어도 나 자신을 속일 수는 없는 일이다.

이제는 더 비우고 더 낮아지도록 하자. 한 알의 밀알이 되자. 한 알의 밀알이 썩어야 새싹을 틔우듯이 나도 썩어서 거름이 되자. 마음을 비우면 비울수록 더 풍요한 삶이 된다는 것을 나는 백두대간에서 깨닫고 있었다.

저녁밥을 지으려고 준비를 하고 있는데 대피소 직원인 황인대 씨가 식사를 함께하자고 나를 불렀다. 백두대간을 혼자서 순례하는 사람에게 한 끼의 식사와 하룻밤의 잠자리 제공은 얼마나 큰 도움인지 모른다.

다른 날보다 힘든 날이었기에 나는 일찍 잠자리에 들었다. 그런데 1시간쯤 잤을까 잠이 깨어 밖으로 나가 보니 하늘에 별이 하나 가득 떠 있었다. 그러나 그것도 잠깐, 거창 황점계곡에서 갑자기 안개가 몰려오더니 삽시간에 하늘을 가려 버렸다.

살무사가 사는 북덕유 백암봉에서
−백두대간 순례 13일째

백두대간 순례를 시작한 지 13일째다. 하늘이 맑게 개어 있었다. 어젯밤 잠결에 일어나 봤던 안개가 희미한 꿈인 양 느껴졌다. 부스스한 얼굴로 취사장으로 가는데 황인대 씨가 아침식사를 함께 하자며 권했다. 혼자서 백두대간을 떠도는 내가 꽤 안쓰러워 보였던 모양이다. 어제 저녁까지 얻어먹은 터에 미안한 마음이 들었지만 염치불구하고 아침도 얻어먹기로 했다.

배낭을 꾸리고 나와 사방을 둘러보니 보이는 것은 산뿐이었다. 앞을 보아도 산이요, 뒤를 돌아보아도 산이다. 우리네 인생처럼 만났다가 헤어지고 헤어졌다가는 다시 만나는 능선들. 그것은 하나의 거대한 맥(脈)이요, 흐름이며 또한 도도한 생명의 리듬이다.

삿갓골재 대피소를 떠나는데 중국산 검정개 차우차우가 나를 따라오려고 야단이었다. 개도 이토록 깊은 산중에서 어지간히 외로웠던 모양이었다. 무작정 나를 따라가려는 개 때문에 황인대 씨는 내가 보이지 않을 때까지 개의 목줄을 잡고 있어야만 했다.

2.1km를 걸어 무룡산(1491m)에 올랐다. 무룡산. 용이 춤추는 듯하다 하여 붙여진 이름이다. 이름처럼 서봉에서 남덕유산, 삿갓봉을 거쳐 무룡산에 이르는 능선이 마치 한 마리의 거대한 용이 꿈틀거리듯 치달려 온다.

그렇게 치달려 와서는 백암봉, 중봉을 지나 향적봉을 향해 휘몰아치듯이 달려간다. 굽이치는 산맥들, 초록빛으로 넘실대는 파도, 그 자체가 가슴을 고동치게 하는 감동이었다.

다시 1시간쯤 걸어서 1380m봉에 올라서니 저 앞에 향적봉이 장엄한 모습으로 다가왔다. 이 봉우리는 지도에도 이름이 없었다.

이제 동엽령으로 향할 차례였다. 동엽령으로 가는 길은 무성한 산죽이 숲을 이루고 있는데 경사가 완만한 내리막길이어서 걷기가 편했다. 길가에는 노란 꽃망울을 터뜨린 뱀딸기가 보였다. 뱀딸기는 한방에서 '사매'라고 하는데, 각종 염증과 출혈을 치료하는 효능이 있다. 최근에는 위암, 자궁경부암, 비암, 인후암 등 여러 가지 암치료에도 쓰이는 약재다. 연한 보랏빛 꽃 구슬이 소복이 망울져 피는 꽃과 샛노란 꽃을 가진 이름 모를 풀꽃들도 보였다. 나는 소월의 '산유화(山有花)'를 나직이 부르며 산길을 걸었다.

산에는 꽃 피네 꽃이 피네.
갈 봄 여름 없이 꽃이 피네.
산에 산에 피는 꽃은
저만치 혼자서 피어 있네.
산에서 우는 작은새여
꽃이 좋아 산에서 사노라네.
산에는 꽃 지네 꽃이 지네.
갈 봄 여름 없이 꽃이 지네.

10시 40분이 되어 동엽령(1320m)에 다다랐다. 여기서 왼쪽으로 내려가면 칠연계곡이고, 오른쪽 계곡은 거창 병곡으로 내려가는 길이다. 마침

병곡 쪽에서 올라온 등산객 한 사람이 냉커피를 한 잔 따라준다. 시원한 음료 덕에 다시 기운을 얻은 나는 동엽령을 나서서 밋밋한 능선길을 올랐다. 북덕유의 산세는 넉넉하면서도 느긋하다. 덕이 소매 끝에서부터 묻어나는 산, 그래서 덕유산이다.

나는 2km를 한 시간가량 걸어 백암봉(1503m), 일명 송계 삼거리에 올랐다. 향적봉이 엎어지면 코에 닿을 듯했다. 여기서 백두대간은 향적봉을 앞에 두고 오른쪽으로 90도 휘어서 간다. 나는 배낭을 백암봉에 벗어 놓고 향적봉까지 갔다가 돌아 오기로 했다. 맨몸으로 산길을 걸으니 날아갈 것만 같았다.

그런데 중봉(1594m)을 오르며 생각해 보니 아무래도 향적봉까지 갔다 다시 오려면 시간이 애매할 것 같았다. 그래서 나는 그냥 그곳에서 향적봉을 바라보는 것에 만족하기로 했다. 배낭을 벗어 놓았던 백암봉으로 돌아오니 어느새 오후 1시였다.

백암봉을 떠나 신풍령으로 가는 길 왼쪽으로는 구천동 계곡이다. 등산로 주변에는 키가 큰 나무들이 우거져 전망은 썩 좋지 않았다.

나는 삿갓골재에서부터 13.6km를 걸어 도착한 횡경재에서 잠시 쉬어 가기로 했다. 주위를 둘러보니 노란 솜양지꽃이 지천으로 피어 있었다. 솜양지꽃은 한방에서는 '번백초'라고 하는데, 소염과 지혈 작용이 뛰어난 약재로 쓰인다.

3시가 넘어 못봉(1342m)에 이르니 북덕유의 웅장한 산세가 한눈에 들어왔다. 중봉과 향적봉도 보였다. 산 넘어 산, 산봉우리는 계속 이어져 있었다.

대봉(1263m)에 도착했을 때는 4시 10분이었다. 대봉 남쪽 산자락에는 거창 개명리 마을의 집들이 옹기종기 아늑하게 앉아 있다. 마치 산으로 둘러싸인 섬 같았다. 못봉에서 대봉에 이르는 구간에는 하얀 둥굴레꽃이 많이 보였다. 둥굴레는 한 마디마다 작은 흰 꽃이 하나씩 피는 것이 특징이다. 둥굴레는 한방에서 '옥죽'이라고 부르며 보음약(補陰藥)으로 조(燥)증이나 음허(陰虛)증에 좋다.

나는 대봉에 서서 아까 가보지 못한 향적봉과 내가 지나온 북덕유 능선을 돌아보았다. 어느새 제법 멀리 떠나왔다. 오르락내리락 굽이치고 휘돌아 친 능선을 걸어서 왔다니 나 자신도 잘 믿어지지 않았다.

대봉에서 내려와 다시 신풍령으로 나아가는 길에서는 뱀 한 마리를 만났다. 뱀은 나를 보자마자 순식간에 도망을 가 버렸다. 살무사 새끼였다.

나는 40여 분을 걸어 5시가 조금 못 되어 갈미봉(1210m)에 올랐다. 목이 탔지만 수낭에 물이 떨어져 신풍령까지 갈증을 참을 수밖에 없었다. 새들이 부러웠다. 내가 새라면 신풍령까지 날아갈 수 있을 텐데……. 이런 부질없는 생각을 하며 갈미봉을 내려올 때 또 살무사를 만났다. 살무사는 이번에도 쏜살같이 도망을 쳤다.

5시 50분. 드디어 오늘의 목적지인 신풍령(930m)에 도착했다. 나는 도착하자마자 휴게소로 들어가 2홉들이 생수 한 병을 사서 순식간에 들이켰다.

오늘은 하루종일 왼발로는 전북 땅을, 오른발로는 경남 땅을 밟으면서 온 셈이었다. 하지만 백암봉에서 신풍령 구간은 매우 지루하고 힘도 많이 들었다. 아직까지도 입에서 단내가 나고 발바닥에서는 불이 났다.

오늘 숙박은 신풍령 휴게소 사장의 배려로 폐업한 주유소 건물의 빈방에서 묵게 되었다. 그런데 어쩐지 밤이 새도록 잠을 이루지 못했다. 어제 아침 삿갓골재를 떠나올 때 황인대 씨가 타서 준 커피 때문일까? 아니면 동엽령을 지나올 때 나물 채취꾼에게서 얻어 마신 냉커피 탓일까? 그도 아니면 청청한 산 기운을 받아 몸과 마음이 깨어 있기 때문일까.

  밖은 아직 캄캄한 오밤중이었다. 삼봉산 기슭에서 뻐꾹새 한 마리가 구슬프게 우는 소리가 들린다. 잃어버린 짝을 애타게 찾는 것일까. 문득 두고 온 아내가 그리워져 고구려 유리왕이 왕비 치희(雉姬)와 이별한 뒤 그 슬픔을 노래한 '황조가'(黃鳥歌)를 떠올려보았다.

  翩翩黃鳥 펄펄 나는 저 꾀꼬리
  雌雄相依 암수 서로 노니는데
  念我之獨 외로와라 이 내 몸은
  誰其與歸 뉘와 함께 돌아갈꼬

덕유 삼봉산 건너 대덕산을 넘어서
-백두대간 순례 14일째

잠을 설치고 일어나 휴게소 식당에서 아침을 먹었다. 어제 물이 모자랐던 것을 생각해 물통에 물을 가득 채우고 길 떠날 채비를 했다. 점심에 끓여 먹을 요량으로 라면도 두어 개 사서 챙겼다.

저 멀리 왼편으로 거칠봉, 오른편으로 1032m봉과 두루봉을 두고서 백두대간은 북쪽으로 방향을 튼다. 나는 한동안 이어지는 밋밋한 능선길을 쉬엄쉬엄 걸었다.

10시 30분경 덕유 삼봉산(1254m)에 올라 뒤를 돌아보니 덕유산맥이 남쪽을 향해서 힘차게 달려가고 있었다. 앞에서는 소사동 건너 대덕산이 어서 오라고 손짓을 했다. 삼봉산의 정상에는 '진달래'란 시를 새긴 양철판이 표지석 아래 바위에 붙어 있었다. 누가 이 노래를 불렀을까.

진달래 밭에서
너만 생각하였다.

연초록빛 새순이 돋아나면
온몸에 전율이 인다는
眞眞이

이제 너만 그리워하기로
사나이 눈감고 맹세를 하고

죽어서도 못 잊을
저 그리운 대간의 품속으로
우리는 간다.

끊어 괴로운 인연이라면
구태여 끊어 무엇하랴

온 산에 불이 났네
진달래는 왜 이리
지천으로 피어서
지천으로 피어서

가슴에 와 닿는 시였다. 시에서처럼 온 산이 꽃으로 불이 난 모양을 나도 보았다. 연하봉을 향해서 치솟는 붉은 불길을, 세석평전을 사르는 불길을…….

덕유 삼봉산을 내려와서 나는 대덕산 등산로 입구에 있는 가게로 들어가 시원한 베지밀과 콜라를 사서 마셨다. 그리고 카메라의 건전지를 사려고 했더니 마침 가게에는 없었다. 사진을 찍지 못하는 게 아쉬워 화물차를 얻어 타고 무풍까지 갔으나 그곳에서도 건전지를 구하지 못했다.

그때 무풍 차부집 안주인이 어디론가 전화를 걸더니 설천에서는 구할 수가 있다는 말을 전해주었다. 그래서 설천으로 나가는 차부집 남편의 트럭을 얻어 타고 설천 삼성전자 대리점까지 가서야 마침내 건전지를 구할 수 있었다.

나는 산에서 내려온 김에 설천 버스정류장 길 건너의 중국집에서 콩국수 한 그릇을 사 먹었다. 그런 후 버스를 타고 소사동 바로 아래 덕지리까지 가서, 소사재까지는 다시 걸어서 올라갔다.

소사동에서 대덕산까지는 5km의 거리였다. 건전지 때문에 시간을 많이 지체하고 3시가 넘어서야 지경내를 지났다. 이 구간에서 백두대간은 때때로 밭 한가운데를 지나가기도 한다. 농민들은 어린 배추 묘를 붓느라 분주해 보였다. 고랭지 채소 재배는 강원도에서만 하는 줄 알았는데 여기서도 하는 것을 보니 조금은 뜻밖이었다.

초점산을 오르다가 나는 산나물을 뜯어서 산에서 내려오는 아주머니를 만났다. 한 자루 가득 뜯어 멜빵을 해서 등에 졌다. 아주머니는 삼도봉에서 오는 길이라고 했다. 이 지방 사람들은 초점산을 삼도봉이라고 부르는 모양이었다.

4시 50분에 드디어 초점산(1248.7m)에 올랐다. 초점산에 오르고 나서야 이 산을 삼도봉이라고 부르는 이유를 알게 되었다. 초점산은 바로 전북 무주와 경남 거창, 경북 김천의 경계가 만나는 지점인 것이다. 나는 장난삼아 각 도마다 한 발자국씩 발을 디뎌 보았다. 일순간에 삼도를 넘나들었다. 덕유산맥이 이젠 제법 멀리 보였고 비탈을 내려갔다가 올라가면 대덕산이었다.

이제부터는 경남 땅을 뒤로하고 왼발로는 전북 땅, 오른발로는 경북 땅을 번갈아 밟으면서 가는 길이었다. 이곳에도 바야흐로 철쭉꽃이 한창 피어나고 있었다. 또, 산비탈에는 수만 평 규모의 싸리나무 군락이 형성되어 있었다. 보라색 싸리꽃이 필 때면 장관일 것 같았다.

길가에는 산당귀, 백지, 전호, 세신, 승마, 고본, 지유, 선학초, 오미자,

백두옹, 차전초, 옥죽 등 좋은 약초들이 흔하게 눈에 띄었다. 게다가 참취, 수리취, 제비취, 개미취, 원추리, 비비추, 꿩의 다리, 바디나물, 다래순, 고사리, 삽주싹과 같은 산나물들도 지천으로 깔려 있었다. 이렇게 여러모로 많은 혜택을 주는 산이라 이름도 대덕산(大德山)이라고 붙여졌는지 모른다.

  5시 40분 대덕산(1290m)에 올랐다. 대덕산 정상에는 헬기장이 닦여 있었다. 전망이 매우 좋아 나는 이리저리 거닐면서 경치를 감상했다. 백두대간은 덕산재를 넘어서 북쪽으로 끝없이 달려간다.
  대덕산을 내려오는 중턱쯤에는 샘터 두어 군데가 있었다. 산길 나그네가 목이 마를 때 떠서 마실 수 있도록 물 바가지도 놓여 있다. 바가지를 가져다 놓은 사람이 누군지 모르지만 따뜻한 마음을 가진 사람일 것이다. 마지막 샘터에서 조금 더 내려오니 맑고 깨끗한 물이 흐르는 계곡이 나타났다.
  백두대간을 따라 6시 50분경에는 덕산재(640m)에 닿았다. 덕산재는 무풍에서 김천으로 넘어가는 고개다. 정상에는 폐업한 주유소가 덩그러니 앉아 있었는데, 주유소 마당에는 일가족 네 명이 벌을 치러 와 있었다. 아주머니가 땀에 전 내 모습을 보더니 물 한 컵을 권했다. 어느새 저물어 가는 저녁 하늘에는 초승달이 실낱처럼 걸려 있다.
  나는 덕산재에서 야영을 하려고 했지만 물을 구할 수가 없어서 할 수 없이 현내리 '신라가든'에다 민박을 정했다. 영양보충도 할 겸 오랜만에 소주도 곁들여 돼지갈비를 원 없이 뜯었다. 그런데 바로 옆자리에 40대 초반으로 보이는 마을 사람들이 합석을 권해 와 나는 그들과 산행 이야기를 나누며 술 한 잔을 더하게 되었다. 그중에 스님이라는 분이 선문답을 던졌으나 그냥 무시하고 말았다. 산에 들어온 사람이 선문답이 다 무슨 소용이랴! 인생살이 자체가 선문답인데……. 그렇게 소주 한 잔과 세상살이 이야기로 오늘도 노곤했던 하루가 저물어 갔다.

찔레꽃 향기도 슬픈 삼도봉에서
−백두대간 순례 15일째

　얼마나 잤을까, 눈을 떠보니 아침 8시였다. 온몸이 뻑적지근하고 무거운 게 일어나기가 무척 힘든 날이었다. 힘겹게 몸을 일으켜 즉석 자장밥으로 간단히 아침을 때우고 덕산재를 떠나 삼도봉으로 향했다.
　가는 길목에는 하얀 찔레꽃이 진한 향기를 뿌리며 가득 피어 있었다. 찔레꽃 향기에 취해 걷다 보니 어느새 김천 가목에서 무풍 쑴병이로 넘어가는 고갯마루에 도착했다. 11시 40분이었다. 배낭을 벗어놓고 잠시 숨을 돌렸다. 하늘은 우중충한 것이 영화 'Gloomy sunday'의 분위기를 느끼게 했다. 영화의 모티브가 된 노래 'Gloomy sunday'는 이후 오래도록 내 가슴에 여운으로 남아 있었다. 실제로 이 곡을 들은 뒤 자살한 사람이 많았는데 이 곡을 작곡한 레조 세레스도 헝가리 부다페스트의 한 건물에서 뛰어내려 목숨을 끊었다고 한다.
　이곳 고갯마루에도 찔레꽃이 흐드러지게 피어 있었다. 향기는 왜 이리도 진한지……. 나는 바람에 실려 오는 찔레꽃 향기에 취해 한동안 그렇게 앉아 있었다. 하지만 그 좋은 향내가 어쩐지 서러운 느낌이다. 그래서 장사익은 목이 터지도록 '찔레꽃 향기는 너무 슬퍼요.'라고 노래를 불렀던 것일까.

하얀 꽃 찔레꽃

순박한 꽃 찔레꽃

별처럼 슬픈 찔레꽃

달처럼 서러운 찔레꽃

찔레꽃 향기는 너무 슬퍼요

그래서 울었지 밤새워 울었지.

오후 1시에는 1170.6m봉에 오를 수 있었다. 정상에는 헬기장이 있고 삼도봉이 바로 앞에 건너다보였다. 그곳에서 나는 육포 한 조각과 레모나 한 봉을 먹었다. 3시 30분에는 삼도봉(1176m)에 올라섰다. 전북 무주와 경북 김천, 충북 영동의 경계가 만나는 봉우리다. 정상에는 기념비가 서 있고 왼쪽으로는 석기봉이 정답게 솟아 있었다. 저 멀리 남쪽으로 덕유산 향적봉에 스키장을 만드느라 파헤쳐 놓은 산기슭이 벌겋게 생채기를 드러낸 모습이 보였다. 인간들에 의해 파괴되어 가는 덕유산이 내는 신음이 귀에 들려오는 듯했다.

이제부터 전라북도 땅은 안녕이었다. 충청북도 땅에 들어오니 마치 고향에 온 것 같은 느낌이 들었다. 잠시 땀을 식힌 다음 삼도봉을 떠나 충북 땅과 경북 땅을 번갈아 밟으며 대간 길을 걸었다.

나는 쉬지 않고 걸어 1021.9m봉과 1089.3m봉을 넘어 1175m봉까지 올랐다. 모두가 다 이름 없는 무명봉이었다. 충주 인근에 이런 산들이 있었으면 멋진 이름이 붙었을 텐데……. 맞은편에서 서울지구 대학산악연맹 소속 대학생들이 땀을 뻘뻘 흘리면서 올라오는 게 보였다. 그중에는 여학생도 몇 명 끼어 있었는데 그들도 남학생 못지않게 큰 배낭을 지고 있었다. 그들은 춘계 산악훈련으로 백두대간을 순례하는 중이라고 했다.

1175m봉을 지나 1207m봉에 오르니 저녁때가 다 되어 있었다. 물도 다

떨어졌는데 아직도 큰 산봉우리가 두 개도 더 남아 있었다. 서둘러 봉우리에서 내려오는 도중에 춘계 산악훈련 중인 영남대학교 산악부원들을 만났다. 그중에는 배낭을 멘 채 넘어져 무릎을 다친 학생이 있었다. 나는 양슬안(兩膝眼)과 양구(梁丘), 혈해(血海), 양릉천(陽陵泉) 등의 혈자리에 침을 놓아 주었다. 학생들이 몹시도 고마워하며 물을 한 컵 따라 주었다. 깊은 산중에서 물이 떨어지면 그야말로 물 한 방울도 피 한 방울처럼 귀한 법이다. 이 인연으로 우리는 잠시 일행이 되었다.

어느덧 해는 서산에 떨어져서 야간등반이 시작되었다. 나는 헤드 랜턴을 켜 산길을 비추었다. 그래도 영남대 산악부원들과 함께 산행을 하게 되어 야간등반이 외롭지 않았다. 백두대간 순례를 시작한 이래 처음으로 사람들을 만나 함께 산행을 하게 된 것이다.

우리는 1062m봉과 814.6m봉을 넘어서 밤 9시가 다 되어 질매재에 도착했다. 질매재는 경북 김천 귀성면과 충북 영동 상촌면을 연결하는 고개로 아스팔트 포장도로가 나 있다. 영남대 학생들은 여기서 저녁을 먹고 바람재까지 간다고 하며 내게 저녁을 같이 먹자고 권했다.

학생들이 가지고 온 가스 호롱불을 켜놓으니 금세 주위가 밝아졌다. 학생들 세 명이 물통을 거두어 마산리 쪽에 있는 목장으로 물을 뜨러 갔다. 그리고 분주히 저녁을 준비해 김과 김치, 참치찌개로 저녁을 차렸다. 점심을 걸렀던 내게 그 저녁은 진수성찬이었다.

저녁을 먹은 후 영남대 산악부원들은 바람재를 향해 떠나고 나는 질매재 위 언덕에 있는 헬기장으로 올라가 텐트를 쳤다. 그곳에는 먼저 자리를 잡은 가톨릭대 학생들이 둘러앉아 도란도란 이야기를 나누고 있었다.

오늘도 참 긴 거리를 걸었다. 서늘한 산들바람이 능선을 넘어 불어왔다. 내일은 황학산을 넘어 궤방령까지 가야지. 칠흑 같은 산속 어디선가 소쩍새 한 마리가 구성지게 울어댔다.

직지사를 품에 안은 황학산에서
– 백두대간 순례 16일째

잠결에 까마귀가 '까악 까악' 하고 요란하게 짖어대는 소리가 들려왔다. 그 바람에 나는 일찍 잠에서 깨고 말았다. 더 잠을 자기를 체념하고 일어나 흥덕리 계곡으로 물을 뜨러 가는데 오른쪽 다리의 무릎과 엉덩이가 시큰거리고 아팠다. 어제 야간등반까지 무리를 한 탓이다.

텐트 바로 앞 참나무 위에서 뻐꾸기란 놈이 울어댔다. 뻐꾹새는 남의 둥지에 알을 낳아놓고 정작 주인 새의 알들은 둥지 밖으로 떨어뜨린다는 얌체 새다. 다른 새로 하여금 자기 새끼를 기르게 하는 꾀는 어디서 배웠을까. 또 뻐꾸기 새끼를 제 새끼로 알고 정성을 다해 키우는 것은 기르는 정이라 하면 될까.

나는 11시를 넘기기 전에 서둘러 질매재를 떠났다. 하늘에는 새털구름이 한가로이 흘러가고 있었다. 나는 '떠나가는 김삿갓'에서 '김삿갓'을 내 성을 딴 '임삿갓'으로 바꾸어 흥얼거리며 길을 걸었다. 영월 도호부 백일장에서 쓴 시가 실은 조부를 지탄하는 것이었음을 알게 된 김병연은 일생을 방랑객으로 살았다. 나 또한 백두대간의 방랑객이 되어 김삿갓의 시심에 젖어보았다.

985.6m봉을 넘어 바람재로 가는 길은 울창한 갈참나무 그늘이 무척 시원했다. 내가 숲 그늘의 시원함을 만끽하며 걷고 있을 무렵 스님의 독경소

리가 바람결에 들려왔다. 주위를 둘러보니 오른쪽 산기슭에 암자가 하나 있었다. 지도에는 삼성암이라고 나와 있는 곳이었다. 독경삼매에 빠져 있는 삼성암의 스님이 어떤 마음일지 문득 궁금해졌다. 그는 백팔번뇌를 끊어 해탈을 구하려는 것일까. 나도 '반야심경'의 '色不異空,空不異色,色卽是空,空卽是色(색불이공 공불이색 색즉시공 공즉시색)'이란 구절과 '揭諦揭諦 波羅揭諦 波羅僧揭諦 菩提薩婆訶(아제아제 바라아제 바라승아제 보리사바하)'란 주문을 소리 내 보았다. 공부가 짧은 나로서는 뜻이 멀기만 하다. 그때 질매재에서부터 내내 나를 따라오던 뻐꾸기가 머리 위에서 울며 내 상념을 날려 버렸다

정오 무렵 바람재에 닿았다. 세찬 바람이 끊임없이 불어온다. 바람이 잠잠한 날이 없어서 재 이름도 바람재인 모양이었다. 바람재에는 수십만 평 규모의 목장이 산골짜기 전체를 통째로 차지하고 있다. 날씨가 좋은 일요일이라 그런지 바람재에는 소풍을 온 사람들이 더러 눈에 띄었다. 나는 정제소금과 함께 물 한 컵을 마신 후 바람재 목장에서 물을 보충했다.

1시 50분, 드디어 멀게만 느껴지던 황학산(1111m)에 올랐다. 정상에는 이미 정상을 선점한 등산객들이 많다. 이곳은 산세가 마치 학(鶴)처럼 생겨서 황학산(黃鶴山)이란 이름을 얻게 되었다고 한다. 황학은 전설 속의 상서로운 새로 사람들은 아마도 이 산에 상서로운 기운이 감돌고 있다고 믿었던 모양이다.

황학산에서는 바람재에서보다 김천 시가지가 훨씬 잘 보였다. 저 아래로는 사명대사가 출가한 것으로 유명한 직지사가 아담하게 자리 잡고 있다. 나는 직지사를 내려다보며 아도화상이 절터를 찾아다니다가 금오산 위에서 이 절터를 발견하고는 손가락으로 똑바로 가리켜 직지사(直旨寺)가 되었다는 이야기를 떠올렸다.

바람이 부는 정상 헬기장에서 쉬고 있을 때 김천 쪽에서 한 중년 부부가 정답게 이야기를 나누며 올라왔다. 구미에 있는 '금강화섬' 노조위원장인 이용재 씨 부부였다. 교직에 있을 때 나도 전교조 충북지부 노조원이었다고 그에게 소개를 하고 반갑게 인사를 나누었다. 그들이 싸온 도시락을 함께 먹자고 해 나는 그날 점심을 편하게 해결할 수 있었다. 부부는 순례를 한다는 내 말에 오래 산행을 하다 보면 먹는 것이 부실하게 마련이라며 갖가지 먹을거리들을 챙겨주었다. 그들의 따뜻한 마음씀씀이에 괜스레 코끝이 찡해 왔다.

황학산을 떠나 1시간쯤 걸었을까, 여든은 족히 돼 보이시는 노인 두 분이서 백두대간 순례를 하고 있는 모습이 눈에 들어왔다. 대단한 분들이었다. 어쩌면 그분들에게 이번 백두대간 순례는 마지막이 될지도 모른다. 서로 동무하고 의지하며 백두대간을 함께 순례하는 두 분의 모습에서 나는 적지 않은 감동을 받았다. 나도 늙어 저런 모습으로 살아갈 수 있을까. 어느새 강진저수지가 보인다. 궤방령이 얼마 안 남았다는 증거다.

4시가 넘어 궤방령에 도착한 나는 더 욕심부리지 않고 여기에서 오늘 등반을 마치기로 했다. 궤방령은 충북 영동 매곡면과 경북 김천 대항면의 경계에 있는 재로 아스팔트 포장도로가 나 있으며 차량통행도 제법 잦은 곳이다. 궤방령을 괘방령이라고도 하는데 옛날 이 고개를 넘어서 과거를 보러 가면 급제한다고 해서 얻어진 이름이라고 한다.

고개 마루에서 잠시 쉬고 있는데 아내에게 전화가 왔다. 충주고등학교 동창인 오석기 군의 부친께서 돌아가셨다는 소식이었다. 나는 어찌할 도리가 없어 아내에게 대신 조문을 다녀오라고 당부했다. 회자정리(會者定離)라고, 한 번 만난 인연은 언젠가는 반드시 다시 이별하게 되어 있다. 살아서든 죽어서든. 죽음이라는 것은 근원에서 와서 근원으로 돌아감이니 실은 슬퍼할 것도 없다. 모든 삼라만상은 한 번 나면 반드시 소멸하는 법,

그 인연 법은 그 누구도 어길 수 없다. 다음 세상에서는 더 좋은 세상에 나시기를……. 나무관세음보살.

나는 영동군 매곡면 용계촌 마을의 '천덕식당' 마당에 주인의 허락을 얻어 텐트를 치고 저녁으로 그 식당에서 순댓국밥을 먹었다. 인심 후한 주인 아주머니 덕에 잔뜩 말아준 순대와 돼지 머리고기를 먹느라 배가 터질 지경이었다. 식사를 끝낸 후 쉬내 나는 옷들을 빨아 널고 수건에 물을 묻혀서 온몸을 구석구석 닦으니 그렇게 상쾌할 수 없었다.
그러고 나서 오늘은 좀 많이 잘까 싶었더니 웬걸, 소쩍새가 구성지게 우는 소리에 잠을 깨고 말았다. 시간을 보니 새벽 한 시 반이었다. 소쩍새는 무엇이 그리도 서러워 나그네의 잠을 못 이루게 하는지.

구름도 자고 간다는 추풍령에서
－백두대간 순례 17일째

아침 7시에 눈을 뜨니 이른 아침부터 햇볕이 따갑게 내리쬐었다. 나는 텐트를 걷어 떠날 준비를 하고 천덕식당에서 아침을 먹었다. 그리고 일기예보에서 모레 비가 온다고 했다며 친절히 일러주는 주인 아주머니에게 인사를 건넨 후 눌의산으로 향했다.

북동쪽으로 달려가던 백두대간은 418m봉에서 다시 북서쪽으로 방향을 튼다. 30분쯤 걸어갔을까, 나는 내리막 비탈길에서 나무뿌리에 발이 걸려 그만 앞으로 냅다 고꾸라지고 말았다. 순간 나도 모르게 욕설이 튀어나온다. 그러나 잠시 후 나는 혼자 껄껄 웃고 말았다.

'나무뿌리가 무슨 죄가 있담. 조심하지 않은 내가 잘못이지.'

십 년 공부 도로 아미타불이란 말이 맞았다. 넘어진 몸을 일으킬 때는 배낭의 무게 때문에 한동안 고꾸라진 채 버둥거려야 했다.

삶에서도 이같이 뜻하지 않은 낭패를 보는 수가 있다. 지난해 나는 '각가의론'이란 과목에서 F 학점을 받아 유급을 당했다. 그런데 F 학점은 아무리 생각해도 인정할 수 없는 처사였다. 그래서 나는 담당교수를 찾아가 시험에 통과할 만큼 답안지를 작성했다고 주장했지만 내 의견을 관철하지 못했다.

이렇게 해서 나는 한 학기를 쉬게 되었고 지금 이렇게 백두대간을 순례하고 있다. 결과적으로는 유급으로 인해 일생에 한 번 할까 말까 한 백두대간 순례를 하게 된 것이다. 이번 기회가 어쩌면 내게 전화위복이 될런지도 모른다.

조금 더 가니 아카시아 꽃잎이 눈처럼 하얗게 쌓인 길이 나타났다. 나는 아카시아 흰 꽃잎을 사뿐사뿐 밟으며 걸어갔다. 그 길에는 진한 향내를 풍기는 찔레꽃도 피어 있었다. 나는 찔레순 하나를 꺾어 씹어 보았다. 쌉쌀한 맛이 어릴 때 동무들과 어울려 찔레순을 따먹던 기억이 났다. 지금이야 먹을거리가 흔하지만, 살기 어려웠던 옛날엔 다들 찔레순이나 진달래 따위를 따먹으며 허기를 달래곤 했다.

10시 30분쯤 되어 나는 가성산(710m)에 올랐다. 오른쪽 산비탈 아래로 공원묘지가 내려다보였다. 다시 내처 걸어 장군봉과 663m봉을 넘은 후 정오에는 눌의산(743.3m)에 다다를 수 있었다. 헬기장이 있는 눌의산 정상에는 참호와 교통호가 파여 있고 그 아래로는 곧 마주하게 될 추풍령과 추풍령저수지가 내려다보였다. 그래서 눌의산을 내려갈 때는 '추풍령'이란 노래를 흥얼거려 보았다.

구름도 자고가고 바람도 쉬어가는
추풍령 굽이마다 한 많은 사연
흘러간 그 세월을 뒤돌아 보며
주름진 그 얼굴에 이슬이 맺혀
그 모습 그립구나 추풍령 고개

내려가는 길에 큰 장끼 한 마리가 인기척에 놀라 푸드덕거리며 날아간다. 급작스러운 날갯짓 소리에 나 역시 덩달아 놀라고 말았다.

산에서 내려와서는 경부고속도로 아래의 터널을 빠져나와 포도밭과 경부선 철도를 건너 추풍령에 도착했다. 당마루 4번 국도에는 '추풍령 노래비'가 서 있다. 추풍령은 충북 영동군 추풍령면(秋風嶺面)과 경북 김천시 봉산면(鳳山面)의 경계로 해발 221m의 비교적 높지 않은 고개다. 또한, 소백산맥과 노령산맥의 분기점과 금강과 낙동강의 분수령이 되기도 한다.

이 고개는 예부터 영남지방과 중부지방을 잇는 중요한 교통로였다. 임진왜란 때에는 군사적 요충지로 의병장 장지현(張智賢)이 의병 2천 명을 이끌고 왜군 2만 명을 맞아 물리친 뒤, 다시 밀려온 4만 명의 왜군에게 패하여 장렬하게 전사한 곳이다. 그래서인지 조선시대 때 한양으로 과거를 보러 가던 선비들은 이 고개를 넘지 않고 괘방령으로 돌아갔다고 한다. 이 고개를 넘어가면 추풍낙엽처럼 떨어진다는 근거 없는 소문 때문이었다.

그런데 당마루 뒷산을 올라 보니 지도에도 나와 있지 않은 채석장이 백두대간의 반쪽을 거의 다 파먹었다. 길이 보존해서 후손에게 물려주어야 할 백두대간을 이렇게 훼손해 버리다니! 순간 울컥 화가 났다. 정치인이나 관료들은 입만 열면 관광 한국을 외치지만 뒷구멍으로는 이렇게 자연을 망가뜨리고 있는 것이다. 탐욕스런 인간들의 손에 의해 파헤쳐지는 백두대간의 신음이 귓전으로 들려오는 것 같았다. 이것은 정녕 백두대간의 허리를 자르는 꼴이었다.

502m봉을 넘은 곳에서 백두대간은 남동쪽으로 방향을 튼다. 왼쪽으로 드넓은 추풍령저수지가 보였다. 그리고 양지바른 산비탈에는 발갛게 익은 산딸기가 지천으로 널려 있다. 산딸기는 한방에서 복분자(覆盆子)라고 하는데 양기(陽氣)를 북돋아 주는 효능이 있다. 복분자는 옛날에 어떤 할아버지가 산에 나무를 하러 갔다가 배가 고파 산딸기를 실컷 따먹고 집에 돌아와 오줌을 누는데, 오줌발이 어찌나 세던지 그만 요강이 뒤집혀 버리고 말았다는 전설에서 유래한 이름이다. 이것은 주로 술로 담가 먹는데 맛과

향이 아주 뛰어난 것이 특징이다. 나는 배낭을 벗어놓고 배가 부르도록 산딸기를 따먹었다.

 길을 재촉해 435.7m봉을 넘었다. 그곳에서 1km쯤 되는 거리에서 백두대간은 다시 북동쪽으로 방향을 바꾸었다. 사기점고개로 내려오니 오른쪽 계곡에 규모가 꽤 큰 목장이 보였다. 잘 자란 목초가 싱그러워 보였다.

 5시 30분에는 사기점고개를 지나 묘함산(733.4m)에 올랐다. 여기서는 백두대간이 북서쪽으로 180도 방향을 틀었다. 이런 구간을 만나면 지루하게 마련이다. 직선거리로 말하자면 1km도 안 되는 거리를 거의 3.4km나 돌아서 가야만 하기 때문이다. 옷은 이미 땀으로 흠뻑 젖어 등에서 물이 질겅질겅 배어 나왔다.

 땅거미가 질 무렵에야 작점재에 도착한 나는 작동마을 이장 오천근 씨에게 부탁해 하룻밤을 묵어가기로 했다. 이 마을에는 집집이 감나무가 있는 것으로 보아 겨울에도 따뜻한 곳인 듯싶었다. 정신이 번쩍 들도록 찬물로 샤워를 하고 쉬고 있는데 오천근 씨가 햇딸기 안주와 함께 술상을 내왔다. 둘이서 술을 마시는데 오랜만에 마시는 술이라 그런지 금세 취기가 올랐다.

 오천근 씨는 둘째딸이 재생불량성 빈혈을 벌써 7년째나 앓고 있다고 말하며 쓴 소주잔을 비웠다. 그 병은 양방이든 한방이든 치료가 어려운 병이다. 그런 딸을 바라보는 부모의 심정이란 오죽할까. 한의학을 공부하는 나로서도 이럴 땐 무력감을 느끼지 않을 수 없다. 훼손된 백두대간을 보게 된 오늘, 딸을 걱정하는 아버지의 시름까지 더해져 이래저래 가슴 아픈 날이었다.

산딸기를 따먹으며 넘은 국수봉에서
– 백두대간 순례 18일째

전날 마신 술 때문에 아침에는 몸이 많이 무거웠다. 나는 자꾸만 늘어지려는 몸을 추슬러 몸을 일으켰다. 여장을 꾸려 나서는데 오천근 씨가 나와 인사를 했다.

"제 아내가 직장에서 야근을 하는 바람에 아침식사 대접도 못해 미안합니다."

"천만에요, 잠을 재워 주신 것만도 감지덕지지요. 하루 잘 묵어서 갑니다."

그리고 마지막으로 딸의 쾌유를 빌며 나는 산으로 난 길로 떠났다. 길가에는 분홍색 나팔꽃과 샛노란 애기똥풀이 바람에 하늘거렸다. 한약명으로 견우자(牽牛子)라고 하는 나팔꽃씨는 준하축수약(俊下逐水藥)에 속하며 몸이 붓거나 복수가 차는 증상을 치료하는 데 쓴다. 그리고 애기똥풀은 양귀비과의 여러해살이풀로 한방에서는 백굴채(白屈菜)라고 하며, 진통과 이뇨해독의 효능이 있어 각종 염증과 궤양을 치료하는 데 쓰는 약재다.

길을 걷는데 슬슬 배가 고파오기 시작했다. 그래서 나는 작점재 바로 밑에 있는 목장에 들러 물을 얻고 고갯마루 도로 위에서 밥을 지어 아침을 먹었다. 밥을 먹는 내 모습에 차를 타고 재를 넘는 사람들이 이상한 눈초리로 흘낏흘낏 쳐다보았지만 그러거나 말거나 열심히 식사를 했다.

식사를 마치고 난 후 나는 작점재를 떠나 국수봉으로 향하는 산행길에 올랐다. 20분쯤 가니 삼각점이 나타났고 다시 삼각점을 지나 갈현에 당도했다. 갈현에는 김천 어모면 농점에서 영동 추풍령면 소아마을로 가는 오솔길이 나 있다.

나는 갈현을 지나 작은 산봉우리 하나를 넘었다. 정상에는 기도처로 보이는 움막이 한 채 세워져 있었다. 거기에서 오른쪽으로 보이는 마을이 김천의 도치량이다.

11시 30분쯤 되어 687m봉에 올라섰다. 이곳에서도 시원한 물빛을 비추는 추풍령저수지와 저수지 건너 당골 뒷산에 흉물스럽게 드러난 채석장이 묘한 대조를 이루고 있다.

그곳을 내려와 다시 오른 710m봉에서는 용문산 기도원이 빤히 내려다 보였다. 용문산 기도원은 남한에서 최초로 설립된 기도원이라고 한다. 710m봉을 내려가니 용문산 기도원에서 영동 웅북리 상웅마을로 넘어가는 고개가 나타났다. 그 고갯마루를 지나 한참 동안 땀을 흘린 뒤 경북 김천과 상주, 충북 영동의 경계가 만나는 산봉우리에 올랐다. 여기에서 나는 지도를 김천 지도에서 상주 지도로 바꾸었다. 벌써 여덟 장째다.

오후 1시 20분경 드디어 국수봉(730m)에 올랐다. 북서쪽으로 상판저수지가 눈에 들어오고 오른쪽으로는 상주시가 저만치 바라다보였으며 저지대에는 드넓은 상주평야가 펼쳐져 있었다. 여기서부터 백두대간은 경북과 충북의 도계를 벗어나 상주 쪽으로 들어간다.

정상에서 쉬고 있으려니 어디선가 나비 한 마리가 날아와 내 오른손에 앉았다. 검정 날개에 조그만 흰 점 두 개가 찍혀 있는 나비는 땀이 말라붙어서 생긴 손등의 소금기를 더듬이로 이리저리 옮겨가며 부지런히 핥아댔다. 나는 그 모습이 재미있어 나비가 하는 대로 잠자코 바라보기만 했다.

683.5m봉을 힘겹게 넘고 큰재로 내려오는 도중이었다. 어느 순간 눈앞

에 산딸기밭이 펼쳐졌다. 소금기를 보시 받은 나비의 보은일까! 지쳐 있던 나는 배낭을 벗어 던지고 정신없이 딸기를 따먹었다.

딸기를 양껏 먹은 덕에 나는 따로 점심을 먹지 않고 부지런히 걸어 큰재에 도착했다. 큰재의 고갯마루에는 폐교가 된 옥산초등학교 인성분교가 있었다. 정문에 설치된 안내판을 보니 지금은 '부산 녹색연합 생태학교' 겸 '백두대간 교육센터'로 사용되고 있다고 한다.

나는 폐교 운동장으로 들어가 울타리 사이로 난 길을 올랐다. 밋밋한 능선길을 따라가다가 보니 왼편으로 541.9m봉이 나타나면서 백두대간 능선 위로 도로가 나 있었다. 그러나 3백 미터쯤 가다가 도로 산길로 접어들었다. 그 길을 가다 발견한 무덤 주변에는 줄풀과 보라색 엉겅퀴꽃이 무성하게 피어 있었다. 엉겅퀴는 지혈 약재로 한약명으로 '대계'라 하며 각종 염증과 출혈증에 쓰이고 뿌리는 고혈압을 치료하는 효능이 있다. 나는 이름 모를 고인의 명복을 빌며 그 자리를 떠난다.

그런데 가다가 또 산딸기밭을 만났다. 몇 시간 전에 질리도록 먹은지라 나는 잘 익은 놈들만 골라 마른 입을 축이고는 다시 길을 재촉했다. 회룡재 가는 길에는 굵은 아카시아 나무들이 숲을 이루고 있고 아카시아 꽃잎이 땅에 어지러이 떨어져 바람에 날렸다. 그리고 그 길 내내 계속 산딸기밭이 나타나서 오늘은 복이 터진 날이었다.

4시 30분이 다 되어 회룡재에 내려섰다. 이 재는 상주 봉산리 골가실마을에서 효곡리 회룡마을로 통한다. 고갯마루에는 '국민행동' 백두대간 순례팀이 단기 4324(2001)년 3월 12일 이곳을 지나갔다는 표지판을 나무에 걸어 놓았다. 나도 거기에 이름과 전화번호를 남겼다. 내 뒤로 백두대간 초행길에 나서는 사람들을 위해서다.

큰마재를 지나서 오르는 능선길에는 꽤 굵은 뽕나무에 까맣게 익은 오디가 조발조발 열려 있었다. 뽕나무는 뿌리껍질, 잎, 열매, 나뭇가지를 모두 약재로 쓴다. 심지어 뽕잎을 먹고 자라는 누에와 말라죽은 누에, 죽은 누에에서 나오는 버섯까지 하나 버릴 것 없이 다 한약재로 쓰인다. 나는 손에 닿는 가지에서 잘 익은 오디를 골라서 따먹어 보았다. 오디의 달착지근한 맛이 입안에 감돌았다.

7시가 다 되어 윗왕실마을로 내려오니 '효곡 감리교회'라고 쓰인 팻말이 눈에 들어왔다. 나는 그 교회의 진태원 목사에게 교회에 딸린 수양관에서 하루 쉬어 가도 되겠느냐고 청했다. 진 목사는 누추한 여행객을 따뜻이 맞아주었다.

진 목사의 고향은 충북 제천 백운이라고 했다. 그곳은 내 고향 충주 산척과 천등산 다릿재 하나를 사이에 두고 있는 곳이라 우리는 마치 고향 사람을 만난 것처럼 반가워했다. 진 목사는 한의학에 관심이 많아 한약재에 대해서도 전문가 뺨치는 지식을 갖추고 있었다. 진 목사 자신이 어려서 일어나지도 못할 정도로 다리를 심하게 다쳤을 때 오가피를 달여서 먹고 고쳤던 일이 있다고 했다. 오가피는 근골격계를 튼튼하게 하는 약재로 면역력 증강, 항산화, 항방사능, 항피로, 항자극 등의 효능이 알려졌으니 그럴 만도 한 일이었다. 진 목사의 부인은 밥과 맛깔스런 배추 겉절이를 대접해 주었고 후식으로 수박까지 내다 주었다. 고마운 인정이었다.

저녁을 먹고 나서는 동구 밖으로 산책하러 나갔다. 이 마을은 모내기가 아직도 끝나지 않았다. 그래서 논에 물을 대느라 양수기를 돌리는 원동기 소리가 여기저기서 들려왔다.

하늘에 떠 있는 쪽배 달 주위에는 달무리가 은은하게 끼어 있다. 달무리가 보이면 비가 올 징조인데…….

포란지세의 백학산을 넘어서
-백두대간 순례 19일째

이른 새벽 까치가 짖는 소리에 잠이 깼다. 까치가 울면 반가운 손님이 오신다는데 오늘은 무슨 좋은 일이라도 있으려나? 몇 시쯤 되었을까 궁금해서 휴대전화를 들여다보니 불통지역이라 시간을 알 수 없었다. 여행하는 지금, 휴대전화는 전화기라기보다는 시계의 역할에 가깝게 되었다.

잔뜩 우중충한 날이었다. 윗왕실마을을 떠나는 길에 보니 동네 집집마다 감나무가 많이 심어져 있었다. 상주는 곶감의 고장이라더니 그 말이 실감이 났다. 윗왕실재로 오르는 길가에는 돼지감자가 무성했다. 뚱딴지라고도 부르는 돼지감자는 그 알뿌리를 돼지가 좋아한다고 해서 붙여진 이름이다. 돼지감자 주변으로 흰 꽃의 으아리와 노란 꽃과 흰 꽃이 한 줄기에 피는 인동초, 찔레꽃도 보였다.

으아리는 한약명으로 위령선(威靈仙)이라고 하는데 관절염이나 근육통에 효능이 좋은 거풍습약(祛風濕藥)이다. 꽃도 아주 예쁘고 소담하여 화초로 길러 볼만하다. 그리고 인동덩굴은 노란 꽃과 흰 꽃이 한 줄기에 피어 금은화(金銀花)라는 멋진 이름을 하나 더 얻었다. 금은화는 열을 내리고 독을 풀어 주는 청열해독약(淸熱解毒藥)으로 각종 염증이나 고열증세를 다스린다. 금은화를 달여서 증류한 것을 금은화로(露)라고 하는데 맛이 쓰지 않아 한약을 싫어하는 어린이가 고열이 날 때 쓰면 좋다. 찔레 열매는 영실(營實)이라고 하는데 항노화, 항피로, 뇌기능 촉진 등의 효능이 알려졌고 뿌리는 당뇨병과 관절염을 치료하는 효능이 있으나 한방에서는 잘 쓰지 않는다.

윗왕실재를 떠나 백학산으로 오른 나는 왼쪽으로 상판저수지와 성봉산을 바라보면서 길을 걸었다. 능선길을 오르다가는 산벚나무를 만나 까맣게 익은 버찌를 따먹었더니 손에 검붉은 버찌 물이 들어 버렸다. 어제 달무리가 서더니 역시나 구름이 깔리고 스산한 바람이 부는 게 금방이라도 빗방울이 떨어질 것만 같았다.

백학산(615m) 정상에 올라 윗왕실마을을 바라보니 백학산이 마을을 감싸 안아 마치 학이 알을 품은 듯한 형세였다. 이런 터를 포란지세(包卵之勢)라고 하는데 풍수지리를 하는 사람들이 으뜸으로 치는 명당이다.

잠시 후 바람이 한바탕 불어와 나뭇가지들을 뒤흔들더니 기어코 비가 내리기 시작했다. 다행히도 비는 금방 그쳐 안도했더니만 소정재를 지나고 선유동을 지나면서부터 다시 가랑비가 내리기 시작한다. 나는 배낭 덮개를 씌우고 윈드재킷을 꺼내 입었지만 바지와 등산화에 이미 빗물이 스며들어 온몸은 비 젖은 생쥐 꼴이었다.

나는 지기재못을 바라보며 지기재로 내려왔다. 지기재는 금강과 낙동강의 분수령으로 상주시와 모서면 소재지를 이어 주는 아스팔트 포장도로가 나 있다. 그런데 지기재를 조금 지나 무심코 우마차 길을 따라가다가 그곳에서 그만 길을 잃고 말았다. 능선에는 나무를 베어내 꼬리표도 보이지 않는데다가 길이 이리저리 뚫려 있어서 분간을 할 수가 없었다. 결국, 처음 출발했던 곳으로 되돌아오길 몇 번을 반복하고 나서야 간신히 길을 찾을 수 있었다.

1시가 넘어 다다른 안쑥밭골은 평평한 구릉지대였다. 백두대간에서 왼쪽으로 바짝 붙은 논에서 한 농부가 모 잇기를 하고 있는 모습이 보였다. 나는 그에게 담배 한 대를 얻어 피우며 이런저런 사는 이야기를 들었다.

그는 아이들의 교육문제로 가족들 모두 대구로 나가고 자기 혼자서 농사를 짓고 있다고 했다. 자못 쓸쓸한 이야기였다.

농부와 헤어진 후 나는 324m봉을 넘어서 신의터재(280m)로 내려섰다. 이 재도 금강과 낙동강의 수계로 상주시와 화동면 소재지를 연결하는 포장도로가 나 있다. 오늘은 원래 여기까지가 목적지였지만 나는 내처 화령재까지 가기로 하고 304m봉을 넘었다. 그곳은 〈71일간의 백두대간〉의 저자 길춘일 씨가 독사에 물려 고생을 했다는 구간이었다. 그의 책에 따르면 이 구간에는 독사들이 우글거린다고 했다. 잔뜩 긴장을 했지만 뱀은 한 마리도 보이지 않았다. 그보다는 물을 잔뜩 먹은 등산화가 무거워 자꾸 신경이 쓰였다.

비가 잦아 들어갈 때 즈음 판곡저수지가 눈에 들어왔다. 상주 지방에는 유달리 저수지가 많은데 그중에서 대표적인 것이 공검지(공갈못)다. 제천의 의림지, 밀양의 수산제와 더불어 가장 오래되었다는 공검지는 바로 상주 공검면에 있다. 그것은 상주가 예부터 농업이 발달한 곳이었음을 반증하는 것이다. 나는 공검지에서 유래한 민요인 '상주모심기'를 부르면서 산길을 걸었다.

상주 함창 공갈못에 연밥 따는 저 처자야
연밥 줄밥 내 따줄게 이 몸 품에 안겨주소
잠자리는 어렵지 않소 연밥 따기 늦어지오.

상주 함창 공갈못에 연밥 따는 저 큰아이
연밥 줄밥 내 따줄게 백년언약 맺어주오
백년언약 어렵잖소 연밥 따기 늦어간다.

6시가 되어 화령재(320m)에 닿았다. 잠시 쉬어가려고 앉았더니 무릎과 발뒤꿈치에서 불이 났다. 예상했던 하루 코스에서 더 욕심을 부린 게 탈이었다.

나는 그 길로 버스를 타고 화서면으로 내려와 '화령장 여관'에 여장을 풀었다. 이곳 사람들은 화서라는 지명을 잘 쓰지 않고 대신 화령이라고 부른다. 객실에 들어가자마자 입었던 옷을 모두 벗어 세면장으로 던져 넣고 며칠 동안 밀린 빨래와 샤워를 동시에 했다. 그런 후 버스정류장 맞은편에 있는 '대성정육식당'에서 삼겹살에 소주 한 잔을 곁들여 배가 부르도록 먹었다. 장기간 산행을 하다 보면 잘 먹을 기회가 있을 때 실컷 먹어두어야 한다.

방으로 들어와 다리 전체에 물파스를 발랐더니 화끈거리면서도 시원한 느낌이 들었다. 그리고 다리를 쭉 뻗고 숙소로 들어올 때 산 콜라를 한 컵 가득 따라 톡 쏘는 맛을 음미해 보았다. 산에서 갈증이 심할 때 가장 그리운 것이 시원한 탄산음료다. 전에는 탄산음료를 전혀 마시지 않았다는 게 나 스스로 믿기지 않을 정도였다.

오늘도 점심을 거른 채 산행을 했다. 며칠째 점심을 거르고 산행을 하다 보니 이젠 점심을 먹지 않고도 견딜 수 있게 되었다. 아마도 내가 산사람이 다 되어 가는가 보다. 텔레비전에서 방영해 주는 영화를 보다 보니 스르르 눈이 감겨왔다. 내일은 다시 충북땅을 밟게 되리라.

봉황산을 넘어서 속리산 형제봉으로
-백두대간 순례 20일째

아침에 일어나자마자 나는 빨래가 말랐는지부터 살펴보았다. 옷은 그런대로 다 말랐는데 등산화에서는 아직도 물기가 묻어났다. 그리고 자세히 보니 덜 마른 바지 뒤쪽이 찢어져 있었다. 바지가 삭아서 조금만 힘을 주어도 맥없이 나가는 것이다. 나는 바지를 세탁소에 맡기고 수선이 되는 동안 분식집에서 육개장을 먹고 김밥 두 줄을 샀다.

수선 때문에 10시를 넘겨서야 백두대간으로 올라섰다. 상현저수지를 바라보며 걷다가 산불 감시초소가 세워져 있는 산봉우리에 오르니 화서면 소재지가 한눈에 들어왔다. 백두대간의 오른쪽 계곡을 따라서는 이안천이 흐르고, 상주에서 괴산 청천으로 넘어가는 아스팔트 포장도로가 이안천을 따라가고 있었다.

백두대간에 들어선 지 두어 시간 만에 봉황산(740.8m)에 올랐다. 정상에서 산세를 살펴보니 그야말로 봉황이 날개를 접으며 내려앉는 형국이다. 좌익으로는 상현리, 우익으로는 상룡리를 품고 그 가운데 머리와 몸통에 해당하는 곳이 바로 봉황산이었다. 봉황은 길조이니 이 산도 상서로운 산이리라.

뭉게구름이 한가로이 흘러가는 가운데 시원한 산들바람이 불어와 땀을 식혀 주었다. 나는 신발을 벗어 양말을 햇볕에 말리고 참외 하나를 깎아 갈증을 달랬다. 그리고 한가로이 담배 한 대를 피워 물었다. 담배도 끊어야 할 텐데……. 백두대간 순례를 마치고 나서 담배를 끊어야겠다는 생각을 했다. 워낙 인이 박힌 담배라 어렵긴 하겠지만 말이다.

　오후 2시에는 459m봉을 넘어 장자동재에 닿았다. 재를 지나 들어선 장자동 마을에는 양지바른 곳에 농가 서너 채가 오순도순 앉아 있었다. 이곳은 높은 산들로 빙 둘러싸여 아늑할 것 같은데도 바람이 무척 강하게 불었다. 나는 길가에 있는 농가에 들러 물통에 물을 채우고 김밥 한 줄을 먹었다.
　장자동재에서 오르는 능선길은 매우 가팔랐다. 그 길을 따라 510m봉을 넘고 산봉우리 하나를 더 넘으니 억서기마을에서 동관음과 장자동으로 가는 오솔길의 흔적이 보였다. 지금은 사람들이 거의 다니지 않는 듯했다. 그곳에서 지도를 관기 지도에서 속리 지도로 바꾸었다. 장자동재에서 갈령 삼거리까지는 좀 지루한 구간이었다.
　5시가 넘어 형제봉(929m)에 올랐다. 바로 앞에는 829.3m봉이 다정하게 솟아 있는데 그래서 형제봉이라 부르는 것 같았다. 형제봉은 정상이 거대한 바위 봉우리로 되어 있는데 정상에 오르자 전망이 탁 트이며 천황봉이 웅장한 모습으로 나를 맞았다.
　이제 비로소 속리산맥에 들어온 것이다. 여기서 보니 속리산도 매우 깊고 큰 산이라는 것을 깨달을 수 있었다. 싱그런 초록의 옷으로 갈아입은 산줄기들이 사방으로 치달려 간다. 나는 광활하게 펼쳐진 초록의 바다를 넋을 잃고 바라보았다. 나도 그만 여기서 산이 되어 살아보고 싶단 생각에 청산별곡 한 구절을 노래로 불러보았다.

살어리 살어리랏다

청산(靑山)에 살어리랏다

멀위랑 다래랑 먹고

청산(靑山)에 살어리랏다

국수봉에서 헤어진 충북과 경북의 도계는 형제봉에서 다시 만난다. 그리고 여기서 천황봉과 구병산으로 가는 갈림길이 나뉘었다. 왼쪽으로 빠지면 충북알프스였다.

형제봉을 떠나 829.3m봉을 넘으니 피앗재로 가는 가파른 비탈길이 나타났다. 나는 그 길을 따라 한 시간쯤 걸어 피앗재에 도착했다. 어느새 날은 어둑어둑해져 가고 있었다.

야영을 하기 위해서 물을 찾았지만 샘은 고사하고 계곡물까지 다 말라버렸다. 이곳 만수리에도 가뭄이 심한 모양이었다. 양수기를 돌리는 원동기 소리가 이 골짜기 저 골짜기에서 들려왔다. 만수동의 행정구역은 충북 보은군 내속리면으로, 높은 산으로 둘러싸인 사방에 하늘만 빠끔히 보여 가히 청학동이라 일컬을 만한 곳이었다.

나는 어쩔 수 없이 만수동마을 '정이품송농장민박'에 숙소를 정하고 김밥 한 줄과 라면으로 저녁을 때웠다. 민박집에도 물이 나오지 않아 집 뒤에 있는 개울에서 빨래와 세수를 해야 했다. 개울에는 피라미가 펄쩍펄쩍 뛰고 있었다. 오랜 가뭄으로 물이 흐르지 않고 고여 있는 웅덩이인데도 물고기들이 살고 다슬기도 보였다. 그런 걸 보면 이곳은 아직 오염이 되지 않은 청정구역이었다.

뒷정리를 마치고 쉬고 있을 때 백두대간을 혼자서 순례했다는 심창한 씨의 방문을 받았다. 민박집 주인 김정춘 씨와도 절친하게 지낸다는 그는 마가목으로 담근 술까지 들고 왔다. 우리는 자정이 넘도록 술잔을 주고받으면서 이야기를 나누었다. 역사학도인 심창한 씨는 신라의 삼국통일의 문제점을 제시하는 논문을 쓰고 있는 중이며 단재 신채호를 가장 존경한다고 말했다. 그는 백두대간을 순례하다가 이곳이 너무 마음에 들어 10년 전 고향인 괴산 목도를 떠나와서 살고 있다.

 새벽 두 시가 넘어서야 비로소 술자리는 끝이 나고 나만 홀로 텅 빈방에 남았다. 시골의 정적 속에 개구리 울음소리만이 소란하게 들려왔다.

 * 심창한 씨는 안타깝게도 지금 이 세상 사람이 아니랍니다. 삼가 고인의 명복을 빌어봅니다.

속세를 떠나는 속리산에서
-백두대간 순례 21일째

 누군가 문을 두드리는 소리에 일어나 보니 방문 밖에 천마죽 두 봉과 물 한 병이 놓여 있다. 산행을 하다가 배가 고플 때 먹으라는 심창한 씨의 속 깊은 배려였다. 그는 내가 곤하게 잠들어 있어 차마 깨우지 못하고 그냥 돌아갔다고 한다. 민박집 주인 김정춘 씨는 그 말을 전해 주며 아침식사를 대접해 주고 민박비도 반으로 깎아 주었다. 두 사람 모두에게서 훈훈한 정이 느껴졌다. 김정춘 씨의 배웅을 받으며 피앗재로 오르는 계곡은 찔레꽃 향기로 가득했다. 나는 꽃향기에 취해 힘든 줄도 모르고 산길을 걸었다. 이곳에도 산딸기 덤불이 많아 걸어가면서 양껏 따먹었다.
 10시가 조금 넘어서 천황봉을 향해 달려가는 능선에 올랐다. 510.6m봉을 오른쪽으로 두고 백두대간은 북서쪽으로 방향을 튼다. 화북면 장각동 마을이 빤히 내려다보이고 그 너머로 도장산이 우뚝 솟아 있다. 울창한 숲길을 뚫고 홀로 산길을 가노라니 호젓하기 이를 데 없었다.
 천황봉으로 오르는 능선길은 매우 가팔라 헉헉거리며 한참을 올라가고 있는데 족제비 한 마리가 후다닥 달아났다. 녀석은 나를 천적으로 생각했던 모양이다. 하긴 짐승들에게 사람보다 더한 천적이 있을까?
 1시 10분, 드디어 천황봉(1058m)에 올랐다. 암릉으로 된 정상에 올라서니 시야가 탁 트이면서 사방이 환하게 열렸다. 뒤로는 지나온 백두대간의 능선이 구불구불 이어졌다. 그리고 문장대를 향해 치닫는 속리산맥에는 거대한 바위 봉우리들이 우뚝우뚝 앉아 있어 자못 장엄한 모습이었다.

사방으로 달려가는 산맥들. 산 너머 산, 산 너머 또 산······. 속리산(俗離山)이란 이름은 최치원이 이 산에 들어와서 道不遠人人遠道, 山非離俗俗離山, 즉 '도는 사람을 멀리하지 않는데 사람은 도를 멀리 하려 하고, 산은 속세를 여의치 않는데 속세는 산을 여의려 하는구나' 라고 읊은 데서 유래하였다. 그래서 속세를 떠나는 산, 속리산이 된 것이다.

정상의 암릉지대 남쪽의 철쭉은 다 졌다. 그런데 이상하게도 동쪽에 있는 철쭉은 이제야 꽃이 피어나고 있는 중이었다. 바야흐로 이제 막 꽃봉오리가 열리려고 하는 철쭉을 보니 이호우의 '개화'라는 시조가 문득 떠오른다.

꽃이 피네, 한 잎 한 잎 한 하늘이 열리고 있네.
마침내 남은 한 잎이 마지막 떨고 있는 고비
바람도 햇볕도 숨을 죽이네 나도 가만 눈을 감네.

천황봉을 떠나 입석대로 향하는 길은 주변이 온통 산죽 숲이었다. 상고암과 비로봉 갈림길이 나타난 후에도 산죽 숲은 계속 이어졌다.

나는 천황봉에서 1.6km의 거리를 걸어 비로봉을 지나고 입석대(1003m)에 올랐다. 전설에 따르면 임경업 장군이 7년간 도를 닦은 끝에 이 입석대를 세웠다고 한다. 암반 위에는 우람한 장방형의 바위가 세로로 반듯하게 서 있었다.

입석대를 지나 신선대(1026m)를 오르는 길에 청설모 한 마리가 따라온다. 신선대에서 법주사 쪽으로 0.6km 정도 내려가면 경업대가 나오는데 그곳은 1596년 임경업 장군이 독보대사에게 무술을 연마하던 곳이라고 한다.

문장대 휴게소에 도착했을 때 갈증은 극에 달해 있었다. 휴게소에서 물

한 병을 사서 단숨에 비웠다. 갈증이 가시고 나니 비로소 뱃속에서 꼬르륵하는 신호가 와 휴게소 식당에서 사발면과 공깃밥 한 그릇을 먹었다. 떠날 때는 식당 부엌에서 물을 채웠다. 물이 없어 호되게 고생했던 뒤라 가득 찬 물 한 통에 마음마저 든든하다.

뱃속이 든든해진 나는 힘찬 발걸음으로 문장대로 가는 철계단을 올랐다. 문장대는 해발 1,054m의 거대한 석대다. 정상의 바위가 움푹 팬 곳에는 가뭄이 심할 때가 아니면 늘 물이 고여 있는 석천이 있다. 이 바위 봉우리는 원래 구름 속에 묻혀 있다 하여 운장대(雲藏臺)라 불렀으나 조선시대 세조가 이곳 석천의 감로수를 마시면서 시를 읊었다 하여 그 뒤로 문장대라 부르게 되었다고 한다. 그리고 문장대에는 이곳을 세 번 오르면 극락에 갈 수 있다는 전설이 있다. 그렇다면 벌써 세 번 넘게 이곳을 오른 나는 극락세계를 갈 수 있다는 것일까.

사방을 둘러보니 속리산 최고봉인 천황봉을 비롯해 관음봉, 비로봉 등 높고 낮은 봉우리가 한눈에 들어왔다. 멀리는 백악산, 청화산, 시루봉, 도장산까지 다 보였고 앞으로 가야 할 밤티재와 그 건너 696.2m봉도 내려다보였다. 천황봉에서 문장대를 바라볼 때와 문장대에서 천황봉을 바라볼 때의 느낌은 또 다르다. 이처럼 산도 바라보는 방향에 따라 전혀 다른 모습을 띠는 것이다.

백두대간은 여기서 경북과 충북의 도계를 떠나 상주 땅으로 들어간다. 그런데 문장대를 떠나 헬기장을 지나면서부터 길이 험해지기 시작했다. 수직암벽을 타고 내려가야 하는 길도 있었고, 좁은 바위 통로에서는 먼저 배낭을 벗어 던진 다음에야 간신히 지나갈 수 있었다. 험한 길을 지나니 평소보다 땀이 두 배로 쏟아지고 장갑이 다 해져서 너덜너덜했다. 백두대간으로 떠나온 이래 제일 힘든 구간을 만난 것 같았다.

그런데 밧줄에 의지해야만 내려올 수 있는 암벽길에서 나는 그만 지팡이를 잃어버리고 말았다. 지팡이를 먼저 내려보내려고 던진다는 것이, 잘못해서 낭떠러지 아래로 떨어뜨리고 만 것이다. 몇 년 동안 산길의 다정한 동무처럼 붙어다니던 지팡이였는데 막상 잃어버리고 나니 서운하기 짝이 없었다. 나는 바위틈에 소담스레 핀 함박꽃나무의 흰 꽃을 바라보며 떠나보낸 지팡이에 대한 미련을 떨쳐냈다.

길은 견훤산성과 밤티재 삼거리가 있는 594m봉에 와서야 조금 순해졌다. 지나온 능선을 바라보니 산봉우리마다 기암절벽이 솟아 있다. 속리산은 정말 산세가 웅장한 산이란 생각이 들었다.

오른쪽 능선을 타고 내려가면 화북면 장암리 장바위 바로 위 545m봉에 있는 견훤산성으로 가는 길이다. 견훤산성은 삼국시대부터 있었던 것으로 견훤이 신라와 고려를 방어하고 공격하기 위해 이곳을 거점으로 삼은 데서 그 이름이 유래하였다. 견훤은 이 산성을 거점으로 남으로는 신라를 압박하고 북으로는 왕건의 세력을 견제했다.

해가 서쪽으로 기울기 시작할 때 밤티재로 내려왔다. 이 재는 화북면 장암리 아랫늘티에서 중벌리 밤티로 넘어가는 고개로 아스팔트 포장도로가 나 있다. 전에 몇 번 차를 가지고 넘은 적이 있어 낯이 익은 재다.

밤티재를 떠나 696.2m봉으로 가는 능선길에 오른 후 6시 50분에 696.2m봉을 올랐다. 정상에서 등 뒤를 돌아보니 속리산맥이 한눈에 들어온다. 해가 지는 시간이라 더 지체하지 않고 하산을 서두르는데 젊은이 두 명이 땀을 뻘뻘 흘리면서 올라오고 있었다. '한국철도차량'에 근무한다는 김용기 씨와 박덕원 씨였다. 수원에서 온 그들은 회사에서 일주일간의 휴가를 얻어 백두대간을 순례할 계획이라고 했다. 산중에서 대간꾼들끼리 만난 게 너무 반가워 나는 그들에게 물을 한 컵씩 따라 주었다. 힘든 산행 길에서는 물 보시가 최고다. 밤티재에서 야영을 한다는 그들과 아쉬운 작별을 하고 나는 다시 가던 길을 내려갔다. 땅거미가 밀려와 주위는 이미 꽤 어두워진 상태였다.

늘재에 당도하니 8시였다. 고갯마루에는 320년이나 묵었다는 아름드리 음나무 고목이 한 그루 서 있었다. 바로 옆에 서낭당이 있는 것으로 보아 음나무는 당목임에 틀림없었다.

나는 옥양동에 사는 농부의 트럭을 얻어 타고 늘재를 내려와 송면 '초원식당'에서 저녁을 먹었다. 힘든 구간이 있어 피곤했지만 그만큼 뿌듯한 하루였다.

낮 달이 뜬 대야산을 넘어서
-백두대간 순례 22일째

  오늘은 송면 버스정류장의 젊은 안주인이 늘재까지 차로 직접 데려다 주었다. 그녀는 대야산 용추골에도 자신이 운영하는 식당이 있다면서 그쪽으로 지날 일이 있으면 한 번 들르라고 했다.
  나는 늘재에서 울창한 소나무숲으로 들어가 산행을 시작했다. 초반부터 가파른 오르막길이 나타났다. 선선한 아침인데도 땀이 쏟아져 옷을 흥건히 적셨다.
  청화산(984m)에 오르니 9시 50분경이었다. 아침부터 진을 빼가며 산을 올랐더니 무척이나 숨이 찼다. 청화산 정상에서 숨을 고르며 사방의 풍경을 둘러보았다. 오른쪽으로 시루봉과 연엽산이 나란히 솟아 있고 696.2m봉 너머로는 웅장한 기세로 달려가는 속리산맥이 보였다. 여기가 충북과 경북의 도계가 다시 만나는 지점이었다.
  사실 백두대간의 서쪽에 있는 경북 땅은 지리상으로나 문화적으로 충북 땅에 속해야 마땅할 것 같은데 이상한 일이었다. 그렇게 된 이유인즉, 지역 주민들도 충북 괴산으로의 편입을 바랐지만 소위 지역유지라는 사람들의 반대로 무산되었다는 것이다. 민주주의 사회에서는 있을 수 없는 일이다. 지금이라도 주민들이 충북 땅으로 편입되기를 희망한다면 주민투표를 통해서 결정할 수 있어야만 할 것이다.

청화산을 떠나 의상저수지를 옆에 끼고 858m봉을 넘었다. 그 봉을 넘어갈 때 반대편에서 걸어오는 사람을 만났다. 괴산 청천의 중관평에서 온 황대섭 씨였다. 그는 4년 전 도시생활을 접고 이곳으로 내려와 '괴산학생야영장' 내에 있는 사택에서 살고 있었다. 소일거리로 농사도 조금 짓는다고 했다. 그가 대접해 준 시원한 물 한 잔을 마시니 갈증이 좀 가셨다.

황대섭 씨와 헤어진 다음에는 801m봉을 넘어 정오 무렵 갓바위재에 닿았다. 화북면 의상골에서 농암면 궁기리로 넘어가는 재다. 이 재를 지나 조항산으로 오르는 능선길에는 가끔 도마뱀들이 나타나곤 한다.

오후 1시에는 조항산(953. 6m)에 올라섰다. 정상에 서는 순간 시야가 탁 트이면서 북으로 백두대간의 대야산, 장성봉, 구왕봉, 희양산이 줄을 지어 나타났다. 대야산 뒤쪽으로는 군자산, 옥녀봉, 남군자산이 정립해 있고, 오른쪽으로는 둔덕산이 빤히 바라다보인다. 조항산은 전망이 매우 좋은 산이라 할 수 있었다.

그런데 상주 고모리마을 위쪽의 고모치광산이 백두대간의 한쪽 허리를 다 파먹은 광경이 눈에 들어왔다. 그곳은 채석장이 세 군데나 있어 산기슭이 마구 파헤쳐져 있었다. 벌겋게 파헤쳐진 산허리가 생채기를 안고 신음하고 있는 듯했다. 자연은 한 번 파괴되면 다시는 되돌릴 수 없다는 사실을 우리는 상기해야 한다. 자연은 인간들만의 것이 아니며 또한 후손들에게 온전하게 물려주어야 할 빚인 것이다. 또다시 훼손된 백두대간을 보며 절로 눈살이 찌푸려졌지만 내가 어찌할 수 없는 일이라는 게 답답할 뿐이었다.

조항산 정상에는 대한산악연맹 경북도연맹 '산들모임산악회'에서 세운 표지석이 있었다. 표지석에는 이런 글귀가 적혀 있었다.

白頭大幹을 힘차게 걸어
땀 속에서 꿈과 희망을.
아 아! 우리들 山河.

무슨 말이 더 필요하겠는가, 백두대간 그 자체가 감동인 것을. 나는 훼손된 백두대간이 복구되기를 빌며 조항산을 떠났다. 그리고 2시를 넘겨 괴산 삼송리에서 상주 궁기리로 넘어가는 고개인 길택치를 지났다.

상주와 문경의 경계를 넘으니 고만고만한 산봉우리가 연달아 나타났다. 854m봉과 849m봉을 쉬지 않고 넘었다. 이젠 오르막길이라고 해서 싫증을 내거나 내리막길이라고 해서 반가워하지 않는 자신을 느꼈다. 오르막길이 있으면 반드시 내리막길이 있고, 내리막길이 있으면 또 반드시 오르막길이 있게 마련이라는 세상살이의 이치에 드디어 초연하게 된 것일까.

4시가 다 되어 괴산의 이평리에서 문경의 완장리로 넘어가는 고개인 밀재에 도착했다. 나는 마지막 하나 남은 빵을 마저 먹고 물을 한 모금 마셨다. 배낭 덮개의 끈에 매달고 다녔던 젖은 양말도 어느덧 다 말라 있었.

대야산을 오르기 시작하는데 바로 앞에서 산봉우리 하나가 떡 하니 막아섰다. 이곳의 암릉길도 어제 이상으로 험하고 가팔랐다. 때로는 바위를 타고 때로는 매어놓은 밧줄을 잡아야만 올라갈 수 있는 곳이었다. 비지땀이 쏟아지는 가운데 얼음물 한 사발이 그렇게 간절할 수 없었다.

그래도 결국엔 그 험한 길을 뚫고 마침내 대야산(930. 7m)에 올랐다. 정상은 거대한 바위 봉우리였다. 장성봉이 바싹 다가온 풍경 오른쪽으로 애기암봉과 원통봉이 나란히 솟아 있었다. 군자산, 옥녀봉, 남군자산이 정립해 있는 오른쪽으로 보배산과 칠보산도 보였다. 반면 완장리 446.8m봉 채석장에는 산 능선 하나가 완전히 사라져 버렸다. 나는 산의 신음을 듣지 않으려고 부러 얼굴을 돌렸다.

대야산에서는 사방의 산줄기들이 훤하게 바라다보였고 이평리의 너른 들판도 눈에 들어왔다. 동녘 하늘을 보니 낮 달이 서너 발 가량 떠 있다. 보름달로 가는 반달이었다. 나는 바위에 걸터앉아 '반달'이란 동요를 불러 보았다.

푸른 하늘 은하수 하얀 쪽배엔
계수나무 한 나무 토끼 한 마리
돛대도 아니 달고 삿대도 없이
가기도 잘도 간다 서쪽 나라로

대야산을 떠나 버리미기재로 향했다. 하산길은 아까 올라왔던 길보다 훨씬 더 험하고 가파른 암릉지대였다. 수십 미터나 되는 깎아지른 절벽에 밧줄 하나만 덩그러니 매여 있을 뿐이었다. 밧줄을 잡고 절벽길을 타려니 다리가 덜덜 떨려왔다. 나는 죽기 아니면 까무러치기라는 심정으로 밧줄 하나에 달랑 목숨을 내맡기고 암벽지대를 내려갔다.

그런데 절벽길이 끝났나 싶었더니 촛대봉(668m)을 오르는 곳에서 또 암릉지대가 나타났다. 다행히도 밧줄이 매어져 있어 간신히 기어올라갈 수 있었지만 정말 힘든 코스였다. 하산할 때 역시 경사가 급한 비탈길이 자주 나타났다. 조심하지 않으면 굴러 떨어지기 십상이었다.

6시가 조금 넘어서 블란치재에 도착했다. 블란치재는 상관평에서 벌바위로 넘어가는 고개다. 이 길을 지나 곰넘이봉으로 오르는 능선길도 가파르고 암릉투성이였다. 백두대간 순례를 마친 사람들이 이구동성으로 가장 험한 구간으로 꼽는 곳이 문장대 하산 코스와 바로 이 구간이다. 뉘엿뉘엿 지는 해를 바라보며 곰넘이봉(733m)을 넘고, 다 왔겠지 하고 생각했는데 산봉우리가 또 하나 나타났다.

마지막 산봉우리를 넘었을 때 나는 마중 나온 셋째 동생을 만났다. 내가 오늘쯤 버리미기재에 도착한다는 것을 알고 마중을 나온 것이다. 버리미기재는 충주에서 멀지 않은 곳이었다. 나는 동생이 가져온 물과 싱싱한 오이를 순식간에 먹어치웠다. 그리고 지친 나를 대신해 동생이 배낭을 받아지고 나는 빈 몸으로 산에서 내려갔다. 그동안 쭉 등에 붙어 있는 무게가 사라져 가뿐할 줄 알았는데 이상하게도 몸의 균형이 잘 잡히지 않았다.

동생과 함께 가은과 괴산을 잇는 버리미기재로 내려오니 나를 기다리던 아내와 딸 선하, 그리고 제수와 조카 둘이 나를 반갑게 맞아주었다. 그리고 다 함께 충주로 나가 잘 가던 횟집에서 광어회와 야도회를 두고 마주앉았다. 산중에 있을 때 그렇게 생각나던 생선회였다. 우리는 산행 중에 겪었던 일들로 밤이 늦도록 이야기꽃을 피웠다.

술이 얼큰하게 올랐을 때쯤 나는 아늑한 우리 집으로 발을 들였다. 22일 만의 귀가라 그런지 좀 낯선 느낌이었지만 오랜만에 편한 잠을 잘 수 있었다.

어둠 속에 잠긴 백화산을 넘어서
-백두대간 순례 23일째

오랜만에 단잠을 자고 난 후 나는 아침 일찍 떠날 채비를 했다. 여동생 부부의 차를 타고 버리미기재에 도착해 다시 백두대간의 능선에 올라섰다. 오빠를 염려하는 여동생의 눈빛을 뒤로하고 나는 장성봉을 향해 발걸음을 옮겼다.

집에 들러 배낭을 가볍게 한 후라 발걸음도 한결 가벼웠다. 하지만 능선으로 난 비탈길을 한참 오르다 보니 땀이 쏟아지기 시작했다.

11시 30분, 장성봉(915.3m)에 올랐다. 정상에서 사방을 돌아보니 눈길이 닿는 데까지 다 보일 정도로 전망이 참 좋았다. 앞으로는 희양산, 조령산, 주흘산, 신선봉, 마패봉, 월악산까지 다 보이고 왼쪽으로는 군자산, 옥녀봉, 남군자산이 산세를 자랑했다. 그리고 뒤로는 대야산과 조항산, 청화산 너머 속리산맥까지 파노라마로 다가왔다.

장성봉을 지나 북쪽으로 향하는 백두대간은 악휘봉을 왼쪽으로 두고 남동쪽으로 휙 돌아서 달리다가 희양산에서 북동쪽으로 방향을 튼다. 그리고는 시루봉 근처에서 다시 한번 남동쪽으로 방향을 틀어 백화산을 향해 구불구불 달려가는 모양이 마치 거대한 용이 꿈틀거리며 움직이는 것 같았다.

장성봉을 떠나 경북과 충북의 도계가 만나는 무명봉과 827m봉을 넘었다. 그리고 787m봉을 향해 발길을 옮기던 중 누군가 야영을 하고 간 흔적이 있었다. 야영을 한 자리 주변에는 지저분한 쓰레기들이 널려 있다. 이렇게 뒤처리가 깔끔하지 못한 사람들은 산에 들어올 자격이 없다.

백두대간에 발자취를 남기며 683m봉까지 갔을 때 나는 뜻하지 않은 사람을 만났다.

"아니, 원준호 선생님이 아니십니까?"

내가 교육민주화운동을 하다가 해직이 된 뒤 10여 년 만에 복직 발령을 받은 곳이 충북의 단양중학교였는데, 원준호 선생은 그 학교에서 교무부장을 맡고 계셨던 분이었다. 원 선생님은 지인들과 산행을 왔다고 했다. 우리는 반갑게 인사를 나누고 물 한 잔씩을 나누고 헤어졌다.

구왕봉에 오르니 거대한 통바위를 머리에 인 희양산의 장엄한 모습이 드러났다. 희양산은 사람으로 치면 시원한 이마를 가진 산이다. 이곳은 백두대간이 조령산을 지나 흘러오다가 희양산에서 툭 하고 맺혀 잠시 쉬고 있는 형국이었다. 오른쪽 계곡 아래로는 봉암사가 손에 잡힐 듯 내려다보이고 왼쪽으로는 조령산과 신선봉, 마패봉이 보였다.

내려가는 길은 거의 절벽에 가까운 험한 길이었다. 전에는 그나마 밧줄이라도 매여 있었는데 누군가 치웠는지 보이지 않았다. 나는 발을 헛디딜까 조심조심하며 지름티재로 내려왔다.

지름티재는 은티마을에서 봉암사로 통하는 고개다. 이곳에도 봉암사 계곡으로는 출입을 통제한다는 안내판이 서 있었다.

몇 년 전 나는 이 안내판을 무시하고 이 재를 넘어 봉암사까지 가본 적이 있었다. 그 길은 사람들의 출입이 거의 없어 오염되지 않은 계곡 물은 참 맑고 수량도 풍부한 편이었다. 겨울이었던 그때 빈 집터에 우뚝 선 감나무에는 홍시가 주렁주렁 매달려 있었다. 겨우내 얼었다 풀렸다 하면서 자연스레 홍시가 된 감의 맛이란 둘이 먹다 하나가 죽어도 모를 만큼 기막힌 것이었다. 지금도 그 맛을 떠올리니 입안에 침이 가득 고인다.

 희양산을 오르는 길은 깎아지른 암벽지대로 험하기가 이를 데 없었다. 전에 밧줄을 매어놓았던 자리엔 누군가 칼로 끊어낸 듯 밧줄 토막이 한 뼘 정도만 남아 있었다.
 누가 이런 짓을 했을까? 알 수 없는 일이었다. 산사람도 마음자리 공부를 하러 오는 것인데……. 나는 어쩔 수 없이 바위틈이나 나무뿌리를 잡고 가까스로 암벽을 기어 희양산(998m)에 올랐다. 정상의 암반에 앉아 땀을 식히며 오이 하나를 먹으니 어느 정도 갈증이 가셨다. 두 병이나 가지고 왔던 물은 이미 다 떨어진 후였다.
 나는 곧 희양산을 떠나 이만봉으로 향하며 지도를 속리 지도에서 문경 지도로 바꾸었다. 이만봉(990m)에는 해가 서산으로 기울었을 때에야 비로소 도착했다. 이만봉에서 보니 바로 건너편에 이화령이 있었지만 백화산으로 돌아서 가려면 아직도 먼 길이었다.
 백화산과 한실마을로 갈라지는 삼거리에 도착했을 때는 해는 이미 서산에 지고 있었다. 땅거미가 내려앉기 시작하자 내 마음은 점점 급해졌다.
 부지런히 걸음을 놀려 분지리 안말마을과 백화산 삼거리를 지나 평전봉에 닿았다. 날은 이미 저물었다. 울창한 숲 속으로 난 길은 캄캄하기 그지없다. 손전등을 밝혔더니 불빛에 놀란 산토끼가 후다닥 달아났다.
 8시 35분경 백화산(1063.5m)에 올랐다. 헬기장이 있는 정상의 하늘에는 어제보다 조금 더 커진 달이 떠 있었다. 찔레 덤불의 가지마다 활짝 핀 찔레꽃은 은은한 달빛을 받으며 어둠 속의 자태를 뽐냈다. 불이 환하게 들어온 문경시내 야경도 한눈에 들어왔다.
 갈 길이 멀기에 다리쉼을 오래 하지 못하고 서둘러 백화산을 떠났는데 가도 가도 길은 끝날 줄을 몰랐다. 그나마 다행인 것은 내리막길이라는 것이었다.

 문경 오시골로 내려가는 갈림길을 지나 황학산을 넘으니 분지리 흰두뫼로 가는 등산로가 보였다. 길고도 지루한 능선길이 이어진다. 입에서는 단내가 나다 못해 이젠 쓴 내까지 났다. 탈진 일보직전이었다.

 캄캄한 어둠 자락을 더듬더듬 헤치며 분지리 새봉마을에서 문경 각서리로 넘어가는 재와 조봉을 지났다. 그때 이화령을 오르는 차량의 엔진소리가 들려왔다. 이화령이 얼마 남지 않았다는 생각에 나는 다시 기운을 냈다.
 마침내 이화령에 당도했을 때는 11시가 다 된 시각이었다. 그런데 휴게소는 불이 꺼진 채 캄캄하다. 잔뜩 기대를 하고 여기까지 왔는데 휴게소에 불이 꺼진 것을 보고 나니 절망감마저 들었다.
 꼬박 12시간을 걸은 셈이었다. 발바닥은 멍이 들었는지 뻐근했고 무릎과 엉덩이도 아파서 견디기 어려울 정도였다. 나는 휴게소 들마루에 벌렁 드러눕고 말았다. 족히 이틀은 걸리는 거리를 하루 만에 왔으니 팔다리가 아우성을 칠만도 했다.
 마침 휴게소 마당에 차를 세워놓고 쉬고 있던 사람에게서 염치불구하고 음료수 한 캔과 담배 세 개비를 얻었다. 하지만 음료수 한 캔을 다 마셔도 갈증은 여전했다.
 11시 30분쯤 정두용 교수와 윤병선 교수가 한 되들이 콜라와 생수를 가지고 마중을 나왔다. 얼마나 갈증이 났던지 나는 충주시내에 들어오는 차 안에서 콜라 한 통과 생수 한 통을 다 비워 버렸다. 나는 내 배에 그 많던 물이 다 들어가는 것을 보고 깜짝 놀랐다.
 집으로 돌아오니 자정이 지나 있었다. 백두대간을 떠돌다 초췌한 모습으로 돌아온 나를 맞이한 아내는 연방 불쌍하다는 표정을 지었다.

다음 산행부터는 무리를 하지 않고 즐기는 산행을 해야겠다. 너무 무리를 해서 무릎관절이 회복될 때까지 한 이틀 쉬어야 할 판이었다. 힘든 하루의 마지막은 그렇게 저물어갔다.

아픈 다리를 쉬면서
-백두대간 순례 24일째

산행을 쉬기로 한 오늘, 나는 아침도 거른 채 오전 내내 잠만 잤다. 온몸이 몽둥이로 흠씬 두들겨 맞은 것처럼 뻑적지근했다. 오후가 되니 배에서 소리가 날 정도로 배가 고팠지만 여전히 일어나기가 싫었다. 그러다가 더는 시장기를 견딜 수 없어 마지못해 자리를 털고 일어났다.

아내는 출근하고 아이들은 학교에 가고 없는 텅 빈 집에서 나는 홀로 아침 겸 점심을 차려 먹었다. 시간을 보니 점심때도 이미 훌쩍 지나 있었다. 나는 배를 채우자마자 또다시 이불 속으로 기어 들어갔다. 그렇게 잤는데도 눕자마자 잠이 쏟아졌다. 쉴 때는 철저하게 쉬는 것이 상책이다. 오늘은 내게 휴가인 셈이다.

눈을 떴을 때는 밖은 이미 어두컴컴해져 있었다. 직장에서 퇴근한 아내와 나는 함께 시내 음식점으로 삼겹살을 먹으러 갔다. 나는 또 배가 부르도록 고기 욕심을 부렸다. 힘든 산행을 할 때 고기를 먹지 않으면 체력을 유지할 수가 없기 때문이다.

고기로 체력 보충을 하고 집으로 돌아와서는 나는 곧바로 잠자리에 들었다. 잠귀신이라도 들린 모양이다.

다시 백두대간으로 떠날 준비를 하면서
-백두대간 순례 25일째

오늘도 어제처럼 해가 중천에 뜰 때까지 잠을 잤다. 그렇게 충분한 수면을 취하고 나니 어제보다는 몸 상태가 한결 좋아진 듯했다. 나는 시원하게 기지개를 켜는 잠자리에서 일어났다. 그리고 아내가 출근하기 전에 이것저것 정성스럽게 마련해 둔 음식으로 식사를 했다. 그리고 식사를 마친 후에는 산행 내내 그리웠던 대중목욕탕으로 향했다.

뜨뜻한 물에 몸을 담그니 몸이 확 풀어지는 것 같았다. 온탕과 냉탕을 번갈아 드나들며 두어 시간 정도 목욕을 하고 나니 기운이 쏙 빠졌다. 하지만 기분만은 이보다 더 좋을 수 없었다.

집으로 돌아오는 길에는 내일부터 이어질 산행에 필요한 물건들을 사기 위해 장을 보았다. 건전지, 껌, 초콜릿, 참외, 오이, 김밥……. 헤드 랜턴을 밝히는 건전지는 네 개가 한 조로 들어가게 되어 있다. 그런데 대개 하루 정도 사용하면 수명이 다하기 때문에 여분을 충분하게 준비해야 한다. 그리고 껌은 산속에서 음식을 먹은 후 양치질을 하기 어려우므로 칫솔질 대신에 씹는 것이다. 초콜릿은 식사를 할 수 없는 상황이 닥쳤을 때를 대비한 행동식이다. 초콜릿 한 개를 먹으면 한 시간 정도는 버틸 수 있다. 또한, 참외나 오이는 물이 떨어졌을 때 아주 요긴하며 참외는 특히 당분이 많이 들어 있어서 수분과 열량을 동시에 보충할 수 있다. 그래서 여름엔 참외를 가지고 다니는 게 좋다.

집으로 돌아와서는 지도를 펴놓고 산행 계획을 세워보았다. 항상 느끼는 일이지만 계획대로 되는 경우란 드물다. 나는 거리가 가까운 이화령-죽령구간까지는 집에서 산행을 하기로 했다. 무리하지 않기 위해서다. 내일부터 다시 백두대간으로 오를 생각을 하니 가슴이 설레어 왔다.

소나무와 기암절벽이 어우러진 조령산을 넘어서
−백두대간 순례 26일째

내리 이틀을 쉬고 나니 무릎이 많이 좋아진 느낌이었다. 오늘은 충주에 사는 김위연 씨와 함께 산행을 하기로 했다. 나와 동갑내기인 그와는 예전에 충주에 있는 남산을 오르다가 우연히 만난 사이였다. 그가 충주에서 가까운 몇 구간을 함께 순례하고 싶다고 해 동행하게 된 것이다.

우리는 충주 버스터미널에서 8시 7분발 연풍행 버스에 올랐다. 차창으로 밖을 보니 채소밭의 배추들이 바짝바짝 타들어가고 있었다. 가뭄이 심하긴 심한 모양이었다.

그런데 도착한 연풍에는 이화령으로 가는 차편이 없다고 한다. 최근 이화령 밑으로 터널이 뚫렸기 때문이란다.

어쩔 수 없이 걸어서 이화령에 도착하니 10시 15분이었다. 공휴일이어서 그런지 휴게소는 사람들로 붐볐고 등산객들도 여럿 눈에 띄었다. 조령산 등산로 입구 등나무 덩굴이 올려진 정자 아래에서는 여러 사람이 모여 산신제를 지내고 있다. 제를 주관하는 스님이 온갖 과일과 떡이 가득 차려진 제상 앞에서 목탁을 치며 독경을 했다.

우리는 이화령에서 잠깐 머물다가 조령산 등반을 시작했다. 안개가 짙게 낀 날씨였다. 조령산에는 우리 말고도 단체로 온 산행객들이 줄을 지어 올라갔다. 40여 분쯤 올라가자 조령샘이 나타났다. 이 샘은 아무리 가물어도 마르지 않는다고 한다. 나는 누군가 갖다놓은 플라스틱 바가지로 샘물을 떠서 목을 축였다. 물을 마시며 주위를 둘러보니 백두대간 순례자들이 달아 놓은 꼬리표들이 샘 주변 버드나무 가지에 참 많이도 걸려 있었다.

조령산 정상에 오르니 나무그늘 아래 단체로 온 등산객들이 옹기종기 모여앉아 점심을 먹고 있다. 안개는 걷혔으나 시야는 여전히 흐릿했다. 이 산은 전에도 여러 번 오른 적이 있어 낯이 익은 산이다.

조령 제1관문과 연풍의 절골로 가는 갈림길을 지나 오른 889m봉에는 앉아서 쉬기 좋을 만큼 넓은 바위가 있었다. 크고 작은 봉우리마다 거대한 바위 봉우리들이 우뚝우뚝 솟아 있는 바위 경치가 장관이다. 거침없는 산세를 가진 주흘산은 엎어지면 코 닿을 듯 바로 앞에 보인다. 황사에 가려 실루엣으로만 보였지만 그게 오히려 한 폭의 진경산수와도 같은 느낌을 준다.

889m봉을 떠나 신선암으로 향하는 길에서는 상주서 온 단체 산행객들과 일행이 되었다. 신선암(937m)은 조금 전에 지나온 산봉우리보다 전망이 더 좋았다. 황사도 많이 걷힌 상태였다. 뒤를 돌아보니 조령산이 저만치 물러나 있고 오른쪽으로는 주흘산과 부봉이 훨씬 가까이 다가와 있다. 앞쪽으로는 산줄기 하나가 마패봉에서 신선봉을 거쳐 소조령을 향해 달려갔다.

하늘에는 구름이 살짝 끼어 산행하기에는 더 없이 좋은 날씨다. 게다가 산들바람이 불어와 땀을 시원하게 식혀 주었다.

조령산에서부터 산길을 가는 내내 전망이 너무 좋았다. 소나무와 기암절벽이 잘 어우러져 기막힌 절경을 이루고 있는 암릉지대가 잇따라 나타났다. 한섬지기와 조령 제2관문 갈림길을 지났다.

757m봉을 넘자 길이 편해졌다. 812.5m봉을 왼쪽에 두고 스쳐지나 3관문에 가까이 오니 오래된 성곽의 흔적이 남아 있었다. 3관문 바로 옆 산신각에서는 중년부인 셋이서 연방 절을 하며 치성을 드리고 있다.

조령 3관문에 도착해 조령 약수터에서 목을 축였다. 조령 약수는 조선 숙종 34년(1708년) 조령성을 쌓을 때 새재 정상에서 발견된 것이다. 이 샘은 조선조 선비들이 청운의 꿈을 안고 한양 길을 넘나들 때 타는 목을 적셔 주는 역사 속의 명약수로 사시사철 마르는 법이 없었다고 한다. 예부터 이 샘의 물은 많이 마시면 장수를 한다는 백수영천(百壽靈泉)이라고 전해져 왔다.

관문 옆에는 아름드리 소나무 두 그루와 전나무 한 그루가 하늘을 찌를 듯이 서 있다. 그 아래에는 오가는 길손들이 쉬어갈 수 있도록 평상을 만들어 놓았다.

사적 147호인 문경관문은 고려 태조가 경주를 순행하기 위해 고사갈이성(高思葛伊城)을 지날 때 성주 흥달(興達)이 세 아들을 차례로 보내어 귀순시켰다는 전설이 서려 있는 곳이다. 이 관문은 조선 선조 25년(1592) 임진왜란 때 왜장 고니시 유키나가가 경주에서 북상해 오는 가토 기요마사의 군사와 합류했던 곳으로 군사적으로 중요한 지점이었다. 이때 조정에서는 이곳을 지켜야 한다고 생각했지만 신립 장군은 이미 때가 늦었다고 판단하여 충주로 후퇴했다. 충주로 후퇴한 신립은 탄금대에 배수진을 치고 왜적을 막았으나 전멸하고 만다. 그 후 충주에서 일어난 의병장 신충원이 오늘날의 제2관문에 성을 쌓고 왜병을 기습하였다. 이곳의 군사적 중요성이 재확인되자 축성을 서둘러 숙종 34년(1708)에 이르러서야 3중의 관문을 완성하였다.

예부터 영남에서는 많은 선비가 청운의 뜻을 품고 과거시험을 보러 이재를 넘어 한양으로 갔다. 영남에서 한양으로 가는 길은 남쪽의 추풍령과 북쪽의 죽령, 그리고 그 중간에 새재가 있는데 영남의 선비들은 문경새재를 넘었다고 한다. 추풍령을 넘으면 추풍낙엽처럼 떨어지고 죽령을 넘으면 죽죽 미끄러진다는 선비들의 금기가 있어 영남의 선비들이 과거급제를 위해 넘던 길이다.

> 문경새재 물박달나무 홍두깨 방망이로 다 나간다.
> 아리랑 아리랑 아라리요 아리랑 고개로 넘어간다.
> 홍두깨 방망이 팔자 좋아 큰 애기 손길에 놀아난다.
> 아리랑 아리랑 아라리요 아리랑 고개로 넘어간다.
> 문경새재 넘어갈 제 구비야 구비야 눈물이 난다.
> 아리랑 아리랑 아라리요 아리랑 고개로 넘어간다.

문경새재에 얽힌 아리랑이다. 아리랑은 '한'의 노래다. 아리랑을 부를 때마다 눈물이 나는 것도 그런 이유 때문이다. 나는 '새재아리랑'을 부르면서 약 3km 거리의 소조령을 향해 걸음을 옮긴다.

소조령까지 계획한 등반을 마친 다음, 마침 만난 빈 택시를 타고 충주로 돌아갔다. 그리고 충주 중앙시장에서 내려 순대를 안주로 하산 주를 한 잔씩 걸쳤다. 얼큰한 것이 피로가 싹 가시는 기분이었다.

마의태자 울고 넘던 하늘재에서
-백두대간 순례 27일째

조령 3관문을 향해 떠나는 오늘도 김위연 씨와 동행이다. 하늘은 맑은 편이었지만 황사가 날아와 마치 안개가 낀 것 같았다. 호암지와 함지못은 가뭄으로 인해 바싹 마른 채 바닥을 드러내고 있었다.

소조령에서 내려 고사리를 지나는 길가는 산딸기가 지천이었다. 또, 가끔 만나는 뽕나무에는 까맣게 익은 오디가 조발조발 열려 있고, 길가에 핀 나팔꽃과 접시꽃, 토끼풀꽃도 보는 눈을 즐겁게 하다.

조령 3관문 매표소에서 백두대간을 순례하는 중이라고 말하니 직원은 입장료를 받지 않았다. 그렇게 관문을 빠져나온 후 왼편의 느티나무 그늘에 놓여 있는 벤치에서 잠시 쉬어가기로 했다. 옛날에는 군막 터, 그러니까 이곳은 조령관을 지키던 군사들의 대기소였다.

우리는 산성 위로 난 길을 따라 마패봉을 향해 걸음을 옮겼다. 완만한 능선길이 끝나고 가파른 바위지대가 앞을 가로막았지만 다행히 밧줄이 매여 있어 어렵지 않게 오를 수 있었다. 그리고 암릉지대를 한 군데 더 통과해 마패봉과 고사리 삼거리를 지났다.

마패봉(927m)에 오르니 12시가 다 되어 가고 있었다. 그곳에 작은 돌을 모아서 쌓은 돌탑 두 기가 눈에 띄었다. 여기서 신선봉은 지척이었고 부봉과 주흘산도 무척 가까워 보였다. 또, 남쪽으로는 문경의 동화원이, 서쪽으로는 괴산 연풍의 고사리가, 북쪽으로는 충주의 사문리와 미륵리가 한

눈에 들어왔다. 사문리에서 미륵리로 넘어가는 지릅재도 내려다보였다. 세 개 시군의 경계인 마패봉은 이처럼 전망이 아주 좋았다.

그런데 마패봉은 지도에 마역봉이라 표기되어 있는데 어찌된 까닭인지 모르겠다. 이 근처에 사는 사람들은 하나같이 이곳을 마패봉이라 불러왔고 마역봉이라고 하는 사람은 보지 못했다.

마패봉 정상에는 신선봉으로 가는 갈림길이 왼편으로 나 있는데 그 길쪽에서 두 남녀가 올라왔다. 충주에서 왔다는 그들의 말에 반가운 마음이었다. 그들도 내년쯤 백두대간을 순례할 계획이라고 해 우리는 바위에 걸터앉아 순례에 대한 이야기를 짧게나마 나누었다.

마패봉을 떠나 백여 미터쯤 가니 부봉과 지릅재 갈림길이 나왔다. 왼쪽으로 내려가면 지릅재다. 마패봉에서 백두대간은 남동쪽으로 갑자기 방향을 바꾼다.

가파른 비탈길을 내려와 북암문에 이르렀다. 성은 다 허물어졌지만 한 사람이 간신히 빠져나갈 수 있는 암문의 흔적은 남아 있었다. 부스럭거리는 소리가 들려 돌아보니 다람쥐 한 마리가 성벽 위를 이리저리 뛰어다니고 있었다.

부봉으로 가는 능선에는 산성의 흔적이 계속 이어졌다. 능선의 양쪽으로 쭉쭉 뻗은 아름드리 낙락장송들이 기상 있게 서 있다. 그런데 그 소나무들은 하나같이 밑동치에 깊은 생채기를 하나씩 가지고 있었다. 그것은 바로 일제 강점기 때 공출을 위해서 송진을 채취한 자국이었다. 이렇게 깊은 산속에서 자라는 소나무의 송진까지 긁어 갔다는 사실에서 당시 일본이 조선에서 얼마나 많은 인적, 물적 자원을 수탈했는가를 새삼 깨달을 수 있었다.

756m봉을 넘은 다음부터 밋밋한 능선길과 고만고만한 산봉우리가 이

어졌다. 백두대간은 동화원을 가운데 두고 빙 돌아서 갔다. 768m봉을 넘자 내리막길이 나타났다.

오후 1시 40분 동암문에 닿았다. 이곳에도 무너진 성터에 암문의 흔적이 보였다. 표지판에는 동문이라고 되어 있었는데 그 이름으로 보아 성루가 있었을 것으로 추측되었다.

김위연 씨와 나는 동문 성터에서 점심을 먹고 산성을 따라 난 오르막길을 올랐다. 오르막길이 끝나는 지점에 부봉과 주흘산 갈림길이 나타났다. 오른쪽 비탈길을 오르면 부봉이었다.

부봉 제1봉(916m)에 오르니 포암산과 주흘산이 성큼 다가와 있다. 만수봉에서부터 월악영봉을 향해서 달려가는 월악공룡능선이 장엄해 보였다. 이곳에서 바라보는 조령산맥은 어제와는 또 다른 장관을 보여주었다.

정상에는 쓴 지 얼마 되지 않은 산소가 하나 누워 있었다. 이 높은 곳까지 와서 묏자리를 쓰다니 감탄할 만한 효성이긴 했다. 하지만 묏자리를 잘 쓰면 자손이 잘된다는 생각이었다면 그건 참으로 비합리적이고 이기적인 사고방식이다. 왜 스스로 성실하게 노력해서 성공하려 하지 않고 조상의 은덕을 바라는 것인지…….

부봉을 내려와 959m봉에 오를 때는 오른쪽으로 웅장한 산세를 가진 조령산맥이 내내 따라왔다. 여기서 남동쪽 능선을 타고 계속 가면 주흘산이고, 백두대간은 북동쪽으로 방향을 튼다.

잠시 쉬면서 간식으로 참외와 곰보빵을 먹고 있는데 갑자기 포암산 쪽에서는 천둥이 쳤다. 쨍쨍한 햇빛 속의 천둥소리라 이상한 일이 아닐 수 없었다. 그런데 이내 먹구름이 삽시간에 몰려오더니 우박을 동반한 소나기가 쏟아지기 시작했다. 비닐로 만든 비옷을 급하게 꺼내 입었으나 바지와 등산화는 이미 다 젖어 버린 후였다.

비 때문에 미끄러워진 길을 조심조심 걸어 월항재에 닿았다. 월항재는 월항마을에서 동화원과 미륵리로 가는 고개다. 그때까지 우박은 여전히 쏟아지고 있었다.

851m봉을 넘고 난 다음에는 경치고 뭐고 구경할 겨를 없이 바로 다음 길을 재촉했다. 그렇게 한참을 가다 보니 어느 순간 거짓말처럼 우박이 멈추었다. 거의 한 시간 정도 우박에 두들겨 맞고 나니 정신을 못 차릴 지경이었다.

밤나무 밭을 지나 오늘의 목적지인 하늘재(525m)에 도착했다. 이곳은 미륵리에서 문경 관음리로 통하는 재로 고갯마루에는 하늘재 표지석이 세워져 있었다. 하늘재는 신라 아달라왕 3년(156년)에 처음으로 개통되었는데 애초에는 계립령으로 불리다가 조선시대부터 지금의 하늘재라 불리기 시작했다고 한다.

이 재에는 신라 경순왕의 마의태자와 덕주공주가 망국의 한을 품고 울면서 이 고개를 넘었다는 전설이 전해 온다. 송계 덕주골에는 덕주공주가 머물렀다는 덕주사가 있고 미륵리에는 엄청난 규모의 절터가 발견된 바 있다.

하늘재는 눈이 오는 날 걸어서 넘으면 아주 운치가 있다. 사랑하는 연인들에게 두 손을 꼭 잡고 한번 걸어보라고 권하고 싶은 길이다. 하늘재를 내려와 미륵재에 다다르자 언제 천둥 치고 우박이 내렸느냐는 듯 햇빛이 반짝거리고 산 굽이마다 안개가 피어올랐다.

우리는 미륵리 점말에 있는 '미륵가든'에서 도토리 골패 묵을 안주 삼아 하산주로 동동주를 한 대포씩 했다. 그리고 시내버스를 타고 충주로 돌아갔다. 집에 돌아오니 빨리 뜨끈한 아랫목으로 기어 들어가고 싶은 마음뿐이었다.

갈참나무숲이 우거진 대미산을 넘어서
-백두대간 순례 28일째

오늘도 일찌감치 채비를 차리고 터미널에서 김위연 씨를 만났다. 7시 32분발 미륵리행 시내버스를 타기 위해서였다. 미륵리 미륵사지 입구에 도착한 건 버스를 탄 지 한 시간 후였다. 우리는 길가의 산딸기도 따먹고 새소리도 들으며 여유롭게 하늘재를 오른다. 곧바로 포암산으로 가는 능선길로 들어선다.

포암산을 오르기 시작한 지 얼마 안 되어 하늘샘이 나타났다. 어제 이 구역에 우박이 섞인 비가 한 시간 이상이나 내린 후인데도 어린아이 오줌줄기 정도밖에 안 되는 물줄기만이 졸졸 흐르고 있었다.

하늘샘을 지나자 길이 가팔라지기 시작했다. 땀방울이 떨어지기 시작한다. 미륵리 토현마을로 가는 삼거리를 지나 포암산(981.7m)정상에 올라선다.

포암산은 거대한 통바위로 이루어진 산이다. 멀리서 보면 마치 베를 펼쳐 놓은 것 같다고 하여 베바위 혹은 마골산이라고도 한다. 정상에는 문경군청 등산회에서 세운 표지석이 있고 그 바로 뒤에는 돌탑이 아담하게 자리 잡고 있었다. 얼마 후 우리는 포암산을 떠나 등반을 계속했다. 포암산부터는 오르내림이 별로 없는 능선길이어서 크게 힘이 들지 않았다.

11시 30분에는 만수봉과 제천 억수계곡, 그리고 관음리 궁곡과 대미산으로 가는 갈림길을 지났다. 이곳에서부터 만수봉을 지나 월악영봉에 이르는 월악공룡능선이 시작된다.

　울창한 갈참나무숲이 터널을 이루고 있는 능선길은 무성한 나뭇잎 때문에 어디가 어딘지 분간을 할 수 없을 정도였다. 그래서 가끔 시야가 터진 곳에서 위치를 가늠해 봐야 했다. 그렇게 계속 이어지는 갈참나무숲을 헤치고 938.3m봉을 지나 884m봉, 897m봉, 809m봉을 내리 넘어갔다. 844m봉을 지나자 관음리 수재골로 내려가는 길이 나타났다. 조금 더 가자 관음리 꼭두바위와 억수계곡으로 가는 갈림길이 있었다.

　오후 2시가 넘어 1032m봉에 올랐다. 한숨 크게 돌리며 정상에서 억수계곡을 바라보고 있을 때였다. 계곡의 상류 쪽에서 연기가 치솟고 있었다. 나는 순간 산불임을 직감하고 급하게 112를 눌렀다. 내가 목격한 그대로 자세히 설명해 주자 경찰관이 빨리 조치를 취하겠다고 했다. 전화를 끊고 나서야 조금 안심이 되었다.

　1034m봉을 넘어 닿은 부리기재(900m)에도 여전히 갈참나무숲이 빽빽하게 우거져 있다. 부리기재에는 문경 중평리 밖마을과 억수리로 가는 갈림길이 있다. 시야를 제대로 확보할 수 없으니 다만 대미산까지 40분 정도의 거리가 남아 있다는 것만 알 뿐이었다.

　4시가 조금 못 되어 대미산(1115m)에 올랐다. 정상에 올라서니 갈참나무숲 속으로 난 길을 오느라 답답했던 가슴이 뻥 뚫리는 느낌이었다. 대미산의 정상에는 아무도 없었다. 헬기장을 닦았던 자리에는 잡초만 무성했고 표지석 옆에는 무너진 돌탑이 하나 있었다. 조금 쓸쓸한 풍경이었다.

　대미산 앞으로는 가야 할 황장산과, 오른쪽으로 운달산도 건너다보였나. 여기서 중평리 어우목으로 가는 길이 갈리지게 되어 있다. 이곳에서 주먹밥과 찐 달걀로 늦은 점심을 해결했다.

　식사를 하고 나는 더 높은 곳에서 경치를 감상하기 위해 돌탑에 올라갔다. 그런데 쌓아진 돌의 아귀가 맞지 않았던지 돌이 뒤집히고 말았다. 돌탑이 무너지면서 넘어지는 바람에 손바닥에 피멍이 잡히고 오른쪽 무릎 밑이 퉁퉁 부어올랐다. 나는 너무나도 어이가 없어 한동안 넘어진 자리에서 일어날 수가 없었다.

하지만 넘어진 자리가 아프다고 마냥 여유를 부릴 수는 없었다. 우리는 곧 대미산을 떠나 눈물샘으로 향했다. 정상에서 10분쯤 내려가니 눈물샘이 백 미터 아래에 있다는 표지판을 볼 수 있었다.

눈물샘은 어린아이 오줌줄기처럼 아주 조금씩 흘러내리고 있었다. 그래서 물통을 잡고 앉아 한참을 기다려서야 물통을 가득 채울 수 있었다. 이 눈물샘이란 이름이 참 재미있다. 조선시대에 펴낸 〈문경현지〉에는 이 산을 대미산(黛眉山-검푸른 눈썹산)이라고 했는데, 눈썹 아래서 솟아나는 샘이라 하여 눈물샘이라고 불리게 된 것이다. 또한, 산행에 지쳐 목이 마른 산행객들에게는 눈물이 날만큼 반가운 샘이기도 하였을 것이니 눈물샘이란 게 과연 맞다.

샘물로 충분히 목을 축인 후 한참을 걸어 문수봉과 차갓재 삼거리(1051m)에 도착했다. 이곳에서 왼쪽 능선을 타고 가면 문수봉에 닿게 된다. 이 지점에서부터 백두대간은 문경 땅으로 들어갔다.

5시 40분. 826.4m봉에 올랐다. 정상에는 헬기장이 있었고 그 주위로는 자주색의 꿀풀꽃이 많이 피어 있었다. 꿀풀은 한방에서 '하고초'라고 하는데 고혈압을 다스리는 효능이 있다. 하고초(夏枯草)라는 이름은 여름에 말라죽는 풀이라고 하여 붙게 된 이름이다.

981m봉으로 향하는 길도 여전히 갈참나무숲이다. 오늘은 거의 하루종일 울창한 갈참나무숲 터널 속을 지나왔다. 경치도 경치거니와 위치 파악도 쉽지 않아, 이 구간은 백두대간 순례자들 외에는 등산객들이 산행을 올

것 같지 않았다.

　이제 지도를 덕산 지도에서 단양 지도로 바꾸고 7시가 넘어 차갓재 (760m)에 도착했다. 차갓재는 명전리 차갓마을에서 생달리 안생달마을을 넘는 고개다. 슬슬 어둠이 내려앉기 시작해 안생달로 하산을 하기로 했다.
　안생달에서 마을주민의 소형트럭을 얻어타고 동로면에서 문경으로 가는 도로가 만나는 삼거리로 나왔다. 그런데 그때는 삼거리에서 문경으로 가는 막차가 이미 끊긴 뒤였다. 어쩔 수 없이 동로에서 렌터카를 빌려 여우목고개를 넘어 하늘재로 간 뒤, 다시 그곳에서 걸어서 미륵리로 내려갔다. 산 중턱에 있는 미륵불사에서 들려오는 풍경 소리가 은은하게 울려 퍼졌다. '송학사' 라는 노래가 생각나는 밤이다.

　　산모퉁이 바로 돌아 송학사 있거늘
　　무얼 그리 갈래갈래 깊은 산속 헤매나
　　밤벌레의 울음 계곡 별빛 곱게 내려앉나니
　　그리움만 님에게로 어서 달려가 보세

　미륵리로 내려오니 어느새 밤 9시가 넘은 시각이었다. 미륵사지도 밤의 고요 속에 잠기고 개구리 울음소리만이 밤의 적막을 깨뜨린다.
　다시 충주로 나온 시각은 밤 10시였다. 하지만 피곤해도 하산 주를 빠뜨릴 수는 없었다. 김위연 씨와 나는 삼겹살을 안주로 소주 한 잔씩을 가볍게 마시고 각각 집으로 향했다.
　집으로 돌아와 나는 샤워를 하고 내일의 산행 계획을 세워보았다. 그러다가 문득 리처드 버크의 '갈매기의 꿈'에 나오는 갈매기 조나단이 '멀리 나는 새가 멀리 본다.' 라고 한 말이 떠올랐다. 하지만 나는 여기서 이런 말을 하고 싶다. '멀리 걷는 자가 길게 본다.' 라고.

전망이 아름다운 황장산을 넘어서
−백두대간 순례 29일째

충주 버스터미널에서 8시 45분발 문경행 버스에 오르니, 창밖으로 아침 안개가 살짝 끼어 있는 풍경을 볼 수 있었다. 건국대 충주분교 앞 너른 단월 들판엔 어린 벼들이 푸릇푸릇했다. 논들도 저마다 물이 잘 대어져 있었다. 들머리에 호암지가 있어 사시사철 가뭄을 모르는 평야다.

버스는 달래 강변길을 달렸다. 이 달래강에는 지금은 우스갯말로도 전해지는 이야기가 하나 있다. 옛날, 혼기가 찬 오누이가 여름날 함께 강을 건너려다가 갑자기 소나기를 만나게 되었다. 그래서 얇은 옷은 몸에 찰싹 달라붙어 누이의 몸매가 훤히 드러나 보이게 되었다. 이를 보게 된 남동생은 자기도 모르는 사이에 성적 충동을 느꼈고, 그는 자신의 욕망을 저주한 나머지 생식기를 돌로 쳐서 스스로 목숨을 끊고 말았다. 전후사정을 알아차린 누이는 싸늘하게 식은 남동생의 주검을 끌어안고 '차라리 달래나 보지, 말이나 해보지' 하고 울면서 절규했다고 한다. 참 웃을 수도, 웃지 않을 수도 없는 전설이다.

충주에서 수안보 가는 길은 4차선 도로가 시원하게 뚫려 있다. 수안보 버스터미널에 도착한 버스는 잠시 쉬었다가 다시 출발했다. 승객은 나를 포함해서 다섯 명이 전부였다. 동네 이름이 예쁜 화천리(花泉里) 발화동(發花洞)을 지나 버스는 구불구불 산허리를 돌고 돌아 소조령(372m)을 넘는다. 고갯마루 원두막에는 과일장수가 참외니 수박을 쌓아놓고 손님을 기다리고 있었다.

고개를 넘자 위풍당당한 조령산맥이 눈에 들어왔다. 수안보에서 연풍까지는 도로 확장공사가 한창이었다. 새로 뚫린 4차선 도로를 달리는 버스 밖으로 구왕봉, 희양산, 백화산이 언뜻언뜻 보였다.

어느새 버스는 이화령 터널로 들어갔다. 이화령 터널은 백두대간 바로 밑을 통과하는 꽤 긴 터널이다. 터널을 빠져나오자 조령산이 모습을 드러냈다. 문경 버스터미널이 가까워져 오고 있었다.

나는 버스에서 내려 동로면 생달행 차표를 타고 오래된 완행버스에 몸을 실었다. 새로 갈아탄 버스는 한가로운 시골길을 여유롭게 달렸다. 당포에서 부부로 보이는 두 사람이 내리고 용연에서 또 두 사람이 내렸다. 버스가 갈평을 지나면서, 포암산에서 대미산을 향해 달려가는 백두대간이 한눈에 들어왔다. 어제 하루종일 걸어서 지나갔던 능선이었다. 중평에 들어서서는 버스에 탔던 승객들이 모두 내리고 나 혼자만이 남았다.

나는 중평 버스종점에서 내려 다시 갈아탈 버스를 기다렸다. 버스종점 가게 들마루에는 마을 사람 셋이서 막걸리를 마시면서 농사일에 대해 이야기를 주고받고 있었다. 모두 가뭄 걱정뿐이었다. 주변에서는 바짝 마른 논밭에 물을 대느라 경운기 돌아가는 소리가 골골마다 들려왔다.

드디어 동로행 버스가 왔다. 그런데 내가 탔는데도 문경에서 온 버스기사와 동로에서 온 버스기사는 차를 세워놓고 한가로이 이야기를 나누었다. 승객이 나 혼자뿐이었기 때문이다.

11시에 출발한 버스는 여우목고개를 힘겹게 넘어갔다. 생달 삼거리까지는 10분도 채 걸리지 않았다. 삼거리에서 내려 안생달을 향해 몇 걸음 걷다 보니 승합차가 한 대 올라왔다. 덕분에 나는 그 차를 얻어타고 안생달 입구까지 편안히 갈 수 있었다.

나는 안생달에서 내려 산딸기를 따먹으면서 차갓재를 올랐다. 차갓재에 다 올랐을 때는 12시를 몇 분 남겨둔 시각이었다. 이제 어제 내려온 차갓재에서부터 다시 순례 시작이다.

황장산을 오르는 능선길은 처음엔 완만하게 이어지다가 암릉지대가 나타나면서부터 갑자기 경사가 급해졌다. 나는 황장산 정상을 이루는 능선 머리에서 밧줄을 잡고 커다란 바위에 올라섰다. 시야가 확 트이며 용두산, 도락산, 황정산, 수리봉이 차례로 모습을 드러냈다. 도락산은 바위와 소나무가 어우러진 경치가 일품이다. 금강이 따로 없었다.

수백 길 깎아지른 낭떠러지로 둘러싸인 암릉을 타고 정상으로 향했다. 온몸 다섯 군데 끝이 전부 짜릿짜릿했다. 바위틈에 뿌리를 박은 채 살아가는 소나무들이 참으로 용하다. 어떻게 이런 틈에서도 살아갈 수 있는지······.

오후 1시 20분 황장산(1077m) 정상에 섰다. 이 산의 원래 이름은 작성산(鵲城山)이었다고 한다. 정상의 표지석 옆 소나무 가지에는 꼬리표들이 색색으로 붙어 있었다.

황장산을 내려가는 길은 가파른 암벽길이었다. 햇빛이 쨍쨍한 날씨에 온몸에서는 땀이 줄줄 흘러내렸다. 어느덧 생달리에서 단양 대강면 방곡으로 넘어가는 재인 황장재를 지났다. 황장재를 지날 때도 가끔 암릉지대를 만났다.

나는 1004m봉을 넘어 방곡리로 가는 갈림길을 지나, 4시경 벌재(625m)로 내려왔다. 벌재는 단양과 문경을 잇는 재로 아스팔트 포장도로가 나 있다. 여기서 방곡 쪽으로 조금만 내려가면 약수터가 있어서 물을 구할 수 있다. 하지만 물이 아직 충분히 남아 있어 나는 바로 벌재를 떠나 저수재로 향했다.

월악농장으로 들어가는 진입로를 지나 가파른 능선길로 접어들었다. 백두대간은 여기서 남동쪽으로 방향을 바꾼다. 나는 한참 땀을 빼 가며 827m봉을 넘고 다시 무명봉 두 개를 넘었다. 벌재 안내판에는 문복대라는 봉우리가 있다고 했는데 어느 봉우리인지 찾을 수가 없었다.

1077m봉을 넘자 가파른 비탈길이 나왔다. 비탈길을 내려와 지도에는 표시되지 않은 비포장도로를 건너니 왼쪽으로 목장이 내려다보였다. 그러니까 백두대간은 목장의 울타리 구실을 하고 있는 셈이었다. 어느새 나는 충북 단양과 경북 문경, 예천의 경계가 되는 지점을 통과하고 있었다. 여기서부터 백두대간은 다시 충북과 경북의 도계가 된다.

저수령(低首嶺, 850m)에 도착하니 6시 20분이었다. 저수령은 경북 예천군 상리면 용두리와 충북 단양군 대강면 올산리를 경계로 한 도계가 된다. 저수령이란 이름은 지금의 도로가 개설되기 이전에 험난하고 경사가 급한 오솔길로 지나다니는 길손들의 머리가 저절로 숙여진다는 데서 연유되었다는 말이 있다. 다른 한편으로는 저수령에서 은풍곡(殷豊谷)까지는 피난길로 많이 이용되어 왔는데 이 고개를 넘는 외적들은 모두 목이 잘려 죽었다고 하여 붙여진 이름이라고도 한다.

해가 아직 한 발은 남아 있었지만 슬슬 하산해야 할 시간이었다. 그런데 저수령 휴게소 직원이 저수령에서는 버스가 서지 않는다고 한다. 단양에서 오는 시내버스를 타려 해도 4km 정도 아래에 있는 마을까지 가야 한다는 것이다.

그런데 때마침 저수령을 넘어와 휴게소에 들른 승용차가 있었다. 승용차를 운전하는 남자에게 다가가 부탁을 하니 그는 선뜻 태워 주겠다고 했다. 일가족이 함께 탄 차였다. 그는 마늘 캐는 철을 맞아 일손을 거들기 위해 단양 매포에 있는 부모님을 찾아뵈러 가는 중이었다.

나는 북하리 단양교에서 고맙다는 인사를 하고 차에서 내렸다. 그리고 약 2km를 걸어서 단성면 상방리 버스 정류장까지 가니 다행히 충주행 막차가 남아 있었다.

7시 45분발 충주행 직행버스는 우화교를 건너 충주호반 길을 달렸다. 저물어가는 풍경 너머로 노랗게 익은 보리가 눈에 들어왔다. 그것을 보니 어릴 적 추억과 함께 '보리밭'이란 노래가 가물가물 떠올랐다.

> 보리밭 사잇길로 걸어가면
> 뉘 부르는 소리 있어
> 발을 멈춘다
> 옛 생각이 외로워
> 휘파람 불며
> 고운 노래 귓전에 들려온다
> 돌아보면 아무도 보이지 않고
> 저녁노을 빈 하늘만 눈에 차누나

도로변의 집들과 가로등에 불이 들어와 있다. 저녁 어스름이 내리깔리면서 산 그림자도 짙어졌다.

버스는 제비봉 산허리로 난 길을 달렸다. 장회나루에는 작은 유람선 한 척이 외로이 떠 있고, 장회교 아래 물 빠진 자리에는 풀들이 소복록하게 돋아나 연녹색 양탄자를 깔아놓은 것 같았다. 덕산을 거쳐 월악나루를 지날 때는 낚시터를 밝히는 불빛이 깜빡거렸다.

버스가 충주에 거의 다 들어왔을 때 갑자기 비가 한 차례 쏟아지다가는 멈췄다. 여우비였다.

묘적봉과 도솔봉을 넘어서 죽령으로
—백두대간 순례 30일째

아침 7시 20분, 나는 후배 이용호 군이 운전하는 차로 저수령을 향해 출발했다. 오늘은 윤병선 교수와 정두용 교수가 나를 따라나섰다. 그들은 순례를 시작할 때 지리산 천왕봉을 오르려다가 입산금지로 발길을 돌려야만 했던 아쉬움을, 이번에 백두대간의 한 구간을 순례함으로써 달래 보려는 것이다.

이용호 군은 저수령 앞에 우리를 데려다주고 돌아가며 이따가 산에서 내려올 때쯤 죽령에서 기다리고 있겠다고 했다. 민주화 운동을 하면서 인연을 트게 된 이군은 그 후로 동지가 되어 많은 일을 함께 해왔다. 지금도 내 부탁이라면 두 말도 않고 들어주는 그가 고맙기 그지없었다.

우리 세 사람은 죽령을 향해 저수령을 오르기 시작했다. 시작부터 가파른 능선길인데다 구름 한 점 없는 하늘에서는 따가운 햇볕이 사정없이 내리쬐었다. 땅은 오랜 가뭄에 바짝 말라 먼지가 풀풀 일어났다.

1080m봉에 오르니 표지판에는 투구봉이라 쓰여 있었다. 안개가 끼었는지 아니면 황사로 인해서인지는 모르지만 시야가 썩 좋지 않았다. 왼쪽으로는 수리봉과 황정산, 오른쪽으로는 가재봉을 바라보면서 걸었다.

10시 50분에는 저수치를 지나 배재에 닿았다. 배재에는 예천 상리면 용두리 야목으로 내려가는 갈림길이 있다. 정상에는 풀숲이 우거진 넓은 공터가 있는데 아마 전에 헬기장이었던 것 같았다. 날이 점점 더 뜨거워지고 걸을 때마다 먼지가 일어나 등산화와 바지 섶이 먼지투성이였다.

11시 15분에는 싸리재를 지났다. 싸리재에서 단양 대강면 남조리와 예천 상리면 용두리 원용두로 빠지는 갈림길이 있다. 왼쪽으로 내려가면 남조마을이다. 흙목을 향해 오르는 길에 언뜻 곰취처럼 보이는 식물이 많이 자라고 있었는데 막상 가까이 가보니 곰취는 아니었다.

흙목(1033m)을 지나 조금 더 가자, 단양 대강면에서 올라온 고압송전탑이 백두대간을 넘어 예천 자구산 기슭으로 넘어가 있는 모습이 보였다. 송전탑이 주변의 경관을 망치고 있었다. 전선을 땅에 묻는 공법은 없는지 모르겠다.

흙목에서 한 시간쯤 걸어 당도한 뱀재에는 예천 초항마을로 내려가는 삼거리가 있다. 헬기장이 있는 정상에는 산나물이 많았다. 좀 뜯어 집으로 가지고 갈까 싶었지만 산나물 욕심이 산행에 지장을 줄까 싶어 마음을 고쳐먹었다.

2시 30분에 도착한 묘적령은 예천군과 영주시의 경계가 된다. 영주시청 백두회에서는 이 지역 안내도를 그린 나무판을 묘적령 앞 소나무에 걸어 놓았다.

묘적령을 떠나 30여 분을 걸어 묘적봉(妙積峰,1148m)에 올랐다. 정상은 몇 사람이 겨우 앉을 수 있을 정도로 좁은 바위봉우리였다. 그 좁은 곳에 휴일 등산객들이 제법 많았다. 그 가운데 한 아주머니가 숨이 턱에 닿고 목이 타서 고통스러워하는 모습이 안타까워 나는 물을 한 컵 가득 따라주었다. 이렇게 무더운 날 물도 없이 산행을 한다는 것은 위험한 일이다.

묘적봉은 활엽수가 울창하여 전망이 좋지 않았다. 하지만 묘한 법이 쌓인 봉우리! 어느 대선사가 법계(法界)는 묘법(妙法)이요, 연화(蓮華)요, 경

(經)이라 한 바 있다. 또한, 존재의 참모습이 묘법이라 했다. 그러니 여기서 존재의 참모습을 깨달아 번뇌를 끊고 해탈을 얻어 도솔천에 거듭나라는 뜻이렷다. 그래서 바로 저 앞에 도솔천이 머무는 곳 도솔봉이 기다리고 있지 않은가.

도솔봉을 오르는 능선에는 곳곳에 암릉지대가 나타났다. 바위봉우리에 올라설 때마다 기막힌 산 경치가 눈앞에 펼쳐졌다.

암릉 바위틈에는 구절초가 자라고 있었다. 구절초는 부인의 자궁이 허약하고 차서 오는 생리불순, 생리통, 불임증에 효능이 있는데 엿으로 고아 복용하면 좋은 약초다.

4시 30분 드디어 도솔봉(1314m)에 올랐다. 도솔봉 정상에는 헬기장을 닦아 놓아 전망이 매우 좋았다. 우리는 도솔천(兜率天)이 머무는 도솔봉에 오른 것이다. 도솔천은 욕계육천(欲界六天) 가운데 넷째 하늘을 말한다. 그곳은 하늘에 사는 사람의 욕망을 이루는 외원(外院)과 미륵보살의 정토인 내원(內院)으로 나뉘는데, 내원(內院)은 장차 부처가 될 보살이 사는 곳이다. 석가도 현세에 태어나기 전에 이곳에 머물며 수행했다 하고, 현재는 미륵보살이 불법을 설하며 남섬부주(南贍部洲)에 하생(下生)하여 성불할 때를 기다리고 있다는 곳이다.

나는 마음속으로 미륵보살님께 우주 삼라만상의 평화와 행복을 빌면서 도솔봉을 떠나 삼형제봉으로 향했다. 도솔봉 하면 떠오르는 노래가 있다. 바로 정태춘의 '애고, 도솔천아' 라는 노래다.

간다 간다 나는 간다. 풍우설운 등에 지고,
산천 대로 소로 저자길로. 만난 사람 헤어지고,
헤진 사람 또 만나고. 애고, 도솔천아.
기차나 탈거나 걸어나 갈거나. 누가 노을 비끼는 강변에서
잠든 몸을 깨우나니 시름집은 어딜 가고.

 5시가 넘어 오른 삼형제봉(1286m)도 도설봉만큼 전망이 좋았다. 단양 대강면에서 올라오는 죽령재가 환하게 내려다보였다. 산줄기 하나가 덕촌 마을 뒤 삿갓봉을 향해 힘차게 뻗어 내려가고 있었다.
 그런데 삼형제봉을 내려와 죽령재로 향하는 길부터 슬슬 무릎이 아파와 잘 걸을 수가 없었다. 또, 오른쪽 무릎이 말썽을 부리는 것이다.
 비탈길을 한참 내려가다 보니 샘터 하나가 보였다. 샘물은 닭 오줌처럼 찔끔찔끔 흘렀지만 한 컵을 받아서 마셔보니 물맛은 시원했다. 샘터를 떠나 조금 더 내려간 길에는 지뢰 지대라고 쓰여 있는 시멘트 말뚝 네 개가 박혀 있었다. 진짜 지뢰 지대인지 아니면 훈련장인지는 몰라도 냉전의 산물인 것 같아서 마음이 씁쓸해졌다.
 죽령재가 멀지 않은 능선의 길가에는 초롱꽃이 부끄러움을 타는 새색씨 마냥 함초롬하게 피어 있었다. 초롱꽃은 화초로도 가치가 높아서 사람들의 무분별한 채취로 멸종이 우려되고 있는 자생식물이다. 그래서 금강초롱은 천연기념물로까지 지정되었으나 돈벌이만 된다면 마구잡이로 캐 가는 사람들로 인해 얼마나 효과가 있을지는 미지수다. 초롱꽃에는 연한 초록색이 은은한 초롱꽃, 연한 자주색의 금강초롱, 붉은빛이 감도는 섬초롱 세 가지가 있는데 한방에서는 해산 촉진제로 쓰기도 한다.
 죽령재에 거의 다 닿았다 싶었는데, 난데없는 군부대 초소가 길을 가로막았다. 할 수 없이 오른쪽 산허리로 난 길을 따라 가파른 비탈을 횡단할

수밖에 없다. 자칫 발을 헛디디면 굴러 떨어질 판이었다.

　7시 30분이 되어서야 우리는 죽령재(689m)에 닿았다. 죽령은 소백산 제2 연화봉과 도솔봉이 이어지는 잘록한 지점에 자리하고 있다. '신라 아달라왕 5년(158년) 3월에 처음으로 죽령길을 열었다.'는 기록(삼국사기)이 보이고, '아달라왕 5년에 죽죽(竹竹)이 죽령 길을 개척하고 지쳐서 순국했으며, 고갯마루에는 죽죽을 제사하는 사당이 있다.'는 기록(동국여지승람)으로 보아 죽령은 오래전부터 영남과 한양을 연결하는 교통로로 이용되어 왔음을 알 수 있다.

　또한, '고구려가 죽령을 차지한 것은 장수왕 말년(470년)이다. 신라 진흥왕은 551년에 거칠부 등 여덟 장수에게 명하여 백제와 함께 고구려를 공격해서 죽령이북의 열 고을을 빼앗았다. 그 40년 뒤인 영양왕 1년(590년) 고구려 온달장군이 왕에게 자청하여 군사를 이끌고 나가면서 죽령 이북의 땅을 회복하지 못하면 돌아오지 않겠다고 하였다.'는 등의 기록(삼국사기)으로 보아 당시 죽령이 얼마나 중요한 군사적 요충지였는지를 짐작할 수 있다.

　죽령휴게소는 많은 사람으로 붐빈다. 휴게소에서 차게 냉각된 캔맥주를 마셨다. 얼마나 시원한지 갈증이 싹 달아난다. 가슴속이 뻥 뚫리는 듯한 느낌이다.

　죽령휴게소에서 차가운 맥주 한 캔을 마시고 그곳을 나서자 이용호 군이 벌써 차를 대기시켜 놓고 기다리고 있었다. 이군의 차를 타고 죽령재를 떠나 충주로 향했다.

　충주에 도착한 건 밤 9시가 조금 넘어서였다. 우리는 아귀찜을 안주로 하산 주를 한 잔씩 걸치고 헤어졌다. 집으로 가는 길에도 산행에서 도진 무릎이 쑤시고 아파 왔다.

몸과 마음을 정비하면서
-백두대간 순례 31일째

오늘은 산행을 쉬기로 했다. 무릎 때문에 도저히 산행을 할 수가 없었기 때문이다. 이러다가 백두대간 순례를 다 마치지 못할지도 모른다는 걱정이 앞섰다. 그 먼 거리를 걸어서 왔으니 무릎관절이라고 배겨낼 도리가 있었을까.

나는 백두대간이 아니라 목욕탕으로 향해 뜨거운 물에 다리를 한참 동안 담그고 다리 근육을 풀었다. 피로는 풀리는 것 같은데 아픈 것은 여전했다. 초여름이라 열탕에는 들어가기 싫었지만 무릎을 위해 어쩔 수 없이 참고 버텼다. 열탕 속에 오랫동안 들어가 있노라니 온몸에 기운이 쏙 빠져나가는 것 같았다.

열탕에서 나와 탈의실에 놓여 있는 저울에 몸무게를 달아보니 체중이 3kg이나 빠져 있었다. 군에서 제대한 후 20여 년간 57kg에서 변하지 않던 체중이 54kg로 줄어든 것이다. 가만히 몸을 살펴보니 아닌 게 아니라 뱃살이 다 사라지고 없었다. 장기간의 산행에서 열량이 부족하게 되면 배에 저장된 지방을 태워서 보충했던 것이다.

이 다음에 한의원을 개원하면 비만클리닉이나 해야겠다는 우스운 생각을 해 보았다. 살을 빼려는 사람이 있으면 비싼 약을 먹일 필요 없이 백두대간 순례나 시켜야겠다고 말이다. 산행을 하면 좋은 경치 마음껏 구경하고 거기다 살도 뺄 수 있으니 이거야말로 돌팔매질 한 번으로 새 두 마리를 잡는 격이 아닌가. 희망자가 있으면 내 기꺼이 함께 백두대간을 순례할 것이다. 대신 비만클리닉 비용은 받아야겠다고 생각하며 나는 속으로 허허 웃었다.

오후에는 공사장에 딸린 밥집에서 친구 성호와 점심을 먹었다. 메뉴는 붕어찜과 시래기 된장국이다. 붕어찜은 배를 딴 붕어에 칼집을 적당히 내고 양념을 매콤하게 하여 찜통에 쪄낸 것으로 맛이 일품이었다. 전에 낚시하러 다닐 때 내가 아내에게 전수한 붕어찜만은 못하지만 그런대로 맛이 있었다.

예전에 낚시를 썩 즐겨 했던 내가 낚시를 그만두게 된 데에는 특별한 계기가 있었다. 괴산 감물중학교에 근무하고 있던 시절, 나는 일요일을 맞아 괴산 매전저수지로 낚시를 하러 갔다. 낚싯대를 드리우고 있는데 찌가 물속으로 한 번 쏙 들어갔다가 다시 나왔다. 그 순간을 놓치지 않고 낚싯대를 잡아채니 줄이 팽팽해지면서 물고기가 요동치는 진동이 손으로 전해져 왔다. 그 손맛을 즐기면서 서서히 물 밖으로 끌어내니 손바닥만한 붕어가 딸려 나왔는데 낚싯바늘을 빼고 난 붕어의 입에는 구멍이 무려 세 군데나 뚫려 있었다. 붕어는 그동안 낚시꾼들에게 세 번이나 잡혔다가 가까스로 살아난 것이다. 그것을 본 순간 내 머리에 번개처럼 스쳐 지나가는 것이 있었다. '나는 취미로 낚시를 하지만 붕어에게는 목숨이 왔다 갔다 하는 것이로구나. 아! 나는 지금까지 살생의 업을 쌓고 있었구나.' 실로 나에게는 지나온 삶을 되돌아보게 하는 깨달음이었다. 나는 그때 잡은 붕어를 도로 놓아 주고 그때부터 다시는 낚싯대를 잡지 않았다.

점심을 마치고 집으로 돌아와 다리와 무릎에 물파스를 듬뿍 발랐다. 그러고는 오후 내내 잠을 자고 일어나 대충 밥 한술 뜨고는 또 내처 잠만 잤다. 아내에게는 매우 미안한 일이었지만 노독에 빠진 몸이라 나도 어쩔 수 없었다.

식량과 부식을 준비하면서
−백두대간 순례 32일째

식구들이 모두 나간 뒤 나는 느직하게 자리에서 일어났다. 오늘도 산행을 쉬기로 했지만 무릎이 많이 좋아져 내일이면 다시 백두대간으로 떠나도 될 것 같았다.

나는 슬슬 내일을 위한 준비를 시작했다. 일단 씻어서 말린 쌀 일주일치를 시에라컵으로 한 컵 분량으로 비닐에 담았다. 쌀을 씻어서 말리면 야영을 할 때 물만 붓고 간단하게 밥을 할 수 있다. 쌀을 씻는 번거로움에서 벗어날 수 있는 것이다. 다 산에서 배운 지혜다.

아내에게는 쇠고기를 넣은 고추장을 볶아서 새지 않게 싸달라고 미리 일러두었다. 오랜 산행을 하다 보면 제일 먹고 싶은 것이 고추장이다. 다른 건 없어도 고추장만 있으면 한 끼 식사가 훌륭해진다. 그래서 군부대 근처에는 고추를 심지 말라는 말이 있다. 군인들이 오가면서 따 가는 통에 고추밭의 고추가 남아나지 않는다는 것이다. 하지만 군인들이 무슨 죄가 있겠는가. 아마 한국인에게 고추와 고추장이 없었다면 사는 맛이 없었을 것이다.

행동식도 이것저것 준비했다. 초콜릿과 자일리톨껌을 부족하지 않게 사고 미역국, 육개장, 곰탕, 북엇국 등의 즉석 국거리를 다양하게 마련했다.

배낭을 꾸려 내일 일찍 떠날 채비를 끝낸 다음 나는 하루종일 편안히 휴식을 취했다. 내일 죽령을 떠나 백두대간에 오르면 진부령에 다다를 때까지 집에 올 수 없다. 아내는 또 한 달간 독수공방을 해야 한다. 하지만 아내는 지난 20여 년 동안에도 이런 남편에게 한 마디 불평을 하지 않고 무슨 일이든 묵묵히 따라주었다. 나는 그런 아내를 볼 때마다 내가 혹시 보살님과 살고 있는 것은 아닌가 하는 생각이 들곤 했다.

퇴근한 아내는 종일 잠만 잔 남편에게 따뜻한 밥상을 차려주었다. 식사를 마치고 나는 내일 다시 먼 길을 떠날 생각에 일찌감치 베개에 머리를 묻었다.

가랑비 부슬부슬 내리는 연화봉에서
―백두대간 순례 33일째

가랑비가 부슬부슬 내리는 날이다. 이틀을 쉬고 나니 다리와 무릎의 상태가 많이 좋아졌다. 김위연 씨의 지프로 죽령을 향해 떠날 때는 마치 백두대간으로 새로이 출발하는 기분이었다.

죽령재에 도착한 시간은 휴게소 처마 밑에서 비가 그치기를 기다렸다. 그런데 안개가 피어오르는 산골짜기를 바라보며 한참을 기다려도 비는 그칠 기미가 보이지 않았다. 더 기다릴 수가 없어 비옷을 입고 출발 준비를 했다.

나는 연화봉으로 오르는 시멘트 포장도로를 따라 걷기 시작했다. 바람에 날리는 빗방울을 온몸으로 맞으며 소백산 중계소를 지났다. 시멘트 포장도로를 따라 걷는 길이 다소 지루하게 느껴졌다.

제 2연화봉(1357m)을 향해 오르는 길에는 때늦게 핀 철쭉꽃이 가끔 눈에 띄었다. 그 길의 왼쪽 능선으로 군부대로 통하는 비포장도로가 나 있고 그 도로 끝에서 단양 수촌리로 내려가는 등산로가 하나 있다.

2년 전 단양중학교에 근무할 때 산악부 아이들과 함께 야간등반으로 수촌리에서 제 2연화봉을 오른 다음 보국사지로 내려가다가 혼쭐이 난 적이 있었다. 하산길 중간쯤에서 길을 잃은 것이다. 자정이 넘은 데다가 물도 다 떨어진 상태였다. 더구나 칠흑 같은 밤이라 위치를 파악할 수도 없었다. 나중에는 탈진 일보직전까지 가서 119구조대에 신고를 할 생각마저 했을 정도였다. 그러다가 가까스로 길을 찾아 보국사교로 내려오니 새벽 두 시가 넘어 있었다. 그런데 단양읍내로 들어가는 것이 또 문제였다. 지나가는 차를 아무리 불러 세워도 아무도 태워 주질 않았다. 하긴 그 깊은 밤에 배낭을 멘 시커먼 사람들이 차를 불러 세우는데 어느 누구도 쉽게 응할 수 없었을 것이다. 급기야 같이 간 김기환 학생의 아버지에게 연락해 차를 가지고 오도록 해서 단양까지 갈 수 있었다. 그때의 일을 떠올리니 함께했던 산악부 아이들이 무척 보고 싶었다.

백자골 갈림길을 지날 때 또 다른 추억이 떠올랐다. 역시 단양중학교에 근무할 때의 일이다. 그때 대학 후배인 전우선, 이광수 선생과 함께 학교에서 퇴근한 뒤 야간등반으로 백자골로 해서 소백산을 오른 적이 있었다. 백자골 입구에는 소백산 관리소에서 '등산로 없음 출입금지'라는 팻말이 있었는데 우리는 그것을 무시하고 백자골을 올랐다. 그런데 이게 웬일인가. 중간쯤에서 길이 사라져 버리고 빽빽하게 들어찬 산죽 숲만이 우리를 기다리고 있었다. 우리는 인적 없는 길에서 산죽잎에 스치고 나무뿌리에 채여 가며 마침내 주능선을 찾을 수 있었다. 능선이 보이기 시작할 때는 그야말로 이제 살았다는 심정에 맥이 다 풀렸었다.

시멘트 포장도로는 소백산 천문대에서 끝이 났다. 천문대에는 경주 첨성대를 본떠 지은 건물이 있었다. 천문대를 지나 통나무로 만든 전망대에 올랐다. 전망대에는 등산객 서너 명이 먼저 와 경치를 구경하고 있었다. 그리고 그곳에서 바라본 제 1연화봉으로 향해 발길을 돌렸다. 오르내림이 별로 없는 평탄한 길이어서 힘은 크게 들지 않았다.

오후 1시 30분쯤 연화장 세상이 머무는 자리 제1 연화봉(1394m)에 올라선다. 더러운 곳에 뿌리를 박은 줄기에서 피어났지만 그 더러움에 결코 물들지 않는 연꽃. 연화봉은 그런 산이다. 청정세상 연화봉에 더러운 몸으로 오른 나의 죄를 어찌할 것인가! 묘법연화경에서 설한 법이 실현되는 세상을 기다려 본다. 연화경에 따르면 악한 사람도 여자로 태어난 사람도 고타마 싯다르타처럼 성불할 수 있다고 했다. 모든 사람이 해탈하여 성불하기를 기다려 나는 마지막에 뗏목을 타리라. 그리고 어느 세상에 나든지 최선을 다해서 살아가리라.

 안개가 계곡을 따라 피어올랐다가 사라지곤 했다. 그럴 때마다 소백의 주능선이 사라졌다가 다시 나타났다. 비가 여전히 내리는 가운데 비로봉에서 오는 등산객들이 더러 보였다. 가랑비가 부슬부슬 내리는 날이면 '빗속을 둘이서'라는 노래가 생각나곤 한다.

  너의 마음 깊은 곳에
  하고 싶은 말 있으면
  고개 들어 나를 보고
  살며시 얘기하렴
  정녕 말을 못 하리라
  마음 깊이 새겼다면
  오고 가는 눈빛으로
  나에게 전해 주렴
  이 빗속을 걸어갈까요
  둘이서 말없이 갈까요
  아무도 없는 여기서
  저 돌담 끝까지
  다정스런 너와 내가 손잡고

 천동계곡으로 내려가는 갈림길을 지나는 산비탈에는 수백 년이나 묵었음 직한 아름드리 주목들이 많이 보였다. 나무의 목질부가 빨간색이어서 주목이란 이름이 붙게 된 것이다. 주목의 가지와 잎은 자삼(紫杉)이라 해서 당뇨병 치료에 쓰인다. 최근에는 암을 치료하는 성분이 발견되어 각광을 받고 있는 나무다.

전에 나는 천동계곡으로 해서 비로봉을 꽤 여러 번 올랐다. 그래서 소백산은 내게 낯익고 정든 산이다. 언젠가 겨울에 천동계곡으로 올라와 비로봉을 오르는데 정상을 눈앞에 두고 바람이 어찌나 강하게 불던지 도중에 포기하고 도로 내려간 적도 있었다. 그럴 만큼 비로봉 바람은 한번 불면 사람을 날릴 정도로 엄청나게 강하다.

소백산은 전형적인 육산이다. 너그러우며 넓고 따뜻한 가슴을 가진 산이다. 해직된 지 10여 년 만에 단양중학교로 복직이 되었을 때 나는 속으로 쾌재를 불렀었다. 소백산을 마음껏 볼 수 있었기 때문이었다. 그래서 나는 부임하자마자 산악부를 만들어 아이들과 함께 단양에 있는 크고 작은 산들을 헤매고 다녔다. 산악부원 중에서는 산악등반에 소질을 보이는 아이들이 몇몇 있었다. 단양은 산악지대여서 역량 있는 등반가를 배출할 수 있는 곳이다.

단양중학교에서 나는 가끔 수업을 마치면 학교 뒤에 있는 대성산으로 우리 반 아이들을 데리고 올라가 종례를 하곤 했다. 정상에 올라 그날 하루의 일을 반성하기도 하고 비로봉 정상을 바라보며 명상을 하기도 했다. 처음에는 코피를 흘리는 녀석도 있어 학부모에게 항의를 받기도 했다. 그러나 나중에는 오히려 학부모들이 환영하는 일이 되었다. 아이들이 산에 다니기 시작하면서 행동거지가 의젓해지고 공부를 열심히 하게 되었던 것이다. 심지어 어떤 아이는 이런 말을 하기도 했다.

"선생님, 공부보다 쉬운 일이 없네요."

그런 아이들과 생활을 하다 1년 만에 퇴직을 하고 단양중학교를 떠날 때는 참으로 아쉬웠다. 처음 부임했을 때는 머리는 박박 밀고 수염을 길게 길러 스님이 왔다고 단양읍내에 화젯거리가 되었던 내가, 막상 떠날 때가 되자 학생이며 학부모들은 무척 서운해하며 송별연까지 베풀어 주었다.

3시 30분, 비로봉 바로 밑에 있는 주목 관리소에 도착했다. 관리소 안에서 라면으로 늦은 점심을 먹는데 비로봉을 올랐던 등산객들이 천동계곡 쪽으로 서둘러 내려간다. 갑자기 비가 내리기 시작했기 때문이다.

국망봉까지 가려고 했던 나도 그냥 주목 관리소에서 묵어가기로 했다. 옷이 비에 젖어 축축한 데다 손마저 시리다. 게다가 으슬으슬 춥기까지 했다. 주목 관리소 창문 너머로 비로봉을 바라보며 내일의 산행을 그려보았다.

관리소는 사방에 구멍이 숭숭 뚫려 있어 찬바람이 몰려 들어왔다. 할 수 없이 마루 위에 텐트를 쳤다. 그리고 버너를 켜서 젖은 옷들을 말리며 가지고 온 소주를 마셨다. 안주는 풋고추에 고추장이었다. 비를 맞아 선뜩선뜩 하던 몸이 소주 한 잔에 훈훈해지며 졸음이 밀려왔다.

얼핏 잠이 들었다가 깨어 보니 밤 9시였다. 자리에서 일어나 관리소 안에 있는 청원경찰 사무실에 들어가 보니 참외와 초콜릿이며 사탕, 그리고 라면 등이 놓여 있었다. 아마도 소백산을 찾은 사람들이 산에서 내려가면서 주고 간 것이리라. 나에게는 고맙고 반가운 음식들이었다.

다시 자리로 돌아와 촛불과 버너를 켜고 잠을 청해 보았다. 하지만 출입문 손잡이가 빠진 구멍으로 들이치는 황소바람 때문에 도저히 잠을 이룰 수가 없었다. 나는 비밀봉지를 찾아 구멍을 틀어막았다. 그리고 다시 누우니 사방은 쥐 죽은 듯 고요한 가운데 버너 불이 타오르는 소리만 들려온다. 가스를 아껴야 하지만 추워서 어쩔 수가 없었다. 추위 속에 혼자 몸을 웅크리고 있노라니 세상과의 끈이 떨어진 것처럼 느껴졌다. 지금 저 산 아래 인간세상에서는 온갖 희로애락이 펼쳐지고 있겠지.

나는 집에서 홀로 안방을 지키고 있을 아내를 생각했다. 나같이 역마살이 낀 사람은 혼자서 살아야 할 팔자다. 그런데 어쩌자고 남의 집 귀한 딸을 데려다가 생과부로 고생만 시키고 있을까. 천지신명이시여, 다음 생에는 티베트의 눈 덮인 설산 외딴곳에 태어나게 해 주시기를.

하염없이 타 들어가는 촛불을 물끄러미 바라보았다. 속절없이 타는 촛불 속에서 나 자신의 모습이 보이는 듯하다. 가스불도 저 혼자 스르르 줄어들고 나니 그 순간, 온 우주의 시공간이 정지한 듯 침묵만이 감돌았다.

소백산 제일봉 비로봉에서
- 백두대간 순례 34일째

 밤이 새도록 잠을 자지 못하고 뒤척이다 일어나 보니 아침 6시였다. 해는 이미 떴으나 안개에 가려 밝은 달처럼 보였고 산골짜기마다 안개가 자욱하게 끼어 있었다. 바람에 따라 산등성이를 넘어가기도 하고 하늘로 용솟음쳐 오르기도 하는 안개의 군무가 장관이었다.

 오늘의 아침메뉴는 즉석 꼬리곰탕에 풋고추와 오이였다. 맑은 공기를 쐬며 밥을 먹으니 그 맛이 더 좋은 것 같았다.

 식사 후에는 텐트를 걷은 다음 배낭을 꾸리고 출발 준비를 했다. 오늘은 비로봉으로 해서 고치령까지 갈 예정이다. 비록 어제 하루 동안이었지만 집이 되어 준 관리소를 떠나려니 섭섭한 마음이 들었다. 그러나 인간사 회자정리(會者定離)라 했다.

 비로봉으로 오르는 등산로에는 나무로 계단을 만들어 놓았다. 자연을 보호하려는 국립공원 관리공단 나름의 노력이 엿보였다.

 계단길을 10분 정도 걸어서 비로자나불이 머무는 비로봉(1439.5m)에 올랐다. 비로자나불은 법신불이다. '빛을 발하여 어둠을 쫓는다.'라는 뜻이 있는 비로자나불은 모든 부처 가운데서도 가장 높은 부처, 즉 화엄 불국토의 주인이다. 따라서 비로자나불은 모든 부처의 본체요, 근본이요, 중심인 것이다. 진리의 몸 그 자체다.

 한 마디로 비로자나불은 시바요, 여호와요, 알라요, 천지신명이요, 우주이다. 그래서 산 중에서도 가장 높은 봉우리에만 비로봉이라는 이름을 붙일 수 있다. 지리산이 민족신앙과 깊은 관련이 있다면 소백산은 불교신앙과 밀접한 관련이 있다.

나는 마음속으로 '세계평화 인류행복'을 빌며 '소백산 비로봉'이라 씌어 있는 표지석을 돌면서 합장 삼배를 했다. 나를 위해서는 기도할 것이 아무것도 없었다. 바라는 것이 없으니 빌 것도 없다. 다만, 다른 존재를 위해서 기도할 뿐이다.

비로봉이라는 표지석의 뒷면에는 조선 전기의 문신이자 학자인 서거정이 썼다는 '소백산'이란 제목의 시가 음각되어 있다.

小白山連太白山 태백산에서 치달려 온 소백산
他百里押雲間 백리에 구불구불 구름 사이 솟았네.
分明畫盡東南界 또렷이 동남방의 경계를 그어
地設天成鬼破 하늘과 땅이 만든 형국 귀신도 울었소.

바람이 너무 세차게 불어 정상에 오래 머무를 수가 없었다. 비로봉을 떠나 국망봉으로 향했다.

민백기재에 다다르니 어의계곡을 따라 새밭으로 내려가는 갈림길이 나왔다. 예전에 이 길로도 몇 번 비로봉을 오른 적이 있었다. 이 길은 비로봉을 오르는 가장 빠른 길이다.

밋밋하고 평평한 산등성이에는 나무는 하나도 없고 산야초만 무성했다. 한순간 햇빛이 반짝하고 나오면서 안개가 걷히고 산등성이가 모습을 드러냈다. 그러나 그것도 잠깐, 안개가 다시 몰려와 비로봉을 휩싸고 돌았다. 이곳에서 나는 지도를 단양 지도에서 영주 지도로 바꾸었다.

국망봉(1420.8m) 정상에도 안개가 짙게 깔려 있었다. 그 때문에 아무것도 보이지 않아 경치를 감상할 수 없었다.

국망봉에는 마의태자와 관련된 전설이 있다. 신라의 마지막 왕자였던 마의태자는 신라의 국권을 되찾는 일에 실패하자 엄동설한에 베옷 한 벌만 걸치고 망국의 한을 달래며 이곳에 올랐다. 그리고 멀리 옛 도읍 경주를 바라보면서 하염없이 눈물을 흘렸다. 그 후로 이곳은 국망봉이라 부르게 되었다고 한다.

국망봉을 떠나 상월봉으로 향하는 길에 새밭 갈림길이 있었다. 여기서 왼쪽 계곡을 타고 내려가면 어의곡 새밭이 나온다. 단양중학교 교사 시절 이광수 선생, 후배 김형기 군과 함께 밤중에 이 계곡으로 내려가다가 조난을 당할 뻔했던 적이 있었다. 계곡물을 수도 없이 횡단해야 하기 때문에 야간에는 위험하기 짝이 없는 곳이다.

상월봉에 도착한 건 10시였다. 상월봉 정상도 국망봉처럼 바위봉우리로 되어 있고 안개 때문에 주위가 보이지 않는 것도 마찬가지였다.

상월봉에 오래 머물지 않고 곧바로 마당치로 향했다. 오른쪽으로 영주 단산면 좌석리 상좌석으로 내려가는 갈림길을 지나 신선봉과 마당치로 갈라지는 삼거리에 닿았다. 여기서 구인사로 가려면 왼쪽 능선을 타고 신선봉으로 가야 한다.

울창한 갈참나무숲 터널을 뚫고 1060.6m봉을 넘어 오른쪽으로 좌석리 연화동으로 빠지는 갈림길을 지났다. 이곳에서 다시 영주 지도를 예미 지도로 바꾸었다. 열다섯 장째 지도다.

갈림길을 지난 지 얼마 안 되어 갑자기 빗방울이 떨어지기 시작했다. 급히 비옷을 꺼내 입었는데 얼마 가지도 못해 햇빛이 다시 쨍하고 비추었다. 위를 쳐다보니 구름 사이로 푸른 하늘이 손바닥만 하게 보였다.

1031.6m봉을 넘어 오후 1시 20분에는 마당치에 도착했다. 마당치 공터

에는 잡초만 무성하게 자라고 있었다. 지도에 길이 뚜렷하게 표시되어 있는 것으로 보아 예전에는 사람들의 왕래가 많았던 모양이었으나 지금은 길의 흔적도 찾아볼 수가 없었다.

2시 5분에는 1032m봉에 올랐다. 형제봉과 고치령으로 갈라지는 삼거리다. 왼쪽 능선을 타면 형제봉으로 가게 되어 있다. 여기서 백두대간은 충북과 경북의 도계를 떠나서 경북 땅으로 들어간다. 대간의 서쪽 영주 단산면과 부석면은 지형상으로나 문화적으로나 마땅히 충북에 편입되는 것이 옳을 듯싶었다.

삼거리를 지나자 깨진 기왓조각들이 많이 보였다. 그걸로 보아 예전에는 그곳이 성루나 사찰이 있었던 자리였을 거라고 생각되었다.

2시 50분에 고치령으로 내려왔다. 고치령에는 단양 의풍과 영주 좌석을 잇는 비포장도로가 나 있다. 고갯마루 위에는 헬기장이 있어 비만 오지 않는다면 야영을 하기에 안성맞춤이었다. 어느새 비구름은 물러가고 하늘에는 푸른빛이 자리를 점점 넓히기 시작했다. 나는 햇빛이 드는 것을 보고 헬기장에 텐트를 쳤다.

조금 궁상맞지만 텐트 위에 빨래를 널어 말리고 밥을 지어서 저녁을 먹었다. 어느덧 주변에는 땅거미가 밀려오고 있다. 나는 담배 한 개비를 피워물기 위해 담뱃갑을 찾았다. 그런데 담배도 담배려니와 휴지며 건전지도 다 떨어진 상태였다. 가게가 있는 마을까지는 어느 쪽으로든지 4km 이상을 내려가야 했기 때문에 난감하지 않을 수 없었다.

사방은 이미 캄캄했다. 나는 마침 의풍 쪽에서 오는 소형 트럭을 불러세웠다. 영주 단산면 옥대 2리에서 농사를 짓는나는 김진호 씨였다. 덕분에 나는 그의 차를 타고 단산면 소재지까지 나가 필요한 물건들을 살 수 있었다. 게다가 고맙게도 고치령까지 돌아오는 길까지 그의 신세를 졌다.

나는 그의 친절에 너무 감사해 소주 두 병과 번데기, 참치 통조림을 늘어놓고 조촐한 대접을 했다.
　소주잔을 사이에 두고 이런저런 이야기 도중, 나는 1032m봉을 내려오면서 깨진 기왓장 이야기를 꺼냈다. 그랬더니 그것은 조선시대 금성대군이 단종을 복위시키기 위해 성을 쌓고 궁을 지었던 흔적이라고 가르쳐 주었다. 그래서 순흥 사람들은 지금도 일 년에 한 번 소를 잡아서 단종을 위한 제사를 지내는데, 만일 제사를 지내지 않으면 마을에 화재와 같은 재앙이 생긴다고 했다. 그리고 헬기장 바로 밑에 단종을 모시는 사당이 있는데 요즘도 전국 각지에서 온 무당들의 굿판이 끊이지 않는다는 것이다. 그런데 그 사당에 걸어놓은 단종의 영정을 누군가 훔쳐갔다면서 김진호 씨는 그가 누군지 몰라도 천벌을 받을 사람이라며 분개했다.
　김진호 씨는 11시가 다 되어 집으로 돌아갔다. 어느새 맑게 갠 저녁 하늘에는 별들이 쏟아져 내릴 듯 초롱초롱했다.

무명봉들을 넘어서 늦은목이로
−백두대간 순례 35일째

고치령의 아침은 온갖 새 울음소리로 요란하다. 이쪽에서 한 놈이 노래를 부르면 저쪽에서는 다른 놈이 화답을 했다. 그야말로 새들의 세상이었다.

텐트는 밤새 이슬을 맞아 다 젖어 있었다. 나는 어제 먹다 남겨둔 밥에다 즉석 곰탕을 끓여서 아침을 먹었다.

설거지 그릇을 가지고 샘으로 내려가니 부산에서 한약방을 한다는 최병태 노인이 물을 받으러 와 있었다. 그 분은 소백산으로 산약초를 구하러 왔다고 했다. 그런데 최노인은 관상을 보듯 내 얼굴을 가만히 살펴보더니 이런 말을 했다.

"젊은이는 처복이 많군그래. 그런데 역마살이 끼었어. 집안에 있으면 안 되고 밖에서 하는 일을 한다면 잘 되겠어."

내가 아내에게 10년이 넘도록 얹혀사는 것을 어떻게 알았을까. 그리고 산꾼이야 누구 할 것 없이 역마살이 낀 사람들일 테고……. 또한, 한의학을 공부하니 약초를 캐려면 자연히 밖에서 일을 할 수밖에 없다. 과연 쪽집게 할아버지였다.

나는 다시 헬기장으로 돌아와 배낭을 꾸리고 늦은목이를 향해 떠났다. 여기서 약 14km니까 삼십 오리다. 왼쪽으로 형제봉을 바라보면서 950m

봉을 넘고 877m봉을 지났다. 조금 더 가 나타난 울창한 활엽수 그늘은 땀으로 범벅이 된 내 몸을 조금이나마 식혀 주었다.

11시 50분에는 미내치에 닿았다. 미내치는 단산면 마락리 새목에서 부석면 에덴광업소로 넘어가는 재다. 이제 늦은목이까지 10.7km 남은 셈이었다.

미내치를 떠난 지 얼마 되지 않아서 나는 꽤 큰 천마 한 뿌리를 캤다. 자연산 천마는 귀해서 여간해서는 눈에 띄지 않는 약초다. 이것은 인체의 막힌 혈 자리를 뚫어 주고 신명을 되살려 준다는 명약이다. 또, 두통과 신경통에도 뛰어난 약효를 발휘하며 중풍 환자에게 약을 쓸 때 빠질 수 없는 한약재다. 나는 뜻하지 않은 횡재에 기분이 좋아졌다.

배낭에 천마를 소중히 담고 854m봉을 넘어 마락리 도화동으로 내려가는 갈림길을 지났다. 그리고 영주 단산면과 부석면의 경계가 되는 산봉우리인 1096.6m봉에 올랐다. 이곳에서는 부석면 남대리 계곡이 한눈에 들어왔다.

오후 1시 40분에는 마구령에 도착했다. 늦은목이까지는 5.9km 남아 있었다. 마구령은 영주 부석면 임곡리 소골에서 남대리 주막거리로 넘어가는 재로 비포장도로가 나 있다.

배가 고파 고갯마루에 배낭을 벗어 놓고 라면을 끓였다. 오는 길에 뜯어 온 참취와 쑥 한 잎을 라면에 넣었더니 그 향이 가득 배어 훨씬 맛이 있었다. 내가 라면 공장 사장이라면 당장 참취와 쑥 라면을 상품으로 만들어 내놓을 텐데.

다시 산길을 걸으며 나는 참취를 보이는 대로 다 뜯었다. 저녁에 국을 끓일 때 넣을 심산이었다.

산길 1km는 평지 길에 비해 훨씬 길게 느껴진다. 894m봉을 넘고

1057m봉을 지나니 소골로 내려가는 갈림길이 나왔다. 그곳에서 조금 더 가자 남대리 상신기와 임곡리 한밤실로 가는 갈림길이 또 나타났다. 934m봉에 닿으니 그곳 정상에는 남대리 상신기와 북지리 큰골 갈림길이 있었다.

4시 50분이 다 되어 966m봉에 올랐다. 지도에는 이름이 없는데 표지판에는 '갈곶산'이라고 쓰여 있었다. 봉화와 영주의 경계가 되는 산이다. 표지판에는 늦은목이까지 1km 남았다고 하는데 지도상으로는 2km는 족히 되어 보였다. 여기서 백두대간은 북쪽을 향해 수직으로 방향을 튼다.

밋밋한 내리막길에는 산딸기 덤불이 군데군데 보였다. 산딸기를 따먹으며 부지런히 걸으니 20여 분 후에는 늦은목이에 도착할 수 있었다. 이곳에는 남대리와 봉화 물야면 생달로 가는 갈림길이 있다.

늦은목이에는 울창한 활엽수가 하늘을 가리고 있어 야영을 하기에 참 좋을 것 같았다. 나는 물을 찾아 물야면 오전리 두지골 쪽으로 한참을 내려갔다. 그런데 계곡물은 바짝 말라 바닥을 드러내고 있었다. 물이 흐르는 곳까지 조금 더 내려가니 스님의 청아한 독경소리가 들리는 절이 보였다. 나는 그 절에 들려 나이 든 보살님에게서 물을 얻었다.

물이 가득 찬 수낭을 들고 절을 나오려는데 절 바로 밑에 짓다가 만 빈집이 눈에 들어왔다. 그것을 보고 나는 그 집 앞 현관에 텐트를 치기로 했다. 마침 건물 안에 스티로폼이 있어 바닥에 깔고 비닐로 덮은 다음 텐트를 쳤다. 그만하면 내게는 궁전이나 다름없었다.

서녘 하늘에 저녁노을이 붉게 물들었다. 선달산 계곡 깊숙한 곳이라 해가 금세 졌다. 나는 아까 캔 천마 맛을 보기 위해 얼른 저녁 준비를 했다. 천마 껍질을 벗기고 잘게 썰어서 밥을 짓고 참취를 넣어 즉석 곰탕을 끓였다. 천마는 약간 쓰긴 해도 담백해서 먹을 만했다. 한의학도가 아니라면 요리사나 될 걸 그랬나. 나는 요리를 못하는 한의사는 돌팔이라는 생각을 해 보았다. 왜냐하면, 한약이라는 것은 각각의 약재가 갖고 있는 기미(氣味)가 종합 작용을 해 질병에 대한 치료 효과를 발휘하는 것이기 때문이다.

저녁식사를 마치고 양치질을 하면서 사방을 둘러보니 높은 산들이 에워싸고 있어서 아늑하고 포근한 느낌이었다. 풍수지리에서 말하는 여자의 자궁터라고 할 수 있는 곳이다. 오늘은 최고 명당에 집을 짓고 하룻밤 묵어가게 된 셈이었다.

집 앞 텃밭에는 감자, 고추, 도라지가 자라고 있었다. 도라지는 한방에서 길경(桔梗)이라고 하는 약재로 담을 삭여 주고 기침을 멈추게 하는 효능이 있다. 폐에 좋은 약이니 담배를 피우는 사람은 나물로 무쳐서라도 매일 먹는 것이 좋다. 도라지는 한국인들에게 너무나도 친숙해서 '도라지'라는 민요도 있다.

도라지 도라지 백도라지 심심산천에 백도라지.
한두 뿌리만 캐어도 대바구니 철철철 다 넘는다.

하늘이 청아하니 맑은 게 오늘도 별들이 잔뜩 쏟아지겠지. 사위는 어둑한데 새들의 합창으로 산골짜기가 소란했다. 텐트 안으로 들어가 침낭에 몸을 묻으니 참 편안했다. 절에서 들려오는 목탁 소리를 자장가 삼아 잠을 청했다.

선달산을 넘어서 도래기재로
—백두대간 순례 36일째

새벽에 잠이 깨어 몇 시나 됐을까 싶어 휴대전화를 열었다. 불통. 이 깊은 산중에서는 문명의 이기라는 것이 아무짝에도 쓸모가 없는 것이다. 나는 잠이 깬 채 침낭 속에서 몸을 뒤척였다. 이 새벽에 마땅히 할 일도 없으니 게으름을 느긋하게 즐기는 것이다.

그러다 보니 어느덧 동녘 하늘이 붉게 물들어 왔다. 새벽 초승달이 구름 사이로 희미하게 빛나고 산골짜기에는 온갖 새소리로 가득했다. 앞산 가까운 곳에서는 뻐꾹새 울음소리도 들렸다.

나는 텐트 밖으로 나와 버너 불을 켜고 아침을 지었다. 식사 후에는 물 한 컵만으로 이를 닦고는 또다시 떠날 준비를 했다. 떠나기 전 나는 절간의 해우소로 용변을 보러 갔다. 해우소 문을 열고 들어가 자세를 잡고 앉으니 문 앞에 '입측진언(入厠眞言)'이란 글이 붙어 있었다.

버리고 또 버리니 큰 기쁨 있네.
탐진치 삼독도 이같이 버려
한순간의 죄악도 없게 하리라.
옴 하로다야 사바하

탐진치 세 가지 독을 똥덩어리 버리듯이 내던지라는 뜻이렷다! 기막히

게 잘된 글이다. 나는 속으로 몇 번이나 감탄을 하며 다시 한 번 마음가짐을 다잡아 보았다.

가는 길에는 계곡의 흐르는 물에 세수를 했다. '돌돌돌' 흐르는 물소리에 마음마저 맑아지는 것 같았다. 어제 내려온 길을 되밟아 늦은목이로 올랐다. 길가에는 산딸기 덤불이 무성했지만 순례 내내 산딸기를 먹은 지라 그리 구미가 당기지 않았다.

늦은목이에 오른 다음 쉬지 않고 선달산으로 향했다. 선달산은 산세가 느긋하면서도 우렁찼다. 중턱에서 잠시 쉬고 있을 때 늦은목이 쪽에서 등산객 한 사람이 올라왔다. 백두대간을 구간별로 순례하고 있다는 그와 서로 인사를 나누었다. 서울에 산다는 이상견 씨는 오늘 마구령에서 시작해서 도래기재까지 간다고 했다. 그는 이미 낙동정맥을 종주한 바 있었다. 그가 다녀본 바로는 속리산 만수동 일대와 이곳 선달산 기슭이 천하의 승지라고 했다. 나도 그의 말에 수긍을 했다.

8시 40분이 되어 선달산(1236m)에 올랐다. 먼저 오른 이상견 씨가 새참을 들고 있다가 내게 함께 먹자고 권한다. 나는 체면 불구하고 숟가락을 들고 달려들었다. 그가 반찬으로 가져온 물김치와 양파를 된장에 찍어서 먹으니 별미가 따로 없었다. 그는 먼저 떠나며 토마토며 사과, 귤 따위를 내게 나눠주고 갔다. 산꾼이 산꾼을 생각하는 고마운 마음이었.

선달산에서부터 백두대간은 경북과 강원도의 경계가 된다. 산 이름이 선달산이라 그런지 선달이 된 기분이었다. 정상은 숲에 가려 전망이 썩 좋지는 않았다.

선달산을 지나면서 보니 능선의 둥굴레 밭이 온통 다 파헤쳐져 있었다. 순간 멧돼지 출몰 지역이라는 것을 직감했다. 멧돼지도 둥굴레가 좋은 것은 아는 모양이다. 그곳을 지나 다다른 1246m봉은 선달산보다도 높은 산이었다. 그런데도 이름이 없으니 이상한 일이었다.

11시 15분에는 박달령에 닿았다. 박달령은 영월 하동면과 봉화 물야면을 잇는 재로 지도에는 없는 비포장도로가 나 있다. 그곳에서 오른쪽으로 내려가면 오전약수탕이 나온다. 나는 잠시 걸음을 멈추고 지도를 예미 지도에서 태백 지도로 바꾸었다. 박달령에서부터 백두대간은 경북 땅으로 들어갔다.
　박달령에는 성황당이 하나 있었는데 그곳에는 '산령각(山靈閣)'이라는 편액이 걸려 있었다. 편액으로 보아 산신령을 모시는 당집임에 틀림없었다.
　나는 산신각 옆 나무그늘에서 라면으로 점심을 때우고 도래기재를 향해 떠났다. 1015m봉을 넘고 봉화 물야면 흰병의로 내려가는 갈림길을 지나니 옥돌봉을 오르는 길이 펼쳐졌다. 그 길섶에는 샛노란 원추리꽃이 막 피어나고 있었다. 원추리는 한방에서 훤초근(萱草根)이라고 하는데 이뇨, 지혈작용을 가진 약초로 간디스토마와 결핵에도 뛰어난 치료 효능이 있다. 봄에 갓 피어난 새싹을 뜯어 나물로 무쳐 먹어도 좋다. 노고단 원추리 군락지는 지금쯤 장관을 이루고 있을까.
　오후 2시가 가까워 나는 옥석산, 옥돌봉 예천바위 삼거리 표지판이 걸려 있는 곳을 지났다. 백두대간으로 가려면 옥석산으로 가야 했다. 지도에서는 옥돌봉을 지나가지만 지도에 표시된 옥돌봉은 여기서는 옥석산이라고 한다.
　삼거리에서 얼마 안 걸려 옥석산(1242m)에 올랐다. 봉화 물야면과 춘양면의 경계가 되는 산이다. 정상에는 성남 산울림 산악회에서 '지리산 기점 425km'라고 쓴 플래카드를 나무에 걸어 놓았다.
　그런데 자세히 보니 봉화군에서 세운 표지판에는 분명 옥석산이라고 되어 있는데, 봉화군 산악회에서 세운 표지석에는 옥돌봉으로 되어 있었다. 하긴 옥석이나 옥돌이나 뜻은 마찬가지이긴 하다. 정상에서 한숨을 돌릴 때 언뜻 시 한 수가 떠올랐다. 자작시를 읊으면서 산길을 간다.

오늘도 두메 길은 오르락내리락
우리네 인생길도 오르락내리락
오르고 내림 속에 어느덧 길 끝나네.

옥돌봉에서 2.7km를 걸어 도래기재(734.2m)에 도착했다. 이곳에서 쉬고 있자니 애당마을에 산다는 할머니가 산에서 뜯은 떡취를 한 자루 걸머지고 하금정 쪽에서 올라오고 있었다. 나는 할머니에게 서벽으로 가는 버스 시간을 물어보았다.

"아마 6시에나 있을게요."

버스를 기다리기에는 너무 이른 시간이라 나는 그냥 걷기로 했다. 서벽으로 가는 산기슭의 아름드리 소나무들은 재목감이 많아 보였다. 그래서 예로부터 재목은 춘양목이라 하지 않았던가.

십 리 길을 걸어 도착한 서벽은 사방이 험준한 산으로 둘러싸여 있는 동네였다. 나는 서벽 '단풍가든'에서 삼겹살 2인분을 시켰다. 곁에서 술판을 벌이고 있던 동네 사람들은 막걸리 한 사발을 따라서 내게도 권해 왔다. 막걸리 맛이 일품인 게 술 맛은 수질이 좌우한다더니 이곳의 수질이 좋긴 좋은 모양이었다. 막걸리를 들이켜며 나는 주인 아주머니에게 하루 쉴 곳을 물어보았다. 그때 옆에 식사를 하러 와 있던 사람이 내 말을 들은 모양이었다.

"우리 현장사무소 숙사에서 주무시고 가세요."

덕산건설주식회사 양희정 공무부장이란 사람이었다. 양 부장은 농업기반공사 영주지부에서 발주한 서벽 문화주택단지 건설공사를 하고 있는 중이라고 했다. 식사를 끝내고 양 부장이 마을 사람들과 함께 물고기를 잡으러 간 사이 나는 부탄가스를 사기 위해 서벽 1리 골마 '백두대간산장'까지 갔다. 이 산장은 숙박과 식사는 물론 슈퍼를 겸하고 있어 산행에 필요한 물품을 구할 수 있다.

숙소로 돌아오니 양 부장이 매운탕을 끓였다며 나를 불렀다. '단풍가든'에는 마을사람과 양 부장, 그리고 그의 동료가 술을 마시고 있었다. 나는 그들이 따라 주는 대로 소주를 여러 잔 받아마셨다. 마을 사람들의 말을 들으니 서벽 사람들은 고직령에 있는 산신각에서 일 년에 한 번 산신령을 모시는 제사를 지낸다고 한다.

왁자지껄한 술자리는 자정이 다 되어 끝이 났다. 나는 따뜻한 방에 몸을 눕히자마자 스르르 잠에 빠져들었다.

구룡산을 넘어서 태백산으로
−백두대간 순례 37일째

 따뜻한 방에서 하룻밤 푹 자고 나니 기분이 상쾌하다. 나는 아침 일찍 침낭을 개어 배낭을 꾸렸다. 하늘에는 새털구름이 살짝 끼어 있어 산행을 하기에 썩 좋은 날씨였다.
 나는 미역국을 끓여 아침을 먹었다. 미역국은 언제 먹어도 물리지 않는다. 내 밑으로는 다섯 명의 동생이 있는데 동생들이 태어날 때마다 어머니가 몸조리하는 한 달간 함께 미역국을 먹어야만 했다. 그때는 미역국이라면 이가 갈렸지만 지금은 가장 좋아하는 국이 되었다. 입맛이 예전으로 돌아가는 모양이다.
 나는 양희정 부장과 작별인사를 나누고 도래기재를 넘는 버스를 탔다. 승객은 나까지 달랑 두 사람뿐이다. 운전기사가 내게 말을 걸어왔다.
 "산에 혼자 다니면 심심하지 않아요?"
 "바로 그런 재미로 다니는 거죠 뭐."
 내 대답에 허허 웃는 그를 보며 나는 다시 말을 이었다.
 "숲 속의 나무나 풀들과 대화를 하면서 다니면 심심하지 않아요."
 운전기사가 고개를 갸우뚱거린다. 내가 조금 별난 사람으로 보였던 것 같다. 운전기사와 담소를 주고받는 사이 어느덧 버스는 도래기재에 닿았다.

8시 30분부터 구룡산을 향해 오르기 시작했다. 산기슭의 아름드리 소나무들이 늠름히도 서 있다. 한국을 대표하는 나무를 꼽으라면 그건 단연 소나무다. 언제나 늘 푸르고 곧게 자라는 소나무는 바로 선비의 모습이니 말이다. 게다가 목재만이 아니라 한약재로도 많이 쓰이니 쓰임새로도 어느 나무에 뒤지지 않는다.

소나무 가지에 생긴 결절은 송절, 잎은 송엽, 수지는 송향, 꽃은 송화라고 한다. 송절은 관절염, 송엽은 풍습으로 인한 비(痺)증과 유행성 감기와 뇌염, 송향은 만성기관지염과 풍습으로 인한 사지마비, 송화는 어지럼증과 위통을 각각 치료하는 효능이 있다. 송화는 다식으로 만들어 먹기도 한다. 옛날 보릿고개를 겪던 시절에 양식이 떨어진 사람들은 소나무 속껍질을 벗겨서 굶주린 배를 채우기도 했다. 게다가 요즘은 솔잎으로 만든 음료수도 나와 있다.

도래기재에서 1.4km 지점에서 지도에는 없는 길인 임도와 만났다. 그러다가 임도가 끝나고 소로로 접어들더니 구룡산 오름이 시작되는 지점에서 아까 만났던 임도와 다시 만났다. 그리고는 한참 진땀 나는 오르막이 이어졌다.

1258m봉을 넘어 구룡산(1345.7m)에 오르니 백두대간을 중심으로 마치 아홉 마리의 거대한 용이 꿈틀대듯 지맥들이 뻗어 있었다. 그래서 구룡산인 것이다. 태백산의 진수는 여기 구룡산에서만 볼 수 있다. 그야말로 장엄 화려할 뿐만 아니라 여유로우면서도 힘차다. 그래서 그 이름이 태백이요, 태백은 모든 산맥의 조종이 되는 것이다.

백두대간은 구룡산에서 다시 강원도와 경북의 도계가 된다. 이곳 왼쪽 능선을 타면 삼동산이다. 왼발로는 강원도 땅을, 오른발로는 경북 땅을 밟으며 구룡산을 내려갔다.

고직령을 지나 지도에는 이름이 없는 곰넘이재에 도착했다. 곰넘이재부터는 능선을 따라서 군사도로의 흔적이 이어졌다.

그런데 갑자기 시커먼 구름이 하늘을 뒤덮더니 빗방울이 떨어지기 시작했다. 그런데 이번에도 비옷으로 갈아입자마자 비가 그쳤다. 하늘이 변덕을 부리는 것인가.

신선봉으로 가는 길은 산죽 숲이 계속되었는데 그중에는 내 키를 훌쩍 넘는 산죽도 있었다. 가끔 쓰러져서 썩어가는 아름드리 나무들도 보였다. 그렇게 자연은 순환하는 것이다. 흙에서 난 모든 존재는 언젠가는 죽어서 흙으로 되돌아가게 되어 있다.

2시가 되어 차돌배기에 당도했다. 이곳에는 봉화 춘양면 석문동이나 소천면 도화동으로 가는 갈림길이 있다. 오른쪽 능선을 타다가 1172.2m봉에서 왼쪽으로 내려가면 도화동, 오른쪽으로 내려가면 석문동이다. 능선을 타고 계속 가면 각화산이 나온다.

차돌배기에서 잠깐 걸었는가 싶었는데 깃대봉이라는 표지판이 보였다. 차돌배기까지 4km라고 쓰여 있는 길을, 축지법을 쓴 것도 아닌데 30분 만에 당도한 게 무언가 이상했다. 산길은 2km당 한 시간 정도 걸린다고 보면 된다.

선돌골 안부 샘터를 지나 깃대배기봉으로 오르는데 온 능선이 다 파헤쳐져 있었다. 땅속의 먹잇감을 찾으려는 멧돼지의 소행이다. 나는 멧돼지 떼를 만나지 않기를 마음속으로 빌었다. 특히, 새끼를 거느린 암멧돼지는 위험하기 짝이 없다.

1시간을 걸어 2시 30분쯤 깃대배기봉에 올랐다. 지도에는 이름이 없는 봉우리다. 아까 본 깃대봉 표지판은 잘못된 게 틀림없었다. 깃대배기봉은 강원도 영월군, 태백시와 경북 봉화군의 경계가 되며 두리봉으로 가는 갈림길이 있다.

깃대배기봉을 떠나 태백산으로 향하는 길은 밋밋하고 평탄했다. 그 길을 따라 걸어 4시 45분 부쇠봉(1546.5m)을 넘었다. 이곳 역시 지도에는 이름이 없다. 부쇠봉 정상에 서니 태백산의 웅장한 산세가 눈에 가득 찼다. 태백산 최고봉에 있는 천제단도 눈에 들어왔다. 여기서부터 백두대간은 강원과 경북의 도계를 떠나 강원도 땅으로 들어간다.

오후 5시 드디어 태백산(1560.6m)에 올랐다. 태백산 정상은 사방이 탁 트여 멀리 응봉산, 청량산, 두타산, 소백산까지 다 보였다. 정상에는 중요민속자료 228호인 천왕단이 있다. 천왕단에는 일 년 사시사철 치성을 드리는 사람이 끊이질 않는데 오늘도 한 남자가 무릎을 꿇은 채 기도를 하고 있었다. 민족의 시조 단군 신이 머무르는 곳이기에 태백산은 민속신앙인들의 성지인 것이다.

바람이 제법 세차게 불어온다. 천왕단을 떠나 장군봉으로 향한다. 태백산은 6.25 내전 때 같은 민족끼리 맞붙어 치열한 전투를 벌였던 쓰라린 상처를 안고 있는 산이다. 또, 내전이 끝난 뒤에는 빨치산(파르티잔)과 토벌대 사이에 쫓고 쫓기는 유격전이 벌어졌던 비극적인 산이다. 그런데 지금은 이 산자락 천평계곡에 폭격기의 폭탄투하 훈련장이 들어서 있다. 민족의 영산에 폭격장이라니! 날이면 날마다 폭격기가 날아와 민족정기를 박살내고 있는 셈이다.

나는 이런 생각을 하며 장군봉(1566.7m)에 올랐다. 이곳에도 중요민속자료 228호인 장군단이 있다. 마침 무당 한 사람이 제단 앞에서 연방 절을 하면서 주문을 외고 있었다.

빵 두 개를 가지고 점심을 때웠더니 허기가 몰려왔다. 기운이 빠진 채로 1174m봉을 넘고 사길치를 지나 화방재로 내려가는데 그만 길을 잃고 말았다. 꼬리표만 보고 무심코 걷다가 그만 대간 길을 벗어난 것이다. 가까스로 대간 길을 다시 찾아 내려오다가 산딸기 덤불을 만났다. 하도 많이 먹어 시들해진 산딸기였지만 배고플 때 보니 그렇게 반가울 수 없었다.

7시가 넘어 마침내 화방재로 내려왔다. 화방재는 태백과 영월의 상동, 정선의 고한, 사북을 연결하는 고개로 아스팔트 포장도로가 나 있다. 큰처남이 살고 있는 삼척에 다니러 갈 때 가끔 넘던 재다. 고갯마루에는 어평주유소가 있고 주유소 건물 일층은 식당과 휴게소, 이층은 민박집이었다.

나는 이층 민박집에 숙소를 정하고 샤워장에서 땀에 전 옷들을 빨았다. 티셔츠는 군데군데 소금기가 허옇게 말라붙어 있었다. 지리산에서부터 입고 온 바지가 이제는 삭을 대로 삭아서 버려야 할 지경이 되었다.

원래 계획은 선돌골 안부에서 야영을 하려던 것이었으나 내친걸음에 화방재까지 와 버렸다. 약 23km 정도나 되는 거리다. 이틀 거리를 하루 만에 걸었으니 종아리에 알통이 박혀 뻐근한 것은 당연했다.

방이 너무 차서 주인을 찾으니 아무도 없었다. 깜빡 잠이 들었다가 주인아주머니의 전화를 받았다.

"보일러를 켰으니 금방 따뜻해질 거예요."

그 말대로 방은 점차 따뜻해져 왔다. 그 뜨듯한 온기를 느끼며 나는 다시 잠에 빠져들었다.

비를 핑계로 산행을 하루 쉬면서
-백두대간 순례 38일째

아침에 일어나 창문을 열고 밖을 내다 보니 비가 내리고 있었다. 오랜 가뭄 끝에 오는 비 소식이라 농민들에게 참 반가운 소식일 것 같았다. 밤 사이 주인이 보일러를 껐는지 방은 온기가 전혀 없이 차가운 기운만 감돌았다. 몸이 뻣뻣하게 굳은 것이 영 개운치가 않았다.

숙박비를 받았으면 손님이 쾌적하게 묵어갈 수 있도록 해야 마땅하지 않은가. 이런 식으로 영업을 한다면 누가 다시 이곳에 묵을 생각을 하겠는가. 이건 숫제 묵으려면 묵고 아니면 말라는 식이다. 백두대간을 따라 올라오면서 민박집에 들 때마다 느낀 점이었다.

나는 비를 핑계삼아 오늘은 산행을 쉬기로 했다. 비도 비려니와 무릎이며 종아리와 허벅지 근육이 뭉쳐서 당기고 아팠다. 떡본 김에 제사지낸다고, 내가 바로 그 격이었다.

방이 차니 널어놓았던 빨래도 잘 마르지 않았다. 게다가 더운물이 나오지 않아 세수도 찬물로 하고 찌뿌드드한 몸으로 일층 식당에서 청국장을 먹었다. 이곳은 서비스는 몰라도 밥맛만은 아주 좋았다.

비는 계속 오락가락했다. 다시 숙소로 올라와 주인에게 하루 더 묵어가겠다고 알렸다. 그리고 어제 방이 추워 잠을 제대로 못 잤다고 말하니 주인 아주머니가 전기담요를 내 주었다.

나는 쉬는 김에 태백시내 구경을 가기로 하고 어평에서 오전 11시 45분 버스에 올라 태백 재래시장 입구에서 내렸다. 그리고 일단 황지연못 근처 구두 수선가게에서 코 떨어진 등산화를 꿰매고 필름도 한 통 샀다.

그런 후에 낙동강 발원지라는 황지(黃池)연못을 보러 갔다. 깨끗한 연못에는 피라미떼와 금붕어가 한가로이 놀고 있었다. 엄밀하게 말하자면 황지는 낙동강의 발원지가 아니다. 왜냐하면, 황지보다 더 위쪽에서 흘러내리는 황지천이 있기 때문이다. 물속에 동전을 던져서 운세를 점치는 곳에서 십 원짜리 동전을 던지니 동전은 오늘 하루만 운이 좋다는 곳에 떨어졌다.

이번에는 태백 재래시장으로 향했다. 시장에는 포목점, 순댓국밥집, 어물전, 과일전, 채소전 등 없는 것이 없었다. 나는 시장 입구에서 호박엿 한 봉지도 사고 과일전을 들러 참외와 토마토를 샀다. 한방에서는 참외꼭지를 과체라고 하는데 강한 최토작용이 있어 구토제로 쓴다. 또, 비암, 인후암, 자궁암 세포를 억제하는 효능도 있다. 참외씨는 첨과자(甛瓜子)라고 하며 소염과 배농의 효능이 있어 인후염, 충수염, 폐농양을 치료한다. 참외는 첨과라고 하며 해열, 해갈, 이뇨작용이 있다. 그리고 토마토는 한방에서 번가(番茄)라고 하는데 해갈, 건위, 소화 등의 효능을 가진다. 그래서 참외와 토마토는 산사람에게 더할 나위 없이 좋은 과일이다.

시장은 언제나 사람 냄새가 풍겨서 좋다. 나는 시장 순댓집에서 순대 한 접시에 탁주 한 사발을 걸치고 싶었으나 아침을 먹은 것이 아직 내려가지 않아 아쉬운 발걸음을 돌렸다.

숙소로 돌아와 텔레비전의 일기예보를 보는데 전국적으로 비가 내려 완전히 해갈이 되었다는 소식이다. 좋은 소식이다. 하지만 오늘 비 때문에 발이 묶였던 내게는 낭패가 아닐 수 없었다.

빗방울이 지붕으로 떨어지는 소리가 음악처럼 들려왔다. 문득 '긴 머리 소녀' 라는 노래가 떠오른다.

빗소리 들리면 떠오르는 모습
달처럼 탐스런 하이얀 얼굴
우연히 만났다 말없이 가버린
긴 머리 소녀야
눈먼 아이처럼 귀먼 아이처럼
조심 조심 징검다리 건너던
개울건너 작은 집의 긴 머리 소녀야
눈감고 두 손 모아 널 위해 기도하리라

함백산은 안개에 젖어
-백두대간 순례 39일째

아침의 화방재는 안개에 휩싸여 있었다. 빗줄기는 가늘어졌으나 오늘도 여전히 가랑비가 내린다. 하지만 계속 날씨 핑계만 대고 있을 수는 없다. 나는 오후부터 날이 갠다고 한 일기예보에 믿음을 걸고 배낭을 꾸려 길 떠날 준비를 했다. 오늘의 목적지인 싸리재까지는 대략 10km인데 시간상으로 빠듯한 거리였다. 비는 잠시 그쳤다가 안개비로 변했다.

안개가 짙게 깔려 있어서 어디가 어딘지 분간을 할 수 없는 상황이 이어졌다. 게다가 초입부터 가파른 오르막길이었다.

바람이 불 때마다 참나무에서 굵은 빗방울들이 후두둑 떨어졌다. 나는 안갯속을 땅만 바라보고 걸었다. 그야말로 오리무중이었다. 다리가 아직 덜 풀려서 그런지 걸음을 옮길 때마다 통증까지 뒤따라왔다.

1214m봉을 넘을 때도 안개 때문에 경치 구경은 아예 생각할 수도 없었다. 1238m봉을 지나 얼마쯤 더 오르니 화방재에서 고한으로 넘어가는 포장도로가 나타났다. 만항재였다. 이 재에서부터 백두대간은 태백과 정선의 경계가 된다.

만항재를 지나 함백산으로 오르는 산허리 중간마다 비포장도로가 이리저리 뚫려 있었다. 그 도로가 끝나는 곳에서부터 갑자기 산세가 급해지면서 가파른 능선길이 끝없이 이어졌다. 숨이 턱 밑까지 차올랐다.

천신만고 끝에 함백산(1572.9m)에 올랐다. 그러고 보니 함백산이 태백산보다 조금 더 높았다. 정상은 짙은 안개에 휩싸여 있어 아무것도 보이지 않았다. '파리는 안개에 젖어'가 아니라 '함백산은 안개에 젖어'란 말이 꼭 들어맞았다.

안개 때문에 지도도 소용이 없었다. 길을 찾느라 온 산을 헤매고 있는데 통신회사 직원이라는 젊은 사람이 애인과 함께 통신시설을 수리하러 올라오는 모습이 보였다. 그에게 길을 물었지만 그 역시 모른다고 했다. 자기 친구 중에서 산을 아주 잘 타는 친구가 있는데 그도 여기서 길을 잃고 헤맨 적이 있다는 것이다.

나는 그저 직감을 믿으며 통신시설 동쪽 울타리 쪽으로 난 길을 따라갔다. 그런데 백두대간의 능선인 것은 분명한데 이상하게도 꼬리표가 전혀 보이지 않았다. 순간 무엇인가 잘못되었다는 생각이 번개처럼 스쳐 지나갔다. 하지만 방법은 없었다. 나는 능선길만 놓치지 않으면 되겠지 하는 생각으로 1km쯤을 더 걸었다. 그런데 거기에서 갑자기 길이 사라지는 것이 아닌가! 누군가 정글 도로 길을 개척하면서 지나간 흔적만 있었다. 그리고 능선은 크고 작은 바위투성이었다.

날은 어둑어둑해져 가고 이젠 결단을 내려야 할 때였다. 길을 잃었으니 처음 출발했던 함백산 정상까지 되돌아가는 수밖에는 없었다. 다시 되돌아갈 생각에 맥이 쭉 빠져 버렸다.

가쁜 숨을 몰아쉬면서 함백산 정상으로 돌아왔을 때는 저녁 7시가 넘어가고 있었다. 미친개처럼 정상을 이리저리 헤매 보아도 도저히 길을 찾을 수가 없었다. 나는 할 수 없이 태백 119구급대에 전화를 걸었다. 그런데 119구급대원은 함백산 등산로는 잘 모른다는 대답이다. 낭패도 이런 낭패가 없다.

나는 마지막 선택으로 중계소까지 닦아 놓은 시멘트 포장도로를 따라서 내려가기로 했다. 도로를 따라가면 최소한 길을 잃을 염려는 없기 때문이다. 도로를 내려가다가 한 굽이를 돌고 또 한 굽이를 돌려고 하는 순간 함백산 자연보호림 철조망 울타리 옆으로 길이 나 있는 것을 발견했다. 나는 하늘에 운을 맡기고 울타리 옆길을 따라 걸었다. 그렇게 얼마를 내려갔을까. 드디어 백두대간 순례자들이 달아 놓은 꼬리표를 보게 되었다. 얼마나 반갑던지 마치 죽었다가 다시 살아난 사람을 만난 듯한 느낌이었다.

함백산 정상에서 여기까지는 누군가가 꼬리표를 떼어 놓은 것이 분명했다. 누가 그런 짓을 했을까? 하여튼 길을 찾아서 천만다행이었다. 하지만 길은 찾았어도 날은 점점 어두워지고 갈 길은 아직도 멀었다. 나는 거의 뛰다시피 걸음을 내딛으며 고한 정암사로 가는 갈림길을 지나고 고한 목골과 태백 세곡 삼거리, 1142.3m봉을 차례로 넘었다.

이젠 너무 어두워져 헤드 랜턴을 켜 길을 밝혔다. 나는 돌부리에 채이고 미끄러지기도 하면서 비탈길을 내려갔다. 가도 가도 끝날 줄 모르던 비탈길이 끝나면서 임도가 나타났다. 조금 더 가자 잘 닦여진 헬기장이 나왔다. 대개 잘 닦아 놓은 헬기장은 도로 가까이에 있는 법이다. 그렇다면 싸리재는 아무리 멀어도 5분 거리 안에 있다는 결론이다.

저녁 8시 30분이 되어 마침내 싸리재에 도착했다. 짙은 안개 때문에 싸리재는 칠흑 같은 어둠 속에 잠겨 있었다. 나는 몸이 흠뻑 다 젖어 야영을 할 엄두가 나지 않아 가까운 태백으로 내려가기로 했다.

하지만 싸리재를 넘는 차들이 한 대도 안 보인다. 할 수 없이 휴대폰으로 태백 콜택시를 불러 싸리재를 내려갔다. 택시 기사에게 차가 없는 이유를 물었더니 싸리재 터널이 뚫렸기 때문이란다. 그래서 지금은 버스도 다니지 않는다고 했다.

나는 태백시내로 들어와 '귀빈장여관'에 여장을 풀었다. 여관 주인이 일층 내실 안쪽 조용한 방을 내주었다. 잔뜩 젖은 옷이며 등산화를 모두 빨고 난 후 나는 여주인에게 등산화 탈수를 부탁했다.

그러고 나서 태백시내 '풍기삼계탕' 집에서 삼계탕을 먹었다. 밑반찬으로 계장이 나왔는데 닭고기와 함께 먹으니 별미였다. 닭고기에 곁들여 풋고추와 생마늘을 된장에 찍어서 먹는 맛도 그만이었다. 한방에서는 고추를 번초라고 하는데 식욕을 돋우어 주고 혈압을 올려 주며 속을 덥혀 주는 효능이 있다. 또, 마늘은 한방에서 대산(大蒜)이라고 하는데 종기나 상처를 없애 주는 소종작용과 해독, 살충 등의 효능을 가지고 있다. 마늘은 훌륭한 천연 살충, 살균제인 것이다.

그런데 숙소로 돌아오니 여관주인이 일하는 부인과 함께 내 등산화를 마른걸레로 닦고 있는 것이 아닌가! 고맙고 미안한 생각이 동시에 들었다. 게다가 그녀는 내게 커피까지 한잔하고 가라고 권했다.

여관 일을 봐주는 부인은 예전에 충주에서 칠 년간을 살았던 적이 있다며 내게 남다른 반가움을 표시했다. 그리고 내 얼굴을 가만히 살펴보며 이런 말을 했다.

"눈빛이 보통 사람의 눈빛이 아니시네요. 도인의 눈빛을 가지셨군요. 얼굴 피부도 어쩌면 그렇게 고와요! 올해 연세가 몇이세요?"

나는 쑥스럽기도 하고 부끄럽기도 해서 내 나이가 몇 살쯤으로 보이는지를 되물으니 그녀는 내가 마흔 살도 안 되어 보인다는 것이다.

"올해 마흔일곱입니다."

그녀는 내 말에 깜짝 놀라며 또 물었다.

"그렇게 젊게 사는 비결이 뭐죠?"

"오랫동안 산에 있으면 산을 닮아 자연히 그렇게 된답니다."

내가 이렇게 대답하자 그녀는 수긍이 간다는 눈치였다. 그녀들과 헤어져 나는 방으로 돌아오자마자 쓰러져 누웠다. 함백산에서 한 시간 이상 헤맨 오늘은 굉장히 힘든 날이었다.

금대봉과 매봉산을 넘어서 피재로
-백두대간 순례 40일째

오늘도 하늘에는 구름이 낮게 깔리고 안개가 자욱했다. 태백 재래시장으로 아침을 먹으러 나갈 때는 안개비가 바람에 날리고 있었다. 나는 해장국집에서 순댓국밥을 먹고 떡집에 들러 점심으로 먹을 송편과 찰떡을 샀다. 그리고 태백에서 하루 더 묵을 작정으로 점심과 물만 간단하게 챙겨 산행길에 나섰다. 다리와 무릎이 아파 무거운 배낭을 지고 다닐 수 없어 짐을 가볍게 한 것이다. 숙소를 나올 때는 이예 비옷을 입고 나와 택시를 잡았다.

택시기사의 월남 참전 이야기를 들으며 싸리재에 도착하니 오전 10시 10분이었다. 싸리재에는 짙은 안개가 끼어 한 치 앞도 보이지 않았다. 정선군에서 싸리재 정상에 세운 표지석에는 정선아리랑이 새겨져 있다.

<조혼 편>
정선읍내 물레방아는 물살을 안고 도는데
우리 집의 서방님은 날 안고 돌 줄 왜 몰라
정선읍내 백모래 자락에 비 오나 마나
어린 가장 품안에 잠자나 마나
아리랑 아리랑 아라리요
아리랑 고개고개로 날 넘겨주게

<애정 편>
아우라지 뱃사공아 배 좀 건네 주게
싸리골 올 동박이 다 떨어진다.
떨어진 동박은 낙엽에나 쌓이지
사시장철 임그리워서 나는 못살겠네
아리랑 아리랑 아라리요
아리랑 고개고개로 날 넘겨주게

<수심 편>
눈이 올라나 비가 올라나 억수장마 질라나
만수산 검은 구름이 막 모여든다
명사심리가 아니라며는 해당화는 왜 피며
모춘삼월이 아니라며는 두견새는 왜 울어
아리랑 아리랑 아라리요
아리랑 고개고개로 날 넘겨주게

정선이 아리랑의 고장인 만큼 정선아리랑에도 많은 종류의 가사와 곡조가 있다. 강원도의 대표적인 민요인 정선아리랑은 가사와 곡조가 구슬프면서도 아름다운데 그 속에는 당시 민중들의 애환이 애처롭게 담겨 있다.
싸리재를 떠나 금대봉으로 향하는 길에서 만난 태백 아주머니들이 금대봉까지 동행을 청했다. 그 길을 걸으며 이슬방울을 머금고 피어난 초롱꽃과 산사꽃들을 볼 수 있었다. 산사열매는 소화작용과 어혈을 풀어 주는 효능이 뛰어난 약재다. 콜레스테롤을 용해하는 작용이 있어 협심증, 고혈압, 고지혈증에도 좋은 효과가 있다.

금대봉(1418m)에 오르니 10시 40분이었다. 1995년 8월 7일 한국청소년연맹 한강탐사대에서 세운 표지목에는 '양강발원봉'이라고 쓰여 있었다. 양강이란 한강과 낙동강을 말하는 것으로 바로 여기서 두 강이 발원한다는 뜻이다. 지도에는 금대봉이라고 되어 있는데 어디에도 그런 표시는 없었다. 금대봉에서 백두대간은 정선과 태백의 경계를 떠나 태백 땅으로 들어간다.

뒤따라오던 아주머니들이 어디서 뜯었는지 개삼지구엽초를 한 움큼씩 들고 온다. 삼지구엽초(음양곽)와 아주 비슷하지만 전혀 다른 식물이다. 그래서 길가에서 음양곽이라고 팔고 있는 것들은 이 개삼지구엽초가 대부분이다. 음양곽은 보신강장제로 신(腎)이 허해서 나타나는 발기부전, 유정, 사지무력증과 여자의 자궁냉증으로 임신이 안 되는 증상을 치료하는 효능이 있다. 하지만 매우 조(燥)한 약이어서 조심해서 써야 한다. 한국 사람은 몸에 좋은 약이라면 물불을 가리지 않기 때문에 독이 되는 줄도 모르고 먹는 경우가 많다.

금대봉에도 안개가 짙게 내려앉아 있었다. 오늘도 산 경치를 구경하기는 다 틀린 듯싶었다. 금대봉을 떠나 1256m봉, 1233m봉을 넘을 때까지 밋밋한 능선길이 이어졌다. 그때쯤 비가 또다시 내리기 시작했다.

가파른 비탈길을 한참 오르는데 안갯속에서 갑자기 산봉우리가 나타났다. 매봉산(1303m)이었다. 하지만 매봉산 정상도 안개에 가려 사방을 분간할 수가 없었다.

경치 구경이고 뭐고 서둘러 매봉산을 떠나 비탈길을 내려갔다. 산길이 끝나면서 광활한 고랭지 배추 재배단지가 나타났다. 말로만 듣던 태백 고랭지 배추 재배단지였다. 태백에 가서는 배추 농사꾼 앞에서 돈 자랑을 하지 말라는 말을 들은 바 있지만 재배단지가 이렇게 대규모인지는 미처 몰랐다.

배추밭 한가운데 있는 농막을 지나가다가 안을 들여다보니 일꾼들이 새참으로 국수를 먹고 있는 모습이 보였다. 배추 농사를 7만 평이나 짓는다는 권기섭 씨의 농막이었다. 주인 아주머니가 대접해 준 따끈한 커피 한 잔에 몸과 마음이 훈훈해져 왔다.

농막을 나선 후 나는 배추밭 때문에 몇 번이나 길을 잃고 헤맸다. 배추밭이 엄청나게 넓은 데다가 안개까지 자욱하게 끼어 있었기 때문이다. 가까스로 대간의 능선을 찾아 한동안 걷다가 또 배추밭을 만났다. 동해에서와 7년째 배추 농사를 짓고 있다는 최범순 씨네 밭이었다. 잠깐 쉬었다가 가라는 말에 나는 농막으로 들어갔다. 그는 쑥을 발효시켜서 만든 음료수를 한 사발 내왔는데 그윽하고 맛도 좋은 게 음료로 개발하면 좋겠다는 생각이 들 정도였다. 나도 가지고 온 떡을 내어 그의 친절에 조금이나마 보답했다.

배추 재배단지 진입로인 시멘트 포장도로를 쭉 따라가다가 아스팔트 포장도로를 만났다. 피재인 줄 알았는데 지도를 보니 아니었다. 그래서 안개로 한 치 앞도 분간할 수 없는 상태에서 길을 확인하기 위해 아스팔트 포장도로를 두 번씩이나 오르내려야만 했다.

나는 지도를 다시 면밀하게 살핀 뒤 오른쪽으로 내려가는 길을 택했다. 하지만 경사가 꽤 진 도로를 따라 한참을 내려가도 피재는 나타나지 않았다. 그때 마침 산중턱쯤 도롯가에 '예수원 분수령목장농장' 이라는 팻말이 보여 길을 묻기 위해 그곳으로 들어갔다. 사무실에 앉아 있는 젊은 부인에게 피재로 가는 길을 물으니 내가 내려가던 길로 계속 가면 된다고 알려주었다.

그 말에 절로 안도의 한숨이 나왔다. 마침 너무 배가 고파서 음식을 좀 달라고 하자 한 부인이 식빵과 커피, 방울토마토를 내다 주었다. 나는 사무실 앞 통나무에 아무렇게나 걸터앉아 우걱우걱 음식을 먹었다. 그야말로 거지가 따로 없었다.

마침내 3시를 조금 넘겨 피재(920m)에 도착했다. 피재는 태백과 삼척시 하장면, 정선군 임계면을 이어 주는 재다. 피재를 가리켜 삼수령(三水嶺)이라고도 하는데 낙동강, 한강, 오십천이 여기서 발원한다고 해서 붙은 이름이다. 이곳 고갯마루에는 휴게소가 있어 등산객들이 필요한 물건들을 살 수 있다.

피재를 떠나 한의령으로 향했다. 시멘트 포장도로를 걸어 944m봉을 넘고 갈참나무가 우거진 숲 속으로 들어갔다. 비는 오지 않았지만 바람이 불 때마다 잎사귀에 앉은 굵은 물방울이 소나기처럼 떨어져 흡사 비를 맞는 기분이었다.

지도를 태백 지도에서 삼척 지도로 바꾸고 걷는데 한의령을 얼마 남겨 두지 않았을 때 임도를 만났다. 한의령까지 가려고 했지만 태백으로 가는 버스를 타려면 여기서 상사미마을로 내려가야 했다. 계획을 수정해 상사미로 내려가니 얼추 5시가 다 되었다.

태백으로 가는 버스를 타려면 한 시간을 기다려야 했다. 나는 길가 '수석식당' 마당 들마루에 앉아 식당주인 김효승 씨와 이런저런 이야기를 나누었다. 이야기 가운데 그가 한의령의 유래를 들려주었다.

옛날에는 삼척에서 태백을 갈 때 이 재를 넘어다녔는데 겨울에는 눈도 엄청나게 오고 '바람불이'라는 별명이 있을 정도로 살을 에는 찬바람이 사정없이 불어대는 곳이었다고 한다. 그래서 고개를 넘다가 얼어 죽은 사람이 많았는데 아무리 옷을 두껍게 입어도 추워서 얼어 죽는다고 해 찰 한(寒), 옷 의(衣) 한의령으로 불리게 되었다는 것이다.

피재에서 한의령 구간은 참취와 참나물, 짚신나물 등을 흔하게 볼 수 있다. 참나물은 나물로도 최고려니와 그 뿌리를 지과회근(知果茴芹)이라 해서 복통과 설사, 이질을 치료하는 데 쓴다. 짚신나물은 선학초라고도 하는데 각종 출혈증의 지혈제로 많이 쓰이는 약재다. 김효승 씨의 말로는 이곳이 옛날부터 산나물과 약초가 많이 나기로 유명했다고 한다. 그는 식당 바로 앞산 기슭에도 온갖 산나물이 자란다고 알려 주었다.

버스를 타고 태백으로 돌아와 숙소 근처 '진미식당'에서 청국장을 먹었다. 청국장은 언제 먹어도 물리지 않는 음식이다. 나는 콩으로 된 만든 음식은 어떤 것이든 잘 먹는데, 매일 한 끼 이상 콩으로 만든 음식을 먹는 것이 장수의 삼대 비결 중 하나이기도 하다.

여관으로 돌아와 편안한 자세로 지도를 폈다. 내일은 댓재까지는 가야지. 아니, 그보다 제발 비나 좀 그쳤으면 좋겠다.

태백여성산악회와 함께 간 구부시령
-백두대간 순례 41일째

오늘은 절기로 하지, 일 년 중에서 낮이 가장 긴 날이다. 나는 아침에 일어나자마자 하늘부터 바라보았다. 일어나자마자 하늘을 보는 것이 이제는 습관이 되어 버렸다. 하늘에는 구름이 낮게 깔리고 태백의 산봉우리는 안갯속으로 숨어 버려 보이지 않았다.

나는 태백 버스터미널에서 9시 20분에 출발하는 상사미행 완행버스에 몸을 실었다. 버스는 25분 만에 피재를 넘어 상사미에 도착했다. 그리고 상사미 '수석식당'에서 라면으로 아침을 때운 후 임도를 따라서 걷기 시작했다. 탈수까지 했지만 아직 덜 마른 신발이 축축했다.

어제 내려왔던 백두대간의 능선에 다시 올라섰을 때 여성들로만 구성된 태백여성산악회 백두대간 순례대를 만났다. 지리산에서부터 '태백여성산악회'라고 쓰여 있는 꼬리표를 보면서 종주를 해 왔는데 여기서 직접 만나게 되니 무척이나 반가웠다. 그녀들은 일주일에 하루 날을 정해 백두대간 구간순례를 하고 있는 중이었다. 다들 중년의 기혼녀들임에도 열성적으로 산을 오르는 모습을 보니 참으로 대단하다는 생각이 들었다. 그들 중에는 도서출판 '사람과 산' 태백주재 기자인 김부래 씨도 있었다. 그는 태백여성산악회 백두대간 순례대를 수행하면서 취재하고 있는 중이라고 했다.

나는 태백여성산악회원들과 함께 구부시령까지 동행을 하기로 했다. 그리고 40여 분 만에 삼척시 도계읍과 태백시 상사미를 잇는 재, 한의령에 닿았다. 여기서부터 백두대간은 태백과 삼척의 시계가 된다.

태백여성산악회원들은 한의령에서 산제를 지낸다고 했다. 산제가 끝나고 음복주를 한 잔씩 돌릴 때 나는 정중히 사양을 했다. 술을 좋아하지만 산에서만은 술을 금하는 것이 내 원칙이다.

한의령 한편에는 '백인교군자당(百人敎君子堂)'이란 현판이 붙은 사당이 있었다. 김부래씨의 이야기로는 이 고개는 원래 한의령이 아니라 건의령(巾衣嶺)이었다고 한다. 여말선초 이성계에게 충성을 거부한 고려의 유신들이 이 재를 넘을 때 망건과 옷을 다 벗어 던지고 갔다는 데서 유래한 이름이었다.

한의령을 떠나기 전에 여성 순례대원들은 손에 손을 맞잡고 애국가를 불렀다. 그들이 부르는 애국가에 어쩐지 한의령 전체가 경건해지는 것 같았다.

오후 12시 30분, 푯대봉을 왼쪽에 두고 오른쪽으로 돌았다. 길목에는 간간이 노란 말나리꽃이 눈에 띄었다. 말나리(한약명:백합)는 윤폐지해(潤肺止咳)와 청심안신(淸心安神)의 효능이 있어서 기침과 불면증을 치료하는 데 쓴다. 꽃도 예뻐서 관상용으로도 가치가 있다.

한동안 내리막길을 내려가자 다시 오르막길이 나타났다. 우리는 평평한 언덕에 다다라 점심을 먹고 가기로 했다. 대원들이 섬세한 여자들이라 점심 도시락도 역시 풍성했다. 나도 그들이 나눠준 도시락으로 덩달아 포식을 했다.

우리는 점심을 먹고 구부시령을 향해 다시 길을 나섰다. 도계 시도말로 내려가는 삼거리를 지나는데 울타리가 쳐진 목장 때문에 할 수 없이 우회를 해야만 했다.

2시 30분에는 997.4m봉에 올랐다. 안개가 자욱하게 끼어 숨쉬기조차 곤란할 정도였다. 오늘도 아름다운 산 경치를 보기는 다 틀린 일이었다.

구부시령에 도착하니 3시였다. 구부시령은 태백 하사미동 외나무골과 도계 구수골을 잇는 재로 삼척 도계읍과 신기면의 경계가 되기도 한다. 평평한 언덕에 앉아 다리쉼을 하면서 김부래 씨가 구부시령의 유래를 들려주었다.

옛날 아주 먼 옛날 이 고갯마루에는 금실 좋은 부부가 사는 주막집이 한 채 있었다. 그러던 어느 날 갑자기 남편이 죽고 하루아침에 과부가 된 여인은 한동안 홀로 그 집을 지켰다. 그러다가 여인은 이 재를 넘어가던 한 남정네와 눈이 맞아 짝을 이뤄 살게 되었다. 그런데 얼마 안 있어 또 남편이 죽어 버린 것이다. 홀로 된 여인은 다시 새 남편을 얻었지만 그 남편 역시 죽고 새 남편을 들이길 반복하니…… 이렇게 해서 이 기구한 운명의 여인은 아홉 명의 남편을 모셨다는 것이다. 그때부터 이 재를 아홉 구, 지아비 부, 모실 시, 재 령을 써서 구부시령(九夫侍嶺)이라고 부르게 되었다고 한다.

구부시령에서 하산할 예정이었던 태백여성산악회원들은 내게도 함께 하산할 것을 권유했다. 나는 댓재까지 가려던 것을 포기하고 그들의 권유대로, 대원 가운데 최고령자인 오영애 여사의 집에서 하룻밤 신세를 지기로 했다.

구부시령을 내려오다가 외나무골에 이르니 '예수원본부'가 보였다. 그런데 어제 '분수령목장'에서 만났던 젊은 여인이 밭에서 파를 심고 있다가 나를 알아보며 반색을 표시했다. 인연이란 묘하고도 묘한 것이다. 나는 그녀에게 어제 베풀어 준 친절에 대한 감사의 뜻을 표했다. 아마 내가 총각이었다면 그녀에게 프러포즈를 했을지도 모른다.

나는 산악회원들과 함께 태백시 삼수동 창죽마을에 있는 오영애 여사의 집으로 이동해 마당에서 삼겹살 파티를 열었다. 번개탄으로 불을 피우고 널찍한 철판 위에 돼지고기를 올려놓으니 기름이 쪽 빠지며 맛있게 익어 갔다. 철판 삼겹살과 함께 소주를 마시며 우리는 산행 중에 있었던 이야기를 하느라 시간가는 줄을 몰랐다.

저녁때가 되어 다른 산악회원들이 돌아간 후에도 나는 오영애 여사와 남편 홍종옥 씨와 함께 찹쌀 동동주를 마셨다. 가히 명주라고 일컬을 수 있을 만큼 술 맛이 좋았다. 이야기를 하다가 알고 보니 오영애 여사는 창죽을 통과하는 백두대간에 조성하려는 공원묘지 반대운동을 이끌었던 맹렬여성이었다. 백두대간을 훼손하면서까지 공원묘지를 조성하려는 태백시의 계획에 반대하는 운동을 하면서 그녀는 전국 산악인들로부터 많은 도움을 받았다고 한다. 그 결과 백두대간의 주능선만큼은 훼손되지 않게 되었다는 것이다. 아마 그녀만큼 백두대간을 아끼고 사랑하는 사람도 없으리라.

오늘 여기서 묵어가기로 한 결정은 다시 생각해 봐도 정말 잘한 일이었다. 이렇게 좋은 사람들을 만나고, 좋은 시간을 가질 수 있었으니 말이다.

덕항산을 넘어서 댓재로
-백두대간 순례 42일째

나는 오영애 여사 집의 뜨듯한 온돌방에서 하룻밤을 푹 잘 수 있었다. 아침 일찍 구름 사이로 삐죽이 나온 해가 보였다. 아침 밥상에는 큰 놋쇠 그릇에 밥이 고봉으로 담겨 있었다. 나는 구수한 된장국에 말아서 밥 한 그릇을 후딱 해치웠다.

오영애 여사의 배웅을 받으며 나는 9시 30분발 하사미행 버스를 탔다. 그리고 하사미에서 내려 외나무골을 향해서 길으며 '예수원본부'를 지날 때 만났던 그 여인을 다시 볼 수 있지 않을까 하는 막연한 기대를 해보았다. 하지만 어찌된 일인지 여인은 보이지 않았다.

계곡길을 올라 구부시령에 도착하니 안개는 말끔히 사라졌으나 하늘에는 여전히 먹구름이 끼어 있었다. 나는 구부시령의 돌무더기 위에다 태백여성산악회 앞으로 한 장의 편지를 써 놓았다. 어제의 환대에 대한 감사와 앞으로 백두대간의 남은 구간을 무사히 순례하기를 진심으로 바란다는 내용이었다. 그러고 나서 덕항산으로 발길을 돌렸다.

새목이를 지나 덕항산(1070.7m) 정상에 오르자 그나마 햇볕이 조금 든다. 하지만 여전히 구름이 낮게 깔려 있어 주위의 산봉우리들이 그림자처럼 어렴풋하게 보였다. 정상을 지나서 조금 더 가자 오른쪽으로 환선굴이 내려다보였다.

거기에서 20여 분을 걸어 삼척 신기면 골말과 태백 하사미, 지각산 갈림길에 닿았다. 오른쪽으로 내려가면 골말이었다. 이제 태백시 분기점이 1.4km 남아 있었다.

정오 무렵 고무덧골을 지났다. 전망대를 지나자 길가에 나무를 감고 올라간 굵은 다래덩굴이 보였다. 다래덩굴에는 하얀 다래꽃이 송이송이 피어 있었다. 다래(한약명:미후리)는 열을 내리고 갈증을 멈추게 하며 소변을 잘 보게 하는 효능이 있다.

절벽처럼 가파른 능선을 지나 지도에는 나와 있지 않은 산인 지각산에 도착했다. 오는 도중 군데군데 이정표가 있어 길을 찾기가 수월했다. 어제 마신 술 탓으로 땀이 줄줄 흘러내렸다. 지각산은 전망이 썩 좋아 환선굴이 한눈에 들어오고 광동댐 이주단지 배추밭도 건너다보였다.

골말, 1058.6m봉 삼거리를 지나 1시 50분에는 광동댐 이주단지에 도착했다. 그곳엔 드넓은 배추 밭이 끝없이 펼쳐져 있었다. 한 골짜기 전체가 밭으로 개간되어 있었는데 그 크기가 족히 수십만 평은 되어 보였다. 어찌나 넓은지 1058.6m봉을 지나 채소재배단지를 벗어나는 데만도 한 시간이 걸렸다. 태백의 매봉산 채소 재배단지에 버금가는 규모다.

큰재를 지나 1062m봉에 올라서서는 잠시 땀을 식히면서 설기떡 한 덩어리를 먹었다. 1062m봉 능선에는 더위지기가 많이 자생하고 있다. 더위지기(한약명:인진)는 청열(淸熱), 이습(利濕), 퇴황(退黃)의 효능이 있어 간염과 황달의 치료에 쓰는 약초다.

다시 길을 나서려는데 갑자기 안개가 몰려들며 시커먼 비구름이 하늘을 점령하기 시작했다. 나는 비가 올 것을 염려하며 발걸음을 빨리 옮겼다. 그런데 역시나, 황장산을 얼마 남겨두지 않고 소나기를 만나고야 말았다. 나는 비옷을 꺼내 입고 황장산(1059m)에 올랐다. 충북 단양의 황장산과 동명이산이다. 소나기는 멈출 줄도 모르고 계속 쏟아졌다.

  5시가 다 되어 원래는 어제의 계획이었던 댓재(810m)에 닿았다. 댓재는 산죽이 군락을 이루고 있어 일명 죽현(竹峴), 죽치령(竹峙嶺)이라고도 불린다. 고갯마루 바로 위 언덕배기에 산신각이 있어 안을 들여다보려고 했지만 볼 수 없었다. 댓재 정상에 세워진 비석에는 김영기(시인, 강원일보 논설위원)라는 사람이 쓴 '댓재 개통송'이 새겨져 있었다.

  두타산 우뚝 솟아
  장생벌 내린 고장
  동해의 붉은 태양
  첫 번째로 맞이하여
  댓재를 넘나들며
  悉直의 영웅들
  나라를 열었네.

  항몽의 대열로
  장사진을 쳤던 준령
  항일의 의병들이
  창검 휘둘리던 험로
  숙원의 새 도로 뚫고
  복지의 꿈을 펼쳤네. (1984. 10. 19)

  매점에서 쉬고 있는 동안 비가 조금씩 긋는다. 비가 지나간 뒤라 댓재에서 야영을 하기는 아무래도 곤란해서 오늘은 삼척에 살고 있는 큰 처남 댁에서 묵어가기로 한다.

버스는 한참이나 기다려도 오지 않았다. 그러다가 운 좋게도 마침 올라온 지프를 얻어 탈 수 있었다. 차를 태워준 사람은 중앙종합중기에 근무하는 정재성 부장으로, 하장면에 있는 광산 현장에서 퇴근하는 길이었다. 집은 동해시에 있는데 마침 삼척 현장에 들러서 가야 한다고 했다. 그가 아침에도 삼척에 들러 댓재를 넘어간다는 말에 그 길에 나도 태워달라는 부탁을 했다.

그는 삼척 큰 처남댁 근처까지 나를 데려다 주었다. 그리고 내일 아침에 다시 만날 약속을 하고 헤어졌다. 처남 집에는 아무도 없었다. 하지만 다행히 현관문은 열려 있어 나는 주인도 없는 집에 들어가서 비에 젖은 옷을 빨고 샤워를 했다.

잠시 후에 돌아온 처남과 처남댁은 오랜만에 막내 매제가 왔다고 외식을 하러 가자고 했다. 우리는 근처 '동해바다식당'으로 나가 장치 찜과 곰치국으로 저녁을 먹었다. 물론 소주도 빼놓을 수 없었다. 장치 찜은 술안주로는 아주 그만이었고 김칫국에다 곰치를 넣어서 끓인 곰치국은 얼큰하고 시원했다. 또, 곰치는 흐물흐물해서 씹을 필요도 없이 목구멍으로 술술 잘도 넘어갔다. 식사를 마친 후에는 산 오징어를 사들고 돌아와 처남과 함께 소주 한 잔을 더했다.

그런데 저녁 11시가 다 되어서야 식당에 지도를 두고 나온 것이 생각났다. 초행길에 지도가 없으면 까막눈이나 다름없기 때문에 나는 부랴부랴 지도를 찾으러 나갔다. 하지만 식당은 이미 문을 닫은 뒤였다. 어쩔 수 없이 내일 아침에 다시 찾으러 올 요량으로 발길을 돌렸다.

두타산과 청옥산을 넘어서 백봉령으로
- 백두대간 순례 43일째

오늘도 하늘은 여전히 찌푸린 모습이었다. 나는 새벽부터 일어나 처남댁이 정성스레 차려 준 아침을 먹고 동해바다식당으로 달려갔다. 그곳에서 지도를 찾고 나니 그제야 안심이 됐다.

집으로 다시 돌아와 6시 30분이 되자 어제 약속대로 정재성 씨가 나를 태우러 왔다. 나는 처남과 아쉬운 작별을 하고 차에 올라탔다. 댓재를 구불구불 올라 고갯마루에 도착하니 7시. 나는 징재싱 씨에게 감사의 인사를 전하고 차에서 내렸다. 그리고 그가 보이지 않을 때까지 손을 흔들어 주었다. 나는 두타산으로 가는 능선에 올라섰다. 두타산은 중턱에서부터 안개에 가려 보이지 않았다. 백두대간 구간순례를 한다는 남녀 넷이 나와 비슷하게 걷고 있었는데 어느 순간 나를 한참이나 앞질렀다. 하지만 나는 배낭이 무거워 도저히 그들을 따라잡을 수가 없었다.

8시 35분에 통골 정상에 도착했다. 통골은 두타산과 번천 삼거리이기도 한데 거기에서 왼쪽으로 빠지면 번천이다. 바람이 세차게 부는 가운데 통골을 지난다. 아름드리 소나무들이 계속 나타났다. 소나무 밑둥치가 시커멓게 그을린 것으로 보아 언젠가 산불이 났던 것 같았다. 나는 언제나 늘 푸른 소나무를 볼 때마다 저 소나무처럼 변치 않는 마음으로 세상을 살아 가리라는 생각을 하곤 했다. 그래서 예전에 교육 민주화운동을 할 때, 특히 '솔아 솔아 푸르른 솔아'를 즐겨 불렀었다.

거센 바람이 불어와서
어머님의 눈물이 가슴속에 사무쳐 오는
갈라진 이 세상에 민중의 넋이 주인 되는
참세상 자유 위하여
시퍼렇게 쑥물 들어도 강물 저어 가리라
솔아 솔아 푸르른 솔아 샛바람에 떨지 마라
창살 아래 네가 묶인 곳 살아서 만나리라

두타산을 거의 눈앞에 두었을 때 나는 속초에서 온 오재락 씨를 만났다. 배낭을 벗어놓고 잠시 쉬며 그와 이야기를 나눴다. 오재락 씨가 배가 고플 때 먹으라고 곡물로 만든 음료 두 개와 떡을 나눠주었지만 배낭이 무거워 사양을 할 수밖에 없었다. 대신 마음만은 고맙게 받고 다시 길을 나섰다.

10시가 넘어 두타산(1353m)에 올랐다. 정상에는 꽤 넓은 공터가 있었고 그 옆에 표지석이 세워져 있었다. 안개가 약간 걷혔으나 주변의 산들은 흐릿하게 보였다. 두타산은 삼척시와 동해시의 경계가 된다. 그리고 여기서 무릉계와 청옥산으로 가는 길이 갈라진다. 오른쪽 계곡이 바로 그 유명한 무릉계다.

두타산을 내려가는 길은 굉장히 가팔라 한참을 내려가서야 길이 조금 편해졌다. 지도를 삼척 지도에서 임계 지도로 바꾸었다. 지도를 바꾸고 한동안 평탄한 능선길이 이어진다. 밋밋한 능선길이 꼭 우리네 무지렁이들을 닮아 있는 듯했다.

11시 20분에는 박달령에 닿았다. 그러고 보니 박달령, 박달재, 박달산이라는 이름이 곳곳에서 발견된다. 내 고향 충주에도 박달재가 있고 괴산에는 박달산이라는 산이 있다. 나무에도 박달나무가 있다. 박달나무와 무슨 인연이 있는 것일까. 박달나무는 워낙 단단해서 옛날에는 빨랫방망이로 많이 만들어 썼다. 박달나무(黑樺)의 어린싹은 건위지통(健胃止痛)의 효능이 있어 위염으로 인한 복통이나 위산과다를 치료하는 데 쓰기도 한다.

정오가 다 되어 청옥산(1403.7m)에 올랐다. 이곳은 무릉계와 고적대, 중봉계곡으로 가는 네거리이기도 하다. 청옥산의 정상에는 표지석이 두 개나 있었는데 하나는 청타산악회에서 세운 것이고 또 하나는 동해산악구조대에서 세운 것이었다. 이곳에는 삼척국유림관리소에서 세운 산불 예방과 진화, 통신 난청지역 해소를 위한 무선 중계시설이 있었다. 또, 정상 바로 밑에는 물을 얻을 수 있는 샘도 있었다.

청옥산을 지나 고적대를 오르는 길은 온통 가파르고 바위투성이였다. 거의 기어오르다시피 올라 능선 위에 있는 전망 좋은 큰 바위에 서니 무릉계가 한눈에 내려다보였다. 그순간 나는 감탄사가 절로 나왔다.

'아! 이곳은 인간세상이 아니다. 신선들이 노닌다는 바로 그 무릉도원이로구나. 화엄세상, 화엄경이다! 이런 경치를 아꼈다가 보여 주려고 안개는 그리도 짙게 장막을 드리웠던 것이로구나!'

그런데 감탄도 잠깐, 서쪽에서부터 몰려온 짙은 안개가 능선을 덮치며 무릉계를 감쪽같이 숨겨 버렸다. 순식간에 무릉계는 마술처럼 사라지고 보이지 않았다.

사라진 무릉계에 대한 아쉬움을 뒤로하고 조금 더 오르니 바로 지척에 고적대(1354m)가 있다. 고적대는 백두대간의 산 이름들 중에서 (지리산에 있는 만복대와 더불어) 유일하게 대(臺)자가 붙은 산이다. 아마 동쪽 무릉계의 급경사 암석지대를 돌로 쌓아 놓은 것으로 보고 붙인 이름이 아닐까 싶었다.

완만한 능선길을 따라 갈미봉을 넘었다. 오른쪽으로 빠지면 무릉계 사원터였다. 갈미봉은 무릉계 쪽으로 수백 길 바위절벽이 진 바위봉우리라 그곳을 넘는 동안 잔뜩 긴장을 하지 않을 수 없었다.

    1142.8m봉에 올라 전망이 기막힌 바위를 만났다. 한 발만 헛디뎌도 까마득한 절벽 아래로 떨어지는 그런 바위였지만 두타산과 청옥산이 손에 잡힐 듯 다가왔고 안개가 말끔히 걷힌 무릉계의 선경이 눈이 시리도록 아름답다. 또, 깊은 계곡과 힘있게 내딛는 능선들, 그리고 아름드리 소나무와 기암괴석이 한데 어울려 최고의 절경을 만들어 내고 있었다.
    나는 차마 떨어지지 않는 발걸음으로 이기령으로 향한다. 4시쯤 관음암 삼거리를 지나고 이기령이 가까워지면서부터 쭉쭉 뻗은 소나무들이 이어지더니 이번엔 빽빽한 산죽 숲이 나왔다. 산비탈을 파헤친 멧돼지의 흔적도 보여 나는 더럭 겁이 났다. 그 길을 지나 4시 55분에는 이기령(815m)에 당도했다. 이제 상월산이 코앞이었다.
    상월산을 지나면서부터 점점 기운이 빠지기 시작했다. 내려가는 길까지 미끄럽고 가팔라서 두 배로 힘이 드는 것 같았다.
    6시를 넘겨 원방재에 도착했을 때는 다리가 아파 더는 걷기 싫을 정도였다. 근처에 깨끗한 계곡이 있어 야영을 하기에 좋은 곳이었지만 그냥 백복령까지 내처 가기로 했다. 2시간 이상을 더 걸려야 하는 길이라 좀 무리였지만 내 체력의 한계가 어디까지인지를 시험해 보고도 싶었다.
    이젠 엉덩이까지 시큰거리고 뻐근한데, 설상가상으로 길가에 키 작은 잡목가지들까지 배낭을 붙들고 놓아주지 않았다. 상주 구간에서도 잡목들에 시달렸는데 이럴 때면 산행이 배나 힘들어진다.
    날은 어둑어둑해지면서 마음은 점점 급해졌지만 다리가 영 말을 듣지 않았다. 나는 될 대로 되라는 식으로 느긋하게 마음을 고쳐먹었다. 한동안 북쪽으로 진행하던 백두대간은 서쪽으로 급선회했다. 지도를 임계 지도에서 구정 지도로 바꾸니 이제 열아홉 장째다.

무거운 다리를 이끌고 저녁 7시 20분 무명봉 헬기장에 도착했다. 그리고 그 이후부터는 지도와 시간을 확인할 겨를도 없이 987.2m봉과 959m봉, 863m봉을 넘었다.

정선군과 동해시, 그리고 강릉시 경계가 되는 지점을 지나 832m봉을 넘을 때는 완전히 깜깜해져 헤드 랜턴을 켜야만 했다.

어느덧 한라시멘트 채석장의 불빛이 보이고 백복령을 넘어 42번 국도를 오가는 차 소리가 들려오기 시작했다. 백복령이 가깝다는 신호였다.

백복령(780m)에 닿은 것은 밤 9시가 다 되어서다. 백복령은 전에 동해안으로 여행을 다닐 때 몇 번 넘은 적이 있어 낯설지가 않았다. 나는 막 문을 닫으려던 간이휴게소에서 콜라 한 병 사 단숨에 들이켰다.

휴게소 주인은 지금 남해안에는 태풍이 오고 있으며 이 지방에도 내일 소나기가 내릴 거라는 일기예보를 전해 주었다. 그 밑에 나는 백복령에서의 야영을 포기하고 강릉으로 내려가 소나기가 그치기를 기다리기로 했다.

하지만 강릉까지 가는 길이 문제였다. 밤은 깊어 강릉행 버스는 벌써 끊어진 뒤였고 지나가는 차를 아무리 불러세워 봐도 다들 못 본 듯 스쳐 지나갔다. 나는 할 수 없이 강릉에서 카페를 운영하며 그림을 그리는 후배 장백 화백에게 전화를 걸었다. 그랬더니 후배의 부인 김명자 씨가 차를 가지고 나를 태우러 오겠다고 했다. 차를 기다리는 동안 나는 바람 부는 백복령에서 마지막 남은 송편으로 허기를 달랬다.

차가 도착한 건 11시가 다 되어서였다. 차를 기다리다 지쳐 있었던 터라 김명자 씨를 보니 마치 천사를 만난 듯한 기분이었다. 그리고 강릉으로 들어와 후배와 반가운 해후를 하고 재즈 음악이 흐르는 후배의 카페에서 그동안의 회포를 풀었다.

케니 지의 연주를 들으며 산행을 쉬다
−백두대간 순례 44일째

아침에 겨우 일어나니 온몸이 흠씬 두들겨 맞은 것처럼 나른하고 무거웠다. 어제 거의 30km를 걸었으니 몸이 아무렇지도 않다면 오히려 그게 이상한 일일 것이다. 오늘은 소나기가 온다는 일기예보가 있어 산행을 하루 쉬기로 했다.

잠자리를 정리하고 나서는 강릉 남대천변에 있는 '할머니추어탕' 집에서 추어탕으로 아침 겸 점심을 먹었다. 미꾸라지를 갈아 푸성귀와 수제비를 듬뿍 넣고 펄펄 끓인 추어탕은 어릴 적 어머니가 끓여주시던 바로 그 맛이었다. 식당 주인의 인심이 후해 얼마든지 더 먹으라고 하는 바람에 또 과식을 하고 말았다. 아직 식탐에서도 벗어나지를 못했으니 도를 닦으려면 아직도 멀었다.

추어탕을 배불리 먹은 후 아둔해진 몸을 끌고 목욕탕에 갔다. 목욕탕에 들어가서 우선 입고 있던 모든 옷들을 벗어 빨아 사우나 실에 널었다. 공중도덕에 어긋나는 일인 줄 알지만 내 사정이 급하니 어쩔 수 없는 일이었다. 흘깃흘깃 쳐다보는 사람들의 시선에 뒤통수가 따가웠다.

빨래를 널어두고는 뜨거운 열탕에 들어가 몸을 푹 담갔다. 근육과 뼈마디가 녹아 내리는 것처럼 시원했다. 뜨거운 물에 들어가서 시원하다고 외치는 한국 사람을, 아마 외국인들은 이해하지 못할 것이다. 뜨거운 국물을 마시면서도 시원하다고 하는 모습을 외국인들이 어찌 이해할 수 있겠는가.

    사우나실의 열기 덕분에 빨래는 금세 말랐다. 나는 들어갈 때와는 다르게 피로가 풀린 몸과 깨끗해진 옷을 입고 목욕탕을 나왔다. 날아갈 것만 같은 기분이었다. 밖에는 주룩주룩 비가 내리고 있었다.

    나는 후배의 카페 '재즈보트'로 돌아왔다. 카페 홀에서는 케니 지의 색소폰 연주 'Forever in love'가 은은하게 들려왔다. 케니 지의 음악은 언제 들어도 편안하고 감미롭다. 나는 장 화백 부부와 비 내리는 날 어울리는 'In the rain'과 'Sentimental'을 들으며 티타임을 가졌다.

    장 화백 부인은 관동대학교 도예과에 편입을 해서 도자기를 공부한 바 있었다. 그런 인연으로 관동대학교 후문 근처에 이 '재즈보트'를 열게 된 것이다. 장 화백은 동양의 전통적이고 토속적인, 그러면서도 신비한 세계를 형상화하는 작업을 하는 중이다. 그는 이미 돌부처 그림을 천 장이나 그려 '천불전(千佛展)'이란 전시회를 연 바도 있다. 그런 다음 장승을 또 천 장이나 그렸다. 대단한 공력이 아닐 수 없다.

    가랑비는 그칠 기미 없이 계속해서 내렸다. 뉴스에서는 남해안 일대에 폭우가 쏟아져 홍수 피해가 우려된다는 소식을 전했다. 만일 이곳에도 폭우가 내린다면 큰일이다. 하지만 내일은 비가 오더라도 산행을 강행하겠다고 마음먹었다. 그리고 진고개까지는 카페 '재즈보트'를 베이스캠프로 삼기로 했다.

사라진 자병산과 석병산을 넘어서 삽당령으로
−백두대간 순례 45일째

　맞춰놓은 시계가 새벽 4시에 울렸다. 부랴부랴 산행 준비를 마치고 삶은 달걀 네 개와 베지밀 한 병으로 아침을 대신했다. 장 화백의 부인 김명자 씨의 차로 백복령에 도착했을 때는 날은 이미 환하게 밝은 뒤였다.
　고갯마루에서 내려 김명자 씨를 돌려보내고 자병산을 향해 발걸음을 힘차게 내디뎠다. 어제 내린 비로 길이 몹시 미끄러웠고 나무에 맺혀 있던 물방울들이 바람이 불 때마다 수시로 떨어졌다.
　839.8m봉을 넘으니 어마어마한 규모의 채석장이 나타났다. 지도에 나와 있는 자병산을 찾았으나 이미 산 중턱부터 잘려나가고 흔적도 없었다. 자병산 일대는 한라시멘트 석회석 채석장으로 변해 백두대간이 통째로 뭉텅 잘려나간 것이다. 난 내 허리가 끊어진 것 같은 아픔을 느꼈다. 산줄기가 뻗어나간 자태로 보아 훼손되지만 않았다면 분명 빼어난 경관을 간직하고 있었을 것이다. 다만, 곳곳에 드러난 자줏빛 암석으로 자병산이란 산이름의 유래를 추측할 수 있을 뿐이었다.
　나는 자병산 봉우리가 있었던 곳으로 추측되는 곳에 올라 깊은 상념에 잠겼다. 잘리고 남은 능선들이 기세도 좋게 옥계를 향해 치달려 내려갔다. 머리는 온데간데없이 사지만 허우적거리는 형국이었다. 백두대간을 훼손하도록 만든 장본인들은 역사의 이름으로 단죄해야 할 것이다.
　이루 말할 수 없는 슬픔을 가슴에 안고 석병산을 향해 길을 나섰다. 어느 틈엔가 구름 속에서 해가 반짝하고 얼굴을 드러냈다. 안개가 걷히자 옥계계곡의 아름다운 경치가 눈에 확 들어온다. 그 경치에 우울했던 기분이 조금 풀리는 것 같았다.

나는 한동안 능선 위로 난 임도를 따라 걸었다. 능선 곳곳에는 원형으로 움푹 꺼진 지형이 있었는데, 이것은 이곳에서만 볼 수 있는 특징적인 지형이다. 아마도 석회암이 풍화된 자리에 생기는 카르스트 지대가 아닐까.

생계령(640m)에 닿으니 8시 25분이었다. 생계령은 강릉시 옥계와 정선군 임계면 큰피원을 잇는 재로 비포장도로가 나 있다. 나는 고갯마루에 앉아 쉬면서 어제 사둔 햄버거 하나를 먹었다. 어느덧 흰 구름 사이로 해가 나오더니 따가운 햇볕이 쨍쨍 내리쬐었다.

석병산을 향해 가는데 오른편으로 머리가 잘리고 허리도 잘린 자병산의 흉물스런 모습이 자꾸 눈에 들어왔다. '나를 좀 살려 주세요!' 라고 내게 간절하게 애원하는 듯해 마음이 불편했다.

900.2m봉을 넘어가는 구간은 서쪽은 완만하고 동쪽은 급하게 경사진 전형적인 서고동저 지형이었다. 무명봉에 닦아 놓은 헬기장에 올라서서 석병산을 바라보니 산은 마치 돌로 만든 병풍을 세워 놓은 것 같은 형상을 하고 있었다. 나는 아하! 그래서 석병산이로구나 라고 무릎을 탁 쳤다.

11시 반이 넘어 드디어 석병산(石屛山, 1055.3m)에 도착했다. 저 멀리 대관령 목장이 안개 사이로 아스라이 보이고 석병산은 옥계 쪽으로 바위 절벽을 병풍처럼 세워 두었다. 어느 틈엔가 다시 시커먼 먹구름이 다가와 머리 위를 맴돈다.

두리봉(1033m)을 오를 때는 비를 만나 낭패라고 생각했는데 정상에 오르니 푸른 하늘이 비치며 비가 그쳤다. 도통 날씨가 종잡을 수 없는 날이다.

내리막길은 경사가 급하지 않아 걷기에 편했다. 정태춘의 '아가야, 가자'란 노래를 부르며 발걸음도 가볍게 삽당령으로 향했다.

아가야, 걸어라 두 발로 서서 아장아장
할매 손도, 어매 손도 놓고 가슴 펴고 걸어라
흰 고무신, 아니 꽃신 신고 저 넓은 땅이 네 땅이다
삼천리강산 거칠데 없이, 아가야 걸어라

아가야, 걸어라 두 다리에 힘주고 겅중겅중
옆으로 뒤로 두리번거리지 말고 앞을 보고 걸어라
한 발자욱, 그래 두 발자욱 저 앞 길이 환하잖니
가슴에 닿는 바람을 이겨야지, 아가야, 걸어라

아가야, 걸어라 어깨도 펴고 성큼성큼
송아지 송아지 누렁 송아지 동무하여 걸어라
봄 햇살에 온 누리로 북소리처럼 뛰는 맥박
삼천리라더냐 그뿐이라더냐, 아가야, 가자

나는 이 노래를 가수 정태춘 씨와 충주의 명창인 후배 권재은 군이 연세대 백주년 기념관에서 합동공연을 했을 때 처음으로 들었다. 권 명창의 초대를 받아서 간 그 자리에서 나는 정태춘 씨, 그리고 그의 부인 박은옥 씨와 인사를 나누었다.

이 노래는 아주 힘차고 역동적이며 가사 또한 진취적이고 낙관적이다. 내 땅 삼천리금수강산을 거침없이 씩씩하게 걸어나가는 아가의 이미지가 강렬한 노래다.

삽당령(680m)으로 내려오니 2시가 조금 넘었다. 삽당령 성황당은 삼백 년의 역사를 지닌 곳으로 왕산면 송현리 사람들이 매년 8월에 소를 잡아 제를 지낸다고 한다.

강릉으로 나가는 버스는 2시 15분에 있었다. 휴게소 들마루에 앉아 버스를 기다리고 있는데 장 화백 부부가 차를 가지고 나를 데리러 왔다. 그래서 나는 자가용을 타고 편안히 강릉으로 내려갈 수 있었다.

석두봉과 화란봉을 넘어서 닭목재로
-백두대간 순례 46일째

오늘은 장 화백도 함께 산행을 하기로 했다. 부인은 아침 일찍 우리를 삽당령 고갯마루까지 데려다 주었다. 그리고 산에서 내려올 때쯤 닭목재로 마중을 나오기로 약속을 하고 떠났다. 나는 떠나는 차의 뒤통수를 보며 후배에게 농담 한 마디를 건넸다.

"자네는 천사와 살고 있어서 행복하겠네."

석두봉을 향해 삽당령을 떠나는 길에 푸독사 한 마리가 임도를 가로질러 가는 게 보였다. 요즘엔 몸에 좋다고 마구 남획을 하는 사람들 때문에 뱀의 개체수가 많이 줄어들었다. 그런 이기적인 행동이 생태계를 위협한다는 사실을 그들은 알고나 있을까.

장 화백과 나는 임도를 나란히 따라오다가 들미골로 넘어갔다. 석두봉과 대용수동 삼거리를 지나면서 편한 길이 이어졌다.

오후 1시에는 석두봉(982m)에 올랐다. 정상에서 찐 달걀과 토마토를 새참으로 먹고 있는데 갑자기 모자가 날아갈 정도의 바람이 거세게 불어왔다.

석두봉을 지나며 능선상에 드넓은 평전이 펼쳐졌다. 평전에는 엷은 분홍빛이 서린 하얀 조팝나무 꽃이 가득 메우고 있었다. 조팝나무(소엽화)의 뿌리는 인후가 붓고 아픈 것을 치료하는 효능이 있어 인후염에 쓰기도 한다.

밋밋하고 펑퍼짐한 능선길이 한동안 이어졌다. 그 길을 걷고 있노라니 마치 소풍을 나온 듯한 기분이었다. 산등성이에는 아름드리 늙은 소나무들이 오랜 세월 동안 갖은 풍상에도 꿋꿋하게 서 있었다. 그런 소나무의 모습에 불현듯 '선구자'란 노래가 떠올랐다.

일송정 푸른솔은 늙어 늙어 갔어도
한줄기 혜란강은 천년두고 흐른다.
지난날 강가에서 말 달리던 선구자
지금은 어느 곳에 거친 꿈이 깊었나.

'선구자'는 일제 강점기 때 조국 광복을 위해 일본군과 싸웠던 독립군들을 위한 노래다. 1980년대 후반 독재정권에 맞서 교육 민주화운동을 할 때 나는 독립군이 된 심정으로 이 노래를 부르곤 했다.

산죽 숲은 나타났다가 사라지는가 하면 금방 또다시 나타나곤 했다. 장갑을 챙겨오지 않아 산죽잎에 손이 스치지 않기 위해 그곳을 지날 때는 벌 받는 아이처럼 두 손을 번쩍 들고 지나야 했다.

우리는 점심을 먹고 화란봉(1069m)에 올랐다. 정상에서 조금 내려온 곳에는 전망이 뛰어난 바위가 있었는데 그곳에 서니 왕산리 큰골을 중심으로 고루포기산에서 능경봉을 향해 빙 돌아가는 백두대간의 능선이 한눈에 들어왔다. 높은 산들에 빙 둘러싸인 분지에 자리 잡은 닭목이마을도 빤히 내려다보인다. 그 마을의 거의 모든 밭에는 감자가 자라고 있었다.

4시 30분 닭목재에 도착했다. 오늘 삽당령에서 13.5km를 걸어서 여기까지 온 것이다. 닭목재는 강릉 성산에서 정선 임계로 넘어가는 고개로 아스팔트 포장도로가 나 있다. 고갯마루에는 담장을 두른 산신각이 있었는데 문이 굳게 잠겨 있어 안을 들여다 볼 수가 없었다. 닭목재 길 건너 반대편에는 '계항동 번영회'에서 세운 '닭목령' 표지석이 있었다. 그 표지석 주위에는 맨드라미와 금잔화 꽃밭이 조성되어 보는 눈을 즐겁게 했다.

우리가 고갯마루 꽃밭 울타리 바위에 앉아 쉬고 있을 때 마중을 나오기로 약속한 장 화백 부인의 차가 도착했다. 얼추 시간이 맞아떨어진 셈이다. 닭목재를 내려오는 길은 가파르고 휘어진 구간이 많아 위험천만했다.

강릉시내로 들어온 나는 일단 산악용품 전문점에 들러 칠만 원짜리 등산용 바지를 하나 샀다. 그동안 입었던 옷이 너무 낡아 더는 입을 수 없었기 때문이었다. 내가 고른 옷은 스판 소재로, 가볍고 어느 정도 방수 기능까지 갖춘 옷이었다. 비를 자주 만나 된통 힘들었던 경험이 있는지라 그 옷이 더욱 마음에 들었다.

옷을 구입한 후에는 장 화백과 함께 근처 식당으로 가 삼겹살을 먹었다. 과식을 잘하지 않는 내가 요즘 먹기만 하면 과식이었다. 아무래도 순례를 시작하면서부터 몸에서 자꾸 에너지를 원하는 것 같다.

카페로 돌아와 장 화백 부인과 생맥주를 마시면서 이런저런 이야기를 나누다 보니 자정이 훌쩍 넘었다. 잔잔한 재즈의 선율이 노곤했던 하루의 끝을 감미롭게 물들였다.

고루포기산과 능경봉을 넘어서 대관령으로
−백두대간 순례 47일째

바람이 세차게 부는 날이다. 오늘도 장 화백과 동행을 하기로 했다. 나는 두 번에 걸친 심장판막 수술을 해서 평소에도 건강이 안 좋은 장 화백이 조금 걱정이 됐지만 산의 기운을 믿기로 했다.

오늘도 닭목재까지 데려다 준 장 화백의 부인을 돌려보내고 우리는 고루포기산으로 향하는 능선에 올랐다. 감자밭을 지나 능선으로 올라서니 서쪽에서 강한 바람이 불어왔다. 그 바람에 모자가 훌쩍 뒤로 넘어가 한동안 손으로 머리를 누르고 있어야만 했다.

그렇게 한참을 가는데 갑자기 시커먼 구름이 일어나더니 빗방울을 후두두 떨어뜨리고 지나갔다. 그러더니만 구름은 곧 백두대간을 넘어 동해안 쪽으로 물러가고 다시 햇빛이 쨍하고 났다. 도깨비 비다.

11시가 되어 맹덕목장에 도착했다. 그런데 백두대간이 목장을 통과하는 바람에 우리는 어쩔 수 없이 전기철조망 울타리를 타고 넘어가야만 했다. 목장 입구에는 '개조심, 전기조심'이라는 경고문이 붙어 있었다.

목장의 잘 자란 목초지에는 소들이 한가롭게 풀을 뜯고 있고 목장 여기저기에는 조팝나무 꽃과 구철초가 여기저기 피어 있었다. 드넓은 목장의 푸른 초원이 참으로 목가적이었다. '목장길 따라'란 노래가 절로 나오는 풍경이었다.

목장 길 따라 밤길 거닐어
고운 님 함께 집에 오는데
목장 길 따라 밤길 거닐어
고운 님 함께 집에 오는데
스타도라 스타도라 스타도라품바
스타도라품바 스타도라품바

숲 거쳐 올 때 두견새 울어
내 사랑 고백하기 좋았네
숲 거쳐 올 때 두견새 울어
내 사랑 고백하기 좋았네
스타도라 스타도라 스타도라품바
스타도라품바 품품품

 그때 바람의 방향이 바뀌더니 시커먼 구름이 다시 몰려와 또 한 차례 비를 뿌리고 갔다. 우리는 목장의 정상 부근에서 울타리를 넘었다.
 오후 12시 10분, 왕산 제1쉼터(855m)에 닿았다. 참나무숲이 우거진 쉼터에는 철제 벤치가 설치되어 있어 이곳을 지나가는 길손들이 편히 쉬어갈 수 있도록 되어 있었다. 우리는 제2쉼터를 향하며 걸음에 방해가 되는 나뭇가지들을 쳐 길 청소를 해 가면서 산길을 걸었다.
 한 시간이 조금 더 걸려 왕산 제2쉼터(952m)에 도착했다. 이곳에서 가지고 온 호떡으로 점심을 먹을 때 시커먼 먹장구름이 또다시 몰려와 하늘을 뒤덮었다. 순식간에 사방이 어두컴컴해졌다.
 다시 얼마쯤 가니 고압선 철탑이 나타났다. 엄청나게 강한 바람이 철탑을 때리고 내달으면서 천둥소리를 냈다. 고압선이 끊어질까봐 염려가 될 정도였다.

철탑을 지나자 바로 임도가 나타났다. 그곳에서 나는 지도를 구정 지도에서 도암 지도로 바꾸었다. 스무 장째다.

1151m봉을 넘고 능선 위로 계속 이어지는 임도를 따라 걷는데 갑자기 안개가 몰려들기 시작했다. 통 종잡을 수 없는 날씨였다. 거기다 바람이 어찌나 강한지 참나무 가지들이 부러질 듯 요동을 쳤다.

그렇게 한참을 안개가 끼었다가 사라졌다가를 반복했다. 그래서 먼 곳 풍경은 감상할 엄두도 내지 못하고 눈앞의 들꽃들만 구경하며 지루함을 달랜다. 길가에는 개삼지구엽초의 흰 꽃과 초롱꽃, 연분홍색의 노루오줌 꽃도 한창이다. 노루오줌(落新婦)은 거풍청열(祛風淸熱)하고 기침을 멈추게 하는 효능이 있어 감기나 폐결핵을 치료하는 데 쓰기도 한다.

고루포기산(1238m)은 바로 옆으로 임도기 나 있어 산을 오르는 느낌이 전혀 들지 않았다. 하지만 이곳 정상 역시 안개에 휩싸여 있어서 경치를 통 볼 수 없었다. 고루포기산에서 백두대간은 강릉시와 평창군의 경계가 되어 지나간다.

능경봉과 횡계 삼거리에는 이삭으로 피는 하얀 승마꽃이 많이도 피어 있었다. 그 사이사이 개삼지구엽초의 흰 꽃도 보였다. 승마(升麻)는 발표투진(發表透疹), 청열해독(淸熱解毒), 승양거함(升陽擧陷)의 효능이 있어 감기와 위하수, 탈항을 치료하는 데 쓴다. 한방에서 많이 쓰는 한약재다.

5시가 다 되어 갈 때쯤 횡계치를 지났다. 횡계치는 평창 도암면 왕산골에서 강릉 왕산면 왕산리 큰골로 넘어가는 재다. 표지판에는 '제1쉼터'라고 되어 있었다. 나는 지도를 도암 지도에서 다시 구정 지도로 바꾸었다.

5시 40분에는 도암 화약골과 왕산 큰골 갈림길을 지나 거기서 한 시간쯤 걸려 '행운의 돌탑'에 도착했다. 근처에 있는 네모 반듯한 바위에 앉아 쉬며 토마토와 소시지로 출출한 배를 달랬다. 마침 넓적하고 평평한 돌판이 있어 뒤따라오는 대구의 김한규 씨와 태백여성산악회 앞으로 격려의 글을 남겨 놓았다.

능경봉(1123.2m)을 지나자 수만 평 규모의 평전이 나타났다. 여기도 멧돼지떼가 땅바닥을 마구 들쑤셔 놓은 흔적이 보였다. 사람도 간신히 들 정도의 바위들이 뒤집혀 있는 것으로 보아 멧돼지 주둥이의 위력이 가히 어느 정도인가를 짐작할 수 있었다.

평전을 다 내려와서 비포장도로를 만났다. 도로를 건너 영동고속도로 준공기념비까지는 완만하고 평탄한 능선길이 이어졌다. 그 길을 따라 걸어 7시 30분쯤 대관령(832m)으로 내려왔다.

대관령휴게소로 들어가니 충주 민예총 정재현 지부장이 나를 기다리고 있었다. 어제 대관령에서 구룡령 구간을 나와 함께 순례하고 싶다는 전화를 받고 긴가민가했는데 그가 정말 온 것이다. 나는 커피 한 잔을 건네주며 반가운 마음을 전했다.

정 지부장과의 만남으로 그날 저녁도 산행 이야기를 하느라 밤이 새는 줄도 몰랐다. 함께 산 이야기를 나눈다는 것만큼 즐거운 일도 없기 때문이다.

끝없는 초원에 솟은 곤신봉을 넘어서
― 백두대간 순례 48일째

오늘은 8시가 넘어서 출발을 했다. 원래는 새벽 4시에 일어나야 하는 것을 눈꺼풀이 떠지지 않아 늦어지고 말았다. 부랴부랴 일어난 정재현 지부장의 차로 대관령을 오르며 차 안에서 김밥으로 아침을 대신했다. 대관령 서편 휴게소에 도착하니 안개가 살짝 끼어 있었다. 오늘은 정 지부장, 장 화백까지 세 사람이 함께하는 산행이었다.

10시에 대관령을 떠나 새봉으로 가는 능선길에 올랐다. 얼마 안 가 당도한 대관령 중계소의 정문에는 수도가 있어 물을 받을 수 있게 되어 있었다. 조롱박으로 받아서 한 모금 마시니 물맛이 달고 시원했다.

11시가 다 되어 갈 때 즈음 강릉 항공무선표지소 입구에 도착했다. 새봉 부근은 항공무선표지소가 다 차지하고 있어서 어쩔 수 없이 9부 능선으로 우회를 해야만 했다. 무선표지소를 조금 지나자 잡목이 무성하게 우거진 평전이 나타나고 왼쪽으로는 '한일목장'의 목초지가 펼쳐졌다. 내 평생 그렇게 드넓은 초원은 처음이었다.

오후 12시 30분에는 선자령(1100m)에 닿았다. 선자령은 강릉 초막골과 평창 횡계를 잇는 재다. 이곳에는 '도암회'라는 단체에서 마가목 백 그루를 심었다는 표지판이 세워져 있다. 마가목(天山花楸)은 청폐지해(淸肺止咳)와 보비생진(補脾生津)의 효능이 있어 폐결핵이나 위염, 복통에 좋다. 또한, 비타민 A와 C가 풍부하게 들어 있다. 여름에 차로 마시면 더위와 갈증을 잊게 한다.

길을 걷는데 갑자기 휴대전화가 울렸다. 받아 보니 나와 절친하게 지내는 '충주추어탕'의 홍기돈 사장이었다. 백두대간을 순례하느라 고생이 많다면서 동해 바다 싱싱한 생선회를 사 주겠다는 전화였다. 나는 충주에서 출발하는 그가 근처로 오면 다시 통화를 하기로 했다. 오늘은 좋아하는 생선회를 실컷 먹게 될 것 같다.

한동안 목장의 목초지 한가운데를 걸어 곤신봉과 보현사 삼거리에 도착했다. 삼거리를 지나도 목초지는 끝날 줄 모르고 계속되었다. 눈에 보이는 것이 온통 목초지뿐이었다.

곤신봉과 대공산성 갈림길에도 푸른 초원이 끝없이 펼쳐져 있었다. 산들바람에 풀잎들이 하늘거리는 목가적인 풍경이 매우 이국적이다.

1시 30분 곤신봉에 올랐다. 그런데 곤신봉 임도에 '선자령 1200m'라는 푯말이 세워져 있었다. 아까 선자령을 지나왔는데, 똑같은 이름의 재가 또 나타난 것이다. 무언가 잘못된 것이 분명했다.

삼양초지(三養草地) 동해전망대에서는 소금강 계곡의 경치가 어찌나 좋은지 모두 넋을 잃고 바라본다. 능선을 사이에 두고 대관령 목장지대와 소금강지대의 지형은 판이하다. 목장지대는 평평한 구릉인데 비해 소금강지대는 경사가 급한 암릉지대가 많다. 서고동저 지형으로 인해서 생겨난 특징이리라. 전망대 바위에는 삼양목장 목초지 조성 내력이 음각되어 있다. 나는 지도를 도암 지도에서 연곡 지도로 바꾸었다.

전망대를 내려오니 매봉이 바로 눈앞에 보였다. 그리고 어디서 날아왔는지 매 세 마리가 상승기류를 타고 삼각편대를 이루면서 날아다녔다. 매는 한동안 주변을 뱅뱅 돌더니 나를 안내라도 하듯이 매봉 쪽으로 사라졌다. 아하, 그래서 산 이름이 매봉이로구나! 매의 안내에 이끌려 온 매봉에서도 눈에 들어오는 것은 전부 다 삼양목장의 목초지였다.

매봉을 내려와 길을 재촉하는데 꽃뱀 한 마리가 길 한가운데 있다가 풀숲으로 황급히 도망을 친다. 불현듯 미당 서정주의 '화사'란 제목의 시가 떠올랐다. 미당은 화사뿐만 아니라 많은 좋은 시들을 남겼지만 친일행적으로 인하여 많은 논란이 있는 시인이다. 차라리 붓을 꺾고 침묵을 지켰더라면 하는 아쉬움이 남는다.

길가에는 연분홍색의 조팝나무 꽃, 자줏빛 꿀풀 꽃, 연분홍 노루오줌 꽃들이 즐비하게 피어 있었다. 산비탈 아래로 삼양목장의 축사와 아파트가 보였다. 이런 산골짜기에 아파트가 있다는 사실이 신기했다.

4시 30분 드디어 삼양목장과 소황병산 갈림길에 닿았다. 오늘의 산행계획은 여기까지였다. 충주에서 오기로 했던 홍 사장과 통화를 해 삼양목장 입구에서 만나기로 약속을 했다. 목장 입구로 내려가니 홍 사장의 차가 보였다. 그는 점심도 거른 채 내가 산에서 내려오기를 기다리고 있었다.

홍 사장과 함께 진부에 있는 식당에서 산채비빔밥으로 허기를 채웠다. 식사를 마치고 진고개를 넘어 주문진 생선회를 파는 시장으로 갔다. 시장 안 일출횟집에서 소주를 곁들여 뼈째 회를 친 놀래미와 가자미회를 먹었는데 그 맛이 고소하면서도 차져 입에서 살살 녹는 것 같았다. 여기까지 응원 방문해 준 홍사장에게 그저 고마울 따름이었다.

홍 사장을 충주로 떠나보내고 나서 숙소로 돌아왔다. 그리고 약간 취기가 오른 상태로 빨래를 했다. 피곤하고 술을 마셔도 그날 할 건 해야 했다. 그런데 양말을 빨다가 보니 한 짝이 엄지손가락이 들어갈 만큼 구멍이 크게 뚫려 있었다. 트레킹화 신발창도 너덜너덜해져 새 것으로 갈았다. 장기간 산행을 하고 있다는 증명인 셈이었다.

안개 장막이 드리운 노인봉에서
−백두대간 순례 49일째

어제도 그러더니 오늘도 좀체 일어나기가 싫은 게 아무래도 긴장이 풀린 모양이었다. 이러면 안 되지 싶어 억지로 벌떡 몸을 일으켰다. 종아리 근육이 딴딴하게 뭉쳐 있어 그 위에 물파스를 바르자 좀 시원해지는 기분이었다.

근처 식당에서 갈비탕으로 아침을 먹고 난 뒤, 장 화백 부인의 차로 대관령을 넘어 횡계 2리 한일목장으로 들어갔다. 그런데 목초지 사이로 난 길을 어느 정도 지난 후부터 길이 패고 큰 돌들이 튀어나와 차가 더는 진입할 수 없었다. 할 수 없이 차에서 내려 걷기로 하고 어제 지나갔던 곤신봉과 대공산성 갈림길로 걸음을 내디뎠다.

삼정평 삼양목장 축사를 지나 안부 갈림길로 내려왔다. 어느새 점심때가 훨씬 지났음을 깨달았다. 그래서 안부에 있는 평평한 바위에 자리를 잡고 김밥과 삶은 감자를 먹고 있을 때였다. 갑자기 시커먼 먹구름이 몰려오더니 비가 쏟아지기 시작했다. 황급히 배낭에서 판초를 꺼내 뒤집어썼다. 백두대간의 날씨는 정말 종잡을 수가 없다.

삼정평 안부를 떠나 소황병산으로 향할 때는 밋밋한 능선길이 계속 이어졌다. 잡목이 우거진 숲길을 걷다 보니 나뭇가지에 옷이 자주 걸렸다. 숲을 벗어나자 광대한 목초지가 또 나타났다. 눈에 보이는 것은 온통 목장의 푸른 초원이었다.

　소황병산은 산 전체가 목초지로 조성되어 있었다. 수만 평 규모의 정상은 완만한 구릉으로 된 평전이다. 허리까지 오는 목초를 헤치고 소황병산(1430m) 정상에 올라섰다. 비가 그치지 않고 계속 내리는 통에 대황병산은 안개에 가려 오리무중이었다.

　소황병산을 내려와 무심코 꼬리표를 따라가다가 그만 길을 잘못 들어버렸다. 그 길이 아니라는 것을 깨달은 것은 대황병산 군사기지로 올라가는 비포장도로까지 갔을 때였다. 안개가 자욱하게 낀 데다가 나침반도 없어 지도를 읽을 수가 없었던 것이다. 도로 이쪽저쪽을 살피면서 길을 찾고 있을 때 마침 군인들을 태운 군용트럭이 올라왔다. 나는 트럭을 세우고 운전병에게 길을 물었다. 그런데 소황병산까지 되돌아가야만 한다는 것이 아닌가! 여태껏 헛걸음을 한 것이다.

　어쩔 수 없이 왔던 발걸음을 다시 돌리며 꼬리표를 자세히 살펴보니 그것은 횡계에서 소황병산을 거쳐 노인봉으로 코스를 잡은 단체 산행객들이 붙인 것이었다. 나는 소황병산에서 처음 길을 잃었던 지점으로 되돌아 와서 노인봉으로 가는 능선길을 찾았다. 찾고 보니 길을 잃은 곳에서 아주 가까운 곳이었다. 정말 어이가 없었다.

　질척거리는 등산화를 끌고 노인봉 대피소로 가는 능선길을 오르는데 턱수염을 곱게 기르고 개를 앞세운 사람이 맞은편에서 걸어오고 있었다. 짐작에 노인봉 대피소 주인이 아닌가 싶었다. 이렇게 비가 내리는데 어디를 가는 것일까.

　5시 30분경 노인봉 대피소에 도착했다. 하지만 대피소 문은 굳게 잠겨 있고, 취사장 문만 열려 있었다. 취사장에서 잠시 비를 피하며 비가 그치기를 고대했지만 그칠 기미를 전혀 보이지 않았다. 그래서 나는 다시 판초를 뒤집어쓰고 노인봉을 오르기 시작했다.

오대산 노인봉(1338.1m)은 대피소에서 250m밖에는 안 되는 거리라 잠깐이면 오를 수 있었다. 정상은 짙은 안개 장막이 드리워져 아무것도 보이지 않았다. 거세게 불어오는 바람에 판초 자락만 휘날렸다.

바위봉우리에 올라 사방을 둘러보나 보이는 것은 오로지 안개뿐이었다. 바람이 잠시 잠잠해진 틈을 타 바위봉우리에 오른 정재현 지부장은 그윽한 목소리로 '산노을'을 들려준다.

먼 산을 호젓이 바라보면
누군가 부르네.
산 너머 노을에 젖는 내 눈썹에
잊었던 목소린가.
산울림 외로이 산 넘고
행여나 또 들릴 듯한 마음
아, 산울림 내 마음 울리네.
다가왔던 봉우리 물러서고
산 그림자 슬며시 지나가네.

유경환 시인이 쓴 시에 곡을 붙인 이 노래를 들을 때면 언제나 마음 한 구석을 찡하게 울리는 그 무엇이 있다. 그래서 정 지부장과 술자리를 함께 할 때면 나는 늘 이 '산노을'이란 노래를 신청해 듣곤 했다.

비가 그칠 기미를 보이지 않아 우리는 하산길을 서두르기로 했다. 빗물이 곳곳에 고여 물웅덩이를 이루고 있는 곳이 많았다. 비탈길을 거의 다 내려오자 안개가 걷히고 진고개 고랭지 채소 재배단지와 동대산이 모습을 드러냈다. 수십만 평은 족히 되어 보이는 채소 재배단지에는 어린 배추가 자라고 있었다.

  우리는 진고개 휴게소에서 기다리고 있던 장 화백 부부의 차를 타고 연곡 쪽의 계곡을 끼고 자리 잡은 강변식당에서 닭볶음탕으로 저녁을 먹었다. 소주도 한 잔 걸치니 더는 부러울 것이 없었다. 밑반찬으로 나온 고무버섯무침과 곰취나물이 특히 맛이 좋았다.

장사익의 소리를 들으며 산행을 쉬다
―백두대간 순례 50일째

닷새간 계속된 산행으로 몸이 상당히 지쳐 있음을 느낀다. 게다가 비도 오고 하니 겸사겸사 오늘 하루는 정비하는 날로 정하고 하루 쉬기로 결정했다.

정해진 순서처럼 일단 목욕탕에 가서 어제 빤 등산화를 사우나실 가열로 옆에서 말리고 휴게실에서 파는 훈제 달걀을 아침으로 먹었다. 그리고 목욕탕 이발소에서 삭발을 했다. 그새 머리가 1cm나 자라 있었다. 머리카락과 함께 콧수염도 짧게 자르고 다듬었다.

머리카락을 밀고 난 후에는 등산화가 마를 때까지 사우나실과 온탕, 그리고 냉탕을 번갈아 드나들었다. 물기를 닦고 몸무게를 달아보니 살이 4.5kg이나 빠져 있다. 확실히 배가 눈에 띄게 홀쭉해 보였다.

거의 세 시간이나 목욕탕에서 있다가 나오니 맥이 하나도 없다. 저 멀리 대관령 쪽 백두대간의 능선들이 구름 속에 잠겨 있는 모습이 보였다. 돌아오는 길에는 세탁소에 들러 뜯어진 모자의 챙을 수선했다.

나는 장 화백 부부와 함께 강릉시 성산면에 있는 옛 카나리아식당에서 대구뽈찜으로 점심을 먹었다. 점심시간이라 방마다 사람들이 그득했다. 연방 들어오는 사람과 나가는 사람들로 인해 북새통을 이루고 있었다. 이 식당의 대구뽈찜은 그 명성이 전국적으로 널리 알려져 타지방 사람들이 강릉을 지날 때는 으레 들렀다가 가는 곳이 되었다고 장 화백 부인이 알려주었다. 과연 대구뽈찜은 양도 푸짐할 뿐만 아니라 얼큰해 내 입에 꼭 맞았다.

손님들이 많은 식당에 가보면 반드시 그 이유가 있다. 그런 식당들은 예외 없이 음식 맛이나 서비스가 뛰어나다는 공통점이 있다. 반대로 손님들이 뜸한 식당은 음식 맛과 서비스가 형편없는데, 그러면서도 자기네 음식을 몰라준다거나 음식을 고르는 수준이 낮다는 등 손님들에게 그 탓을 돌린다. 알고 보면 정도만 지키면 되는 것인데 눈앞에 답을 두고도 모르는 사람들이 있는 것이다.

대구뽈찜을 맛있게 먹고 나서 나는 재즈보트로 돌아와 낮잠을 늘어지게 잤다. 내일부터 또다시 고달픈 산행을 해야 하는 만큼 충분히 쉬어 주어야 했다. 정신없이 자고 일어나니 어느새 훌쩍 저녁이 되어 있었다.

내일 산행에서 장 화백은 진고개에서 동대산을 거쳐 두로봉까지만 함께 가기로 했다. 두로봉에서 장 화백 부부는 상왕봉과 비로봉을 거쳐서 상원사로 하산하고, 우리는 구룡령으로 가기로 계획을 세웠다.

저녁식사 역시 고기로 두둑이 배를 채우고 정 지부장이 가지고 온 중국산 소흥주를 한 잔씩 돌렸다. 충주의 풍물굿패 '몰개'가 중국 공연을 갔다가 오는 길에 선물로 가져온 것이라고 했다. 카페 안에는 장사익의 노래 '희망가'가 흘러나왔다.

술 한 잔을 마신 탓인지 기분이 매우 좋았다. 나의 백두대간 순례도 이젠 거의 막바지에 이르러 가고 있었다.

동대산과 응복산을 넘어 구룡령으로
– 백두대간 순례 51일째

나와 일행은 새벽 5시부터 분주하게 움직였다. 장 화백 부인의 차를 타고 진고개를 가는 도중에 연곡면 소재지 '진미식당'에서 아침으로 북어 해장국을 먹었다.

7시 30분 진고개에 도착해 오늘이 산에서의 마지막 날인 장 화백 부부와 함께 진고개를 배경으로 사진을 찍었다. 그리고 장 화백 부인과는 두로봉에서 만나기로 하고 헤어졌다.

진고개를 떠나 동대산으로 향하는 길은 시작부터 가파른 오르막길이었다. 한 시간쯤 오르자 동피골과 동대산 갈림길이 나왔다. 정 지부장은 힘이 드는지 자꾸 뒤로 쳐지는 장 화백과 보조를 맞춰 주었다.

드디어 동대산(1433.5m) 정상에 올랐다. 두로봉에서 상왕봉, 비로봉, 호령봉으로 이어지는 오대산맥이 장엄했다. 안개는 수시로 몰려와 경치구경을 방해했다가는 다시 사라지곤 했다.

올망졸망한 봉우리를 몇 개 넘어 차돌배기(1230m)에 도착하니 10시 40분이었다. 이곳에는 쌍둥이처럼 생긴 두 개의 커다란 차돌바위가 나란히 앉아 있었다. 차돌배기를 지나자 널찍한 평전이 나타났다. 평전에는 단풍취와 승마, 개삼지구엽초, 놋젓가락나물이 군락을 이루고 있었다. 놋젓가락나물의 뿌리(草烏)는 풍습(風濕)을 없애고 통증을 가라앉히는 효능이 탁월해서 중풍이나 관절염에 좋은 약초다. 그러나 맹렬한 독성이 있어 반드시 전문가의 처방을 받아야 한다.

  차돌배기에서 1시간을 걸어 1267m봉에 닿았다. 우리는 이름이 없는 이 봉에 새로 이름을 지어주기로 의견을 모았다. 의견 가운데 '삼선봉(三仙峰)'이란 이름이 가장 그럴 듯했다. 우리 세 명을 신선이라 생각한 것이다. 이름을 정한 다음 우리는 표지판에 '삼선봉'이라고 써 넣는 명명식을 거행했다. 아마 후세 사람들은 이 산봉우리를 삼선봉이라 부르게 되리라.

  정오 무렵에는 강릉시와 평창군, 그리고 홍천군의 경계가 되는 산인 두로봉(1422m)에 올랐다. 장 화백 부인이 그곳에 먼저 와서 기다리고 있었다. 두로봉의 정상에는 북대사와 상왕봉으로 가는 갈림길이 있는데 북대사 쪽으로 500m 내려가서 다시 왼쪽으로 300m 가면 샘터에서 물을 구할 수 있다.

  나는 며칠 동안 많은 도움을 베풀어준 장 화백 부부와 아쉬운 작별을 했다. 그리고 정 지부장과 함께 신배령으로 걸음을 옮겼다. 두로봉을 벗어나니 높낮이가 거의 없는 평탄한 길이 계속됐다.

  그런데 1234m봉을 지날 때였다. 길 바로 옆 풀숲에서 멧돼지 한 마리가 꽥하는 소리를 지르며 산비탈 아래로 후다닥 달아났다. 꽤 큰 놈이었다. 우리도 깜짝 놀랐지만 저도 퍽 놀란 모양이었다. 한동안 완만한 능선이 이어졌다. 여기저기 멧돼지들이 파헤쳐 놓은 흔적이 있었다. 이 지역에는 멧돼지들이 많이 서식하고 있는 게 틀림없었다.

  1211m봉을 지나니 길가 키 작은 산죽 숲 사이에 노란 꽃을 피운 곰취가 보였다. 곰취는 향이 좋아 보는 사람마다 뿌리째 캐 가기 때문에 멸종 위기에 처한 식물이다. 곰취의 뿌리(胡蘆七)는 활혈지통(活血止痛)과 거담지해(祛痰止咳)의 효능이 있어 해수와 천식, 타박상을 치료하는 데 쓰기도 한다.

2시 50분에는 신배령에 닿았다. 신배령은 홍천군 내면 조개동에서 강릉시 연곡면 가마소로 넘어가는 재인데 그곳에는 강한 바람이 끊임없이 불어왔다. 그리고 3시 30분에는 강릉시와 양양군, 그리고 홍천군의 경계가 1210.1m봉에 올라섰다. 1210.1m봉은 별다른 특징이 없었다. 이 봉우리에 이름을 붙인다면 삼각봉이 좋겠다. 왜냐하면, 이 산봉우리는 3개 시군의 경계가 될 뿐만 아니라 이곳을 중심으로 세 가닥의 산맥이 거의 같은 각도로 뻗어나가고 있기 때문이다.

1210.1m봉을 기점으로 오대산 국립공원을 벗어나 얼마를 걸어 만월봉(1270m)에 올랐다. 정상에 서니 응복산이 바로 앞에 보였다. 그런데 만월봉에는 표지판이나 이정표 하나도 없었다. 국립공원 경계 밖에 있는 산이라서 그런 것 같았다.

5시가 다 되어 오른 응복산(1359.6m) 정상에는 질경이가 군락을 이루고 있었다. 질경이의 씨(車前子)는 이수청열(利水淸熱)과 삼습지사(滲濕止瀉), 청간명목(淸肝明目), 청폐화담(淸肺化痰) 등의 효능이 있다. 그래서 요도염과 방광염, 설사를 치료하는 데 많이 쓰는 약초다. 또한, 질경이는 살짝 데쳐서 갖은 양념을 해서 무쳐 먹어도 맛이 좋은 나물이다.

응복산을 내려와 우리는 1126.6m봉과 1261m봉을 넘었다. 내처 걷기도 했거니와 1280m봉을 넘을 때는 길의 경사가 급한 데다가 거의 일직선상으로 길이 나 있어 입에서 단내가 날 만큼 힘들었다. 얼마나 힘이 드는지 우리는 그 산을 가리켜 깔딱봉이라고 이름을 붙였다.

1280m봉을 지나 잠시 쉬어가기로 했다. 날은 이미 저물어 땅거미가 내려앉고 있었다. 다시 힘을 내 낙수산을 오를 때는 너무나도 힘이 들어 주저앉고 싶은 마음이 굴뚝같았다.

그렇게 젖먹던 힘을 다 내어 낙수산(1306.2m)에 오르니 7시 50분이었다. 정상에는 생태계 복원을 위하여 주목과 구상나무 등을 심어 놓았다. 우리는 날이 더 어두워지기 전에 하산길을 서둘렀다. 안개는 조금씩 사라져갔다. 무심코 올려다본 하늘에는 반달이 떠 있었다. 달빛이 산비탈을 은은하게 비치는 것이, 이효석의 소설 '메밀꽃 필 무렵'을 생각나게 하는 그런 달밤이었다.

낙수산에서 1시간쯤 걸어 마침내 구룡령(1063m)에 도착했다. 고갯마루에는 동물들의 이동 통로를 마련해 주기 위해 생태터널을 만들어 놓았다. 야생동물을 위한 이러한 배려가 전국적으로 확산한다면 얼마나 좋을까.

구룡령 휴게소에 들러 쉬면서 휴게소 주인과 이야기를 나누다 보니 주인인 안정훈 사장과 안주인의 고향이 모두 충북인 걸 알게 되었다. 타향에서는 고향 까마귀를 봐도 반갑다고 하는 것처럼 정말 동기간을 만난 듯 반가운 마음이었다.

그들과 이런저런 이야기를 나누고 있을 때 '두오출판사'의 전영상 사장이 차를 끌고 우리를 데리러 왔다. 전 사장은 내 고등학교 후배인데 마침 속초로 가족휴가를 와 있다가 연락이 닿았던 것이다. 속초에서 구룡령이 결코 가까운 거리가 아니었는데도 단숨에 달려온 전 사장이 고맙기 그지없었다. 먼저 대포항에 들러 싱싱한 생선회를 떠서 전 사장이 묵고 있는 콘도로 향했다.

자리를 잡고 우선 샤워부터 하려고 욕실을 들어갔는데 왼쪽 팔뚝 안쪽에 진드기 한 마리가 달라붙어 있었다. 놈은 이미 살 속으로 반쯤 파고들어간 상태라 떼려고 해도 잘 떨어지지 않았다. 결국, 진드기는 내 살점을 입에 문 채 떨어져 나갔다. 진드기가 서식하는 구간에 들어온 것이다. 조심해야겠다는 생각이 들었다.

바람 부는 구룡령에서
-백두대간 순례 52일째

눈을 뜨니 아침 8시 반이다. 전영상 사장 부인의 따뜻한 아침 밥상을 받았다. 김치를 넣어 끓인 콩나물국이 얼큰하고 시원했다.

아침을 먹고 난 후 우리는 강릉에 세워 놓은 정재현 선생의 차를 가지러 가기 위해 전 사장의 차에 올랐다. 전 사장은 오늘 화진포를 가기로 되어 있었던 일정을 포기하고 강릉까지 태워다 주기로 한 것이다. 그에게 정말 고맙고 미안했다.

우리는 강릉 관동대학교 후문 근처 재즈보트에 도착해 장 화백 부부와 다시 만났다. 장 화백 부인은 내일 산행할 때 먹으라고 훈제 소시지와 토마토를 챙겨 주었다. 그녀의 세심한 배려에 감동하며 나는 그들과 다시 만날 기약을 하고 구룡령으로 향했다.

정 선생의 차에 올라 깜빡 잠이 들었는데 차는 한계령과 갈라지는 길에서 좌회전을 해 어느새 구룡령으로 오르고 있었다. 계곡을 향해 우렁차게 뻗어 내린 산줄기들을 보니 내 마음도 덩달아 요동을 쳤다. 우리는 구룡령 정상 근처에 차를 세우고 양양 갈천계곡을 내려다보았다. 계곡은 위압적일 만큼 엄청나게 깊고 넓었다.

나는 구룡령 휴게소의 화장실에 들러 우선 빨래부터 했다. 그리고 트럭 위에 빨래를 널었더니 휴게소에 들린 사람들이 나를 이상하다는 표정으로 바라보았다. 나는 휴게소 처마 밑에 텐트를 치려고 했지만 휴게소 안정훈 사장의 부인이 건물 2층에서 편하게 쉬어가라고 한다. 산길 나그네를 배려하는 따뜻한 마음씨였다. 얼마 후 안정훈 사장이 돌아와 그와 나, 그리고 정 선생이 뭉쳐 칡 막걸리 한 병과 도토리묵 안주로 대포 한 사발씩을 마셨다.

오늘은 정 지부장이 충주로 돌아가는 날이다. 올해 삼천 평 밭에다 감자를 심었는데 그것을 캘 때가 되었다는 것이다. 저녁 7시가 다 되어 정 지부장은 내게 백두대간을 무사히 순례하기를 바란다는 말을 남기고 충주로 떠났다. 다시 혼자가 된 나는 정 지부장을 떠나보내고 2층 산림청 전시관으로 올라가 침낭을 깔았다.

바람이 거세게 불어오는 날이었다. 하늘에는 구름이 빠른 속도로 몰려왔다가는 사라지고 구름 속 반달이 서쪽으로 도망치듯 달려가고 있었다. 산골짜기에서 구룡령을 향해 치닫는 바람 소리가 마치 유령이 울부짖는 듯했다. 아무래도 내일 날씨가 심상치 않을 것 같았다.

비 내리는 갈전곡봉을 넘어 조침령으로
-백두대간 순례 53일째

어제 바람이 몹시 불더니 역시나 아침부터 비가 내리고 안개가 자욱하게 끼어 있다. 아래층으로 내려가 보니 안정훈 사장은 벌써 일어나 휴게소 매장을 정리하고 있었다. 안 사장은 아침으로 라면을 끓여주었고 사탕과 케이크 한 상자도 챙겨주었다. 나는 너무 과분해 한사코 사양을 했지만 그는 막무가내였다. 게다가 내가 떠날 때는 휴게소 앞 계단까지 나와 내가 보이지 않을 때까지 손을 흔들어 주었다. 이런 정 많은 사람이 있어 세상이 살 만한 것이다.

8시 40분에 1100.3m봉에 올랐다. 그곳에는 이 산 일대에 백두대간 생태 복원을 위해 주목과 전나무, 그리고 좀비나무 600그루를 심었다는 것을 알리는 안내판이 세워져 있었다. 나는 지도를 연곡 지도에서 현리 지도로 바꾸었다. 스물두 장째다.

10시 10분에 오른 갈전곡봉(1204m)에서는 안개 때문에 주위의 지형을 파악할 수 없을 정도였다. 갈전곡봉은 양양군과 홍천군, 그리고 인제군의 경계가 된다. 정상에서 왼쪽으로는 홍천군 명개리로 내려가는 갈림길이 있다. 그런데 명개리 쪽 등산로에도 꼬리표가 많이 붙어 있어 초행길인 사람에게는 헷갈리기 쉬운 길이다.

비는 점차 잦아들고 있었다. 갈전곡봉을 떠나 조침령으로 향했다. 안개 속에서도 주변의 사소한 것들에 주의를 기울이며 길을 잃지 않으려고 애를 쓴다. 바람에 나뭇잎들이 살랑거리고 이름 모를 작은 새들이 이리저리 날아다니며 지저귀고 있다. 송창식의 '새는'이란 노래가 문득 떠오른다.

　　새는 노래하는 의미도 모르면서
　　자꾸만 노래를 한다
　　새는 날아가는 곳도 모르면서 자꾸만 날아간다
　　먼 옛날 멀어도 아주 먼 옛날 내가 보았던
　　당신의 초롱한 눈망울을 닮았구나
　　당신의 닫혀 있는 마음을 닮았구나
　　저기 머나 먼 하늘 끝까지 사라져 간다
　　당신도 따라서 사라져 간다 멀어져 간다
　　당신의 덧없는 마음도 사라져 간다
　　당신의 덧없는 마음도 사라져 간다

　오후가 되어서는 왕승골과 조경동 갈림길을 지나 968.1m봉에 올라선다. 정상에서 땀을 식히고 있을 때 시커먼 먹장구름이 몰려오더니 또다시 비가 쏟아지기 시작했다. 그러더니 금세 그치며 해가 반짝 나왔다가는 도로 구름 속으로 들어갔다.
　펑퍼짐한 구릉지대에는 오래 묵은 산뽕나무들이 많이 자라고 있다. 산뽕나무 아래 천궁으로 보이는 식물이 군락을 이루고 있어 나는 얼른 달려가 캐 보았다. 그러나 천궁은 아니었다. 야생 천궁은 희귀해서 여간해선 발견되지 않는다.
　천궁은 없고 개삼지구엽초와 산당귀, 강활 따위가 더러 보였다. 당귀는 보혈과 활혈지통(活血止痛), 윤장(潤腸)의 효능이 있어 빈혈과 변비치료에 빠질 수 없는 약이며 혈병에 가장 많이 쓰이는 약초다. 또, 강활은 해표산

한(解表散寒)과 거풍승습(祛風勝濕), 이관절(利關節)의 효능이 있어 감기로 인한 두통과 전신통, 관절염, 견배통에 좋다.

그 외에도 곰취를 두 포기나 보았고 참취는 아주 흔했다. 또한, 희귀종인 가시오가피도 한 그루 보았다. 가시오가피는 익기건비(益氣健脾)와 보신안신(補腎安神)의 효능이 있어 한 마디로 인삼과 같은 자양강장제다. 그런데 요즘 오가피를 재배해 만병통치약으로 파는 사람들을 조심해야 한다. 몸에 좋다고 누구에게나 다 좋을 수는 없는 것이다.

멧돼지떼가 산등성이를 마구 파헤쳐 놓은 곳을 지나며 작은 종을 배낭끈에 매달아 울리게 해 놓았다. 산짐승들이 종소리를 듣고 접근하지 못하도록 하기 위해서였다.

쇠나드리에 가까워질수록 단풍나무가 많이 보였다. 나는 설악이 점점 가까워지고 있음을 느낄 수 있었다. 쇠나드리는 원래 물줄기가 세 갈래로 갈라져 흐른다는 뜻의 세나드리가 맞는 지명일 것이다. 그런데 어쩌다가 쇠나드리가 되었는지 모르겠다.

세나드리를 지난 지 30분쯤 되었을까 앞에서 인기척이 들려서 살펴보니 등산객 두 사람이 배낭을 벗어놓고 쉬고 있는 모습이 보였다. 반가운 마음이 앞섰다. 대구에서 왔다는 그들은 단목령에서 떠나오는 길이라고 했다. 어제 대구에서 강릉까지 야간열차를 타고 잠도 못 잔 채 바로 산행을 시작해서인지 몹시 지쳐 보이는 표정이었다. 나는 그들에게 삶은달걀과 호박엿을 나누어 주고 다시 조침령을 향해 걸었다.

6시 50분에 조침령에 도착했다. 조침령(鳥枕嶺)은 지도에는 표시되어 있지 않지만 나는 새들도 이 재를 넘다가 지쳐서 자고 간다고 해 붙여진 이름이다. 조침령은 인제군 기린면 진동리 세나드리에서 양양군 서면 서림리로 넘어가는 재로 비포장도로가 나 있다. 이 도로는 군사도로에서 군도를 거쳐 현재는 지방도로 승격되어 있는 상태다. 그리고 머지않아서 터널을 뚫고 도로포장까지 할 계획이 세워져 있다고 한다.

나는 다시 세나드리로 내려와 조명호 씨 부부가 운영하는 민박집 '꽃피는 산골'에서 묵어가기로 한다. 방 세 칸에 화장실과 주방이 딸린 목조건물이었다. 안으로 들어가자마자 머리에서 발끝까지 죄다 벗어서 빨래를 했다. 시커먼 구정물이 한도 끝도 없이 나왔다.

몸을 씻은 뒤 나는 주인 부부와 자리를 함께했다. 그들은 5년 전 이곳이 좋아 서울 생활을 접고 들어왔다고 했다. 조명호 씨는 히말라야 원정을 세 차례나 다녀온 적이 있으며 얼마 전에는 부인 장은경 씨와 함께 안나푸르나 라운드 트레킹을 하고 돌아온 산악인이었다. 나는 그들과 자정이 넘어서까지 술잔을 기울였다. 산을 좋아하는 사람들과 함께라 더욱 좋은 자리였다.

달맞이꽃도 서러운 세나드리에서
−백두대간 순례 54일째

잠결에 오른쪽 팔목이 가렵기에 들여다보니 진드기 한 마리가 붙어 있었다. 어제 샤워를 할 때 이태리타월로 박박 문질렀는 데도 떨어지지 않고 밤새도록 피를 빨고 있었던 것이다. 잘 떨어지지 않는 놈을 겨우 떼어내서는 무심코 엄지손톱으로 꾹 눌러 숨을 끊었다. 그러고는 아차, 싶었다. 오늘 살생의 업을 쌓았구나.

옷과 등산화를 살펴보니 여전히 축축한 상태였다. 나는 그 핑계 삼아 오늘은 산행을 하지 않고 하루 쉬기로 했다. 그리고 양양으로 나가는 조명호 씨와 동행을 하기로 한다.

세나드리에서 조침령을 넘는 길은 매우 가파르고 울퉁불퉁했다. 승용차라면 도저히 다닐 수 없는 길이었다. 양양 서림으로 내려가는 길가에는 그 열매가 위염과 복통을 가라앉히는 효능이 있다는 가래나무가 많이 들어서 있었다.

서림까지 내려와 구룡령에서 넘어오는 아스팔트 포장도로를 만나고 나서야 길이 한결 편해졌다. 양양읍내는 마침 장이 서는 날이었다. 나는 장터 한쪽에 있는 생선횟집에 들러 오징어회 한 접시에다 숭어, 우럭, 가자미 모둠회 한 접시를 시켰다. 바닷가라 그런지 가격은 저렴하고 양은 무척 많았다. 횟집을 나와서 조명호 씨와 함께 마트에서 장을 보았다. 그리고 왔던 길을 되돌아 '꽃피는 산골'에 돌아왔다. 방으로 돌아와 보니 옷이며 등산화는 거의 다 말라 있었다.

쉬는 날은 낮잠을 실컷 잘 수 있는 날이다. 나는 두어 시간 달콤한 낮잠을 즐기고 나서 텃밭에 무씨를 뿌리려고 비닐을 씌우는 주인 부부를 도왔다. 날이 저물어 우리는 세 이랑만을 남겨둔 채 일을 끝냈다.

널찍한 마당에는 미역취와 참취, 삽주, 매발톱꽃, 달맞이꽃, 원추리, 씀바귀, 질경이 등이 자라고 있었다. 밭둑에는 하얗게 무리지어 피어 있는 개망초꽃도 보였다. 그리고 마당 한구석에는 노란 달맞이꽃도 피어 있었다. 그 모습이 조금은 처연하다. '달맞이꽃'이란 노래에 나오는 이미지 그대로다.

얼마나 기다리다 꽃이 됐나
달 밝은 밤이 오면 홀로 피어
쓸쓸히 쓸쓸히 미소를 띠는
그 이름 달맞이꽃
아 아 아 아 서산에 달님도 기울어
새파란 달빛아래 고개 숙인
네 모습 애처롭구나

얼마나 그리우면 꽃이 됐나
한 새벽 올 때까지 홀로 피어
쓸쓸히 쓸쓸히 시들어 가는
그 이름 달맞이꽃
아 아 아 아 서산에 달님도 기울어
새파란 달빛 아래 고개 숙인
네 모습 애처롭구나

북암령을 지나서 단목령으로
―백두대간 순례 55일째

　백두대간에서 '꽃피는 산골'까지 내려와 있는 산기슭의 나뭇가지들이 거센 바람에 마구 요동을 쳤다. 일어나 하늘을 보니 하얀 구름이 높이 떠 있었다. 그러나 그 아래로 회색 구름이 낮게 떠 서풍을 타고 동쪽으로 흘러가고 있어 오늘 날씨도 예측할 수 없을 것 같았다.
　장은경 씨가 싸 준 도시락을 배낭에 넣은 후 그녀가 운전하는 차로 조침령으로 향했다. 조침령에서 내려 내가 단목령에서 내려올 때쯤 삼거리에서 만나기로 약속을 하고 그녀와 헤어졌다.
　북암령을 향해 30분쯤 걸어 한 많은 38선을 넘을 때 나는 민족 분단의 현실을 떠올리고는 우울한 기분에 잠기지 않을 수 없었다. 이곳에서 지도를 연곡 지도에서 속초 지도로 바꾸었다.
　901m봉을 지나서 잣나무가 한 그루 서 있는 전망 좋은 곳이 나타났다. 그곳에 서니 양양읍내가 한눈에 내려다보였다. 수평선까지 끝도 보이지 않는 동해의 푸른 바다가 눈을 가득 채웠다.
　전망대를 지나 934m봉에 올라서자 빗방울이 떨어지기 시작했다. 거센 바람을 뚫고 널찍한 평전을 지났다. 삼각점이 있는 봉우리 근처에는 미역취나 수리취가 아주 흔했다. 이곳에서는 너무 흔해 나물 취급도 못 받는 것들이었다.
　오후 12시에는 1136m봉에 올랐다. 정상에는 1992년도에 세운 삼각점이 있고 그 옆에는 고로쇠나무가 한 그루 서 있었다. 고로쇠의 껍질은 거풍제습(祛風除濕)하고 활혈거어(活血祛瘀)하는 효능이 있어 사지마비 동통과 골절상, 타박상을 치료하는 데 쓴다. 요즈음 민간에서는 고로쇠 수액을 소화불량과 당뇨병 치료에 활용하고 있다.

이곳에서 점심을 먹고 가기로 했다. 그런데 바람이 어찌나 센지 도시락이 날아가지 않도록 붙들고 있어야만 할 정도였다. 점심을 먹고 북암령으로 향하며 지도를 속초 지도에서 설악 지도로 바꾸었다. 스물네 장째다.

12시 40분에는 북암령에 닿았다. 북암령은 인제군 기린면 진동리 삼거리에서 양양군 서면 북암리로 넘어가는 재로 그 일대는 굉장히 넓은 평전지대였다. 갈림길 바로 옆에는 아름드리 물푸레나무가 한 그루 서 있었다. 물푸레나무의 껍질(秦皮)은 청열해독과 조습(燥濕), 청간명목(淸肝明目), 평천지해(平喘止咳) 등의 효능이 있어 이질과 대하, 다래끼, 안구충혈, 해수, 천식에 쓴다. 이것은 소염과 진통작용이 뛰어난 약재다.

나는 곧 북암령을 떠나 단목령으로 향했다. 드넓은 평전지대를 지나 875m봉에 올라서니 웅장한 설악산맥이 바로 눈앞에 다가섰다. 내일이나 모레면 설악의 품에 안길 수 있다는 생각에 벌써부터 가슴이 설레어 왔다.

어느 지점부터 산죽 숲이 시작되더니 숲은 단목령까지 이어졌다. 그리고 1시 50분에는 단목령에 닿았다. 단목령은 양양군 서면 오가리 오색초등학교에서 인제군 기린면 진동리 설피밭으로 넘어가는 재다. 공터에는 단목령 표지목이 서 있고 설피밭쪽으로 50m 지점에 계곡물이 있다. 나는 단목령에서 하산하기로 하고 설피밭 쪽으로 길을 잡는다.

20분 정도 내려가니 '설피민국'이라는 팻말이 붙어 있는 흙벽돌집 한 채가 보였다. 들어가 보니 젊은 사람 셋이서 대낮부터 술을 마시고 있었는데 그들이 난생처음 보는 내게 술을 한 잔 권해 왔다. 머리를 길게 기르고 수염도 덥수룩한 사람은 집주인인 이상곤 씨였고 한 사람은 삼거리에서 '하늘찻집'을 운영하는 정진만 씨, 나머지 한 사람은 '설피산장'의 주인 이이락 씨였다. 세 사람 모두 타지에서 들어와 살고 있는 사람들이었다. 나는 소주 됫병을 놓고 마시는 그들에게 참외 한 개를 안주로 내놓았다. 한 잔 두 잔 그들이 주는 대로 받아 마시다 보니 어느덧 술기운이 올랐다. 그때 갑자기 소나기가 쏟아지기 시작했다. 그리고 얼마 안 있어 장은경 씨가 차를 가지고 도착해 나는 '설피민국' 사람들과 작별인사를 나누고 '꽃 피는 산골'로 돌아왔다.

민박집에는 한국산악회 자문위원인 홍성문 씨와 이사인 김성대 씨가 왕승골에서 조침령까지 산행을 마치고 하루 묵어가기 위해 머물러 있었다. 홍성문 씨는 80대, 김성대 씨는 60대의 노인이었다. 그분들은 구간별로 백두대간을 순례하고 있었는데 이번에는 진고개에서 한계령까지 끊는다고 했다. 특히, 홍성문 씨는 고령의 나이에도 일본 북알프스를 트레킹한 대단한 분이었다. 우리는 삼겹살을 구우며 함께 이야기를 나누었다.

마침 그때 월식이 진행되고 있었다. 달이 사라지는 듯하더니 잠시 후 월식이 끝나고 달은 제 빛을 되찾았다. 밤바람이 신선한 날이었다.

점봉산을 넘어서 한계령으로
—백두대간 순례 56일째

아침 8시가 다 되어 홍성문 씨, 김성대 씨와 함께 장은경 씨의 차를 타고 설피밭으로 향했다. 홍성문 씨와 김성대 씨는 배낭을 '설피민국'에 맡겨 놓고 조침령에서 단목령까지 순례를 한 다음 다시 배낭을 찾아 홍포수 막영터로 갈 예정이었다. 장거리 산행에서는 아무래도 배낭이 부담이 되기 때문이다.

나는 '설피민국'에 배낭을 맡기고 조침령으로 떠나는 홍성문 씨와 김성대 씨를 배웅한 후 '설피민국' 대통령 이상곤 씨의 산막에 들렀다. 그는 1989년에 백두대간 순례를 한 적이 있는데 그때는 지금처럼 길이 개척되지 않았던 시절이라 고생이 많았다고 했다. 그곳에서 커피 한 잔을 얻어 마시고 단목령을 오르기 시작했다. 아침이슬이 아직 채 마르기 전이라 등산화와 바지에 물방울이 튀었다.

단목령에 닿자마자 쉬지 않고 바로 점봉산으로 향했다. 처음에는 가파른 능선길이 나타나더니 855.5m봉을 지나면서 평탄한 능선길이 이어졌다. 편한 길이라 거의 힘이 들지 않았다.

너른골과 관대로 가는 갈림길을 지나 너른골과 약수리 갈림길을 지났다. 산비탈에는 아름드리 참나무와 단풍나무가 많이 들어서 있었다. 가끔 아름드리 음나무도 보였다. 음나무의 껍질(海東皮)은 풍습을 없애 주고 피를 잘 돌게 하는 효능이 있어 사지마비와 관절염에 쓰기도 한다.

12시가 다 되었을 때 점봉산 바로 못 미쳐 설악산 서북능과 화채능을 아주 잘 조망할 수 있는 전망대에 도착했다. 전망대 주위에는 자작나무와 거제수나무가 아주 흔했다. 자작나무의 껍질(樺木皮)은 청열이습(淸熱利濕)과 거담지해(祛痰止咳), 해독소종(解毒消腫)의 효능이 있어 습열로 인한 황달, 이질, 복통, 설사와 각종 염증을 치료하는 데 쓰기도 한다.

점봉산 가는 길은 햇볕이 쨍쨍 내리쬐어 무척 더웠다. 그러나 설악산 허리를 감고 구불구불 오르는 한계령이 보이기 시작하면서 그 경치 감상에 더위도 참을 만했다. 나는 양희은의 '한계령'이란 노래를 음미하며 점봉산을 올랐다. 양희은도 이곳에 올라 한계령을 내려다보았을까. 그리고 가슴으로 산을 느꼈을까. 이 노래는 산을 모르는 사람은 결코 부를 수 없는 노래다.

저 산은 네게 우지마라 우지마라 하고
발아래 젖은 계곡 첩첩산중
저 산은 네게 잊으라 잊어버리라 하고
내 가슴을 쓸어내리네.
아, 그러나 한줄기 바람처럼 살다가고파
이 산 저 산 눈물 구름 몰고 다니는 떠도는 바람처럼
저 산은 내게 내려가라 내려가라 하네.
지친 내 어깨를 떠미네.

한동안 땀을 흘린 끝에 점봉산(1424.2m)에 올랐다. 정상에 있는 바위에 걸터앉아 흐르는 땀을 식혔다. 정상에는 돌판에 새긴 고 임주영의 추모비가 있었는데 그 비문이 간결하면서도 가슴에 와 닿았다.

점봉에서

넌

산이 되는구나.

(단기 4329.6.23. 우리는혼자간다회)

임주영이라는 사람은 아마도 점봉산을 오르다가 불귀의 객이 되었으리라. 나는 그에게 삼가 조의를 표했다. 그래도 산사람이 산에서 살다 산으로 돌아갔으니 이보다 더한 행복이 어디 있으랴.

정상에는 표지판도 없고 단지 '안터마을(5.7km. 2시간 20분)-한계령(6.5km. 3시간 30분)'이라고 쓰인 오래된 팻말 하나만이 나뭇가지에 달랑 걸려 있었다. 귀떼기청봉과 가리봉이 또렷이 보이는 가운데 뭉게구름이 바로 머리 위에 떠 있었는데 낮게 뜬 구름은 서쪽으로 흐르고 높이 뜬 구름은 동쪽으로 흘렀다. 고도에 따라 기류가 다른 모양이다. 낮게 떠서 흘러가는 구름이 손에 잡힐 것만 같았다.

그런데 설악산맥에 걸려 있던 구름이 순간 활짝 걷히며 끝청봉과 중청봉, 대청봉이 손에 잡힐 듯 바라다보였다. 서북능선의 암릉과 침봉들이 절경을 이루고 있는 풍경이란, 혼자 보기 아까울 정도였다. 나는 신선이 된 듯한 기분으로 서북능과 화채능의 장엄하고 화려한 선경에 취해 넋을 잃고 바라보았다.

누가 금강산을 천하제일의 명산이라고 했는가. 이 말을 들으면 설악산이 섭섭하지 않을까. 점봉산 정상에서는 서북능과 화채능을 자세하게 조망할 수가 있고, 설악의 진수를 볼 수가 있었다. 나는 그동안 내가 설악을 헛 다녔다는 생각을 했다. 점봉산을 지나 올라선 망대암산(1236m)도 십이담계곡과 가는고래골이 빤히 보이는 것이 전망이 매우 뛰어났다.

망대암산을 내려와 한동안 이어지는 산죽 숲을 헤쳐나오니 넓은 공터가 나타났다. 공터 한편에는 피라미드처럼 생긴 바위가 있어 걸터앉아 쉬어 가기에 안성맞춤이었다. 그곳에서 나는 고춧잎나물을 반찬으로 주먹밥을 먹었다.

　1157.6m봉에는 참나물이 군락을 이루고 있었다. 산당귀와 산작약도 보였다. 참나물의 뿌리는 거풍산한(祛風散寒)하고 이기지통(利氣止痛)하는 효능이 있어 복통, 설사, 이질에 좋다. 그러나 맛과 향이 뛰어나 산나물 중에서도 귀족이라고 할 수 있는 참나물은 약재보다 나물로서 더 가치가 있다. 산작약은 활혈산어(活血散瘀)와 조경지통(調經止痛), 양혈청간(凉血淸肝), 소종산결(消腫散結) 등의 효능이 있어 어혈로 인한 무월경, 복통, 흉협동통, 타박상에 빠질 수 없는 약이다. 참나물을 연한 새순만 골라서 뜯으니 비닐봉지로 하나 가득이다. 1157.6m봉을 떠나 한계령으로 향했다.
　한계령에 가까워지면서 암릉과 침봉지대가 나타났다. 릿지등반을 해야 하는 곳도 있었다. 그런 험난한 암릉지대를 무거운 배낭을 지고 통과하려니 여간 힘이 드는 것이 아니었다. 나는 서북능선의 절경을 바라보는 것으로 애써 위안을 삼았다.
　땀을 비 오듯 쏟은 끝에 5시에는 점봉산 입산통제소에 도착했다. 그때 초소 안에 있던 청년이 문을 열고 나오더니 내게 쉬어 가기를 권했다. 그는 백두대간을 무지원 단독 순례하는 중이라는 목포한솔산악회 오옥현 군이었다. 나는 처음 만난 그가 무척 친근하고 반갑게 느껴졌다. 오늘에서야 처음으로 백두대간을 단독 순례하는 사람을 만난 것이다. 이런 것을 동병상련이라 할까. 그는 내 백두대간 순례 경험도 들을 겸 오색으로 내려가 하룻밤을 함께 묵자고 권유했다. 물론 나도 거절할 이유가 없었다.
　오옥현 군은 짐이 무거워 미시령에서 마등령을 넘어올 때 탈진까지 했다고 말했다. 그 말에 배낭을 들어보니 묵직한 것이 40kg은 족히 나갈 것 같았다. 그래서 나는 그에게 배낭을 다시 꾸려 버릴 것은 버리라고 충고를 했다. 내 말대로 배낭을 풀어 꼭 필요한 것만 챙겨 다시 꾸리니 10kg 정도는 가벼워진 것 같았다.

필례에서 넘어오는 도로를 따라 걸어서 한계령 휴게소에 이르니 7시가 다 되어 있었다. 마침 오색으로 가는 승용차를 얻어타고는 오색으로 내려와 '오색민박'에 들었다. 숙소로 들어가 샤워를 하는데 오른쪽 옆구리에 또 진드기 한 마리가 붙어 있었다.

우리는 동네 슈퍼에서 삼겹살을 사다가 아까 뜯어 온 참나물에 싸서 먹었다. 참나물의 향이 입안 가득 퍼지는 게 아주 별미였다. 인심 후한 주인 아주머니는 집에서 상품으로 개발해 판매하고 있다는 송이 고추장을 가져다주었다. 송이버섯이 들어간 고추장이라 그런지 매콤하면서도 감칠맛이 났다.

나는 오옥현 군에게 앞으로 남은 구간의 야영지와 물을 구할 수 있는 곳에 대한 정보를 상세하게 알려 주었다. 그는 지도에 꼼꼼하게 기록해 가며 내 이야기를 귀담아들었다. 나의 백두대간 순례는 이제 막바지에 이르렀는데 그는 이제 시작이다. 그래서일까, 그가 무척 안쓰러워 보였다.

설악산 제일봉 대청봉에서
-백두대간 순례 57일째

오늘 아침 하늘은 오랜만에 구름 한 점 없이 맑았다. 나는 오옥현 군과 함께 '오색민박'을 나와 버스정류장으로 갔다. 오옥현 군이 먼저 양양읍내로 가는 시내버스를 탔다. 불필요한 짐은 집으로 보내 버리라는 내 충고에 따라 짐을 부치러 가는 길이었다. 애틋한 마음에, 충주 구간을 지날 때 내게 꼭 들러서 가라고 당부를 했다. 그를 보내고 한계령으로 오르는 도롯가에 앉아 버스를 기다리며 어제 지나온 백두대간을 바라보니 십이담계곡과 능선의 침봉들이 맑은 하늘을 배경으로 그림처럼 다가온다.

버스를 타고 한계령에 도착했다. 나는 일단 휴게소로 들어가 돌솥 산채 비빔밥을 시켰는데 값은 비싸기만 하고 음식은 부실하기 짝이 없었다. 게다가 음수대에는 '식수를 받아가지 마시오.'라는 경고문이 붙어 있었다. 정말이지 사나운 인심이었다.

9시 45분, 한계령을 떠나 서북능선으로 오르는 매표소를 지난다. 주말이라 그런지 등산객들이 더러 눈에 띄었다. 시작부터 가파른 오르막길에는 절벽이나 다름없는 암릉지대가 많아 로프를 잡아야만 겨우 올라갈 수가 있었다.

11시 45분 귀떼기청봉과 끝청 갈림길(1380m)에 올라섰다. 고갯마루에 올라서자 시야가 탁 트이면서 가리봉과 귀떼기청봉, 용아장능, 공룡능, 화채능, 중청봉이 한눈에 다 보인다.

전망이 좋은 무명봉에 오르자 용아장 능선 너머로, 매월당 김시습이 삭발하고 입산한 암자로 유명한 오세암이 보였다. 안개도 전혀 끼지 않아 눈길이 닿는 데까지 모두 보였다. 송창식이 부른 '푸르른 날'을 생각나게 하는 그런 날이었다.

눈이 부시게 푸르른 날은 그리운 사람을 그리워하자.
저기저기 저 가을 꽃자리 초록이 지쳐 단풍드는데
눈이 내리면 어이 하리야 봄이 또 오면 어이 하리야.
내가 죽고서 네가 산다면? 네가 죽고서 내가 산다면
눈이 부시게 푸르른 날은 그리운 사람을 그리워하자.

오후 2시 30분 1459m봉을 넘어 끝청(1604m)에 닿았다. 하늘에는 드문드문 하얀 뭉게구름이 보이고 중청봉과 대청봉이 이젠 손에 닿을 듯 다가왔다. 또, 용아장능이 시작하는 머리에 봉정암이 성냥갑만한 크기로 눈에 들어왔다. 봉정암은 전국의 사찰 중에서도 가장 높은 곳에 자리 잡은 절이다.

그런데 중청봉에 이르자 철조망이 이중삼중으로 쳐 있고 '민간인 출입금지'라는 경고문이 있어 그 이상은 더 오를 수가 없었다. 군사시설로 인해 중청봉을 오를 수 없다는 사실이 아쉽기만 했다.

할 수 없이 철조망을 우회하여 중청대피소로 향했다. 그리고 마침내 설악산 제일봉 대청봉(1707.9m)에 올라선다. 대청봉 정상에서 사방을 둘러보니 일망무제로 눈에 걸리는 것이 없었다. 설악의 절경이 파노라마처럼 펼쳐지며 속초시가 한눈에 들어왔다. 잔잔한 속초 앞바다에는 고깃배 뒤를 따라 생기는 물보라만이 하얗게 보였다. 그리고 화채능, 천불동계곡, 죽음의 계곡, 울산바위, 공룡능, 가야동계곡, 중청, 끝청, 점봉산, 망대암산, 가리봉, 황철봉, 신선대, 천화대 등등 탄성이 저절로 튀어나오는 절경들이란. 여기가 필시 화엄 세상, 연화장 세상이었다! 설악의 장엄한 풍경을 보고 있노라니 지리산 천왕봉에서부터 여기까지 오려고 고생한 시간이 하나도 아깝지 않았다. 정상의 바위봉우리에 서서 홀로 감회에 젖어본다.

잠시 쉬었다가 정상에서의 감격을 뒤로하고 희운각 대피소로 내려가기로 한다. 그런데 웬일인지 좀체 길을 찾을 수가 없었다. 사람이 다닌 흔적이 있어서 내려가 보면 길은 어느 사이엔가 사라지고 없기를 서너 차례 반복하고 나자 기운이 다 빠져 버렸다.

그런데 어이없게도, 철조망이 이중삼중으로 쳐 있고 '출입금지'란 팻말까지 달린 곳이 바로 백두대간 길이었다. 나는 배낭을 먼저 그 너머로 던져 놓고 철조망을 타고 넘었다.

희운각 대피소로 내려가는 길은 바위투성이에다가 매우 가파른 편이었다. 게다가 능선 오른쪽은 듣기에도 무시무시한 죽음의 계곡이었다. 조심조심 발걸음을 내딛으며 비탈길을 내려간다. 산기슭에는 구상나무, 마가목, 눈잣나무, 측백나무들이 많이 자라고 있다. 눈잣나무의 가지와 잎은 만성기관지염으로 인한 해수와 천식에 효능이 있다. 그리고 측백나무의 잎은 양혈지혈(涼血止血)하고 거담지해(祛痰止咳)하는 효능이 있어 혈열로 인한 각종 출혈증과 폐열로 인한 해수, 천식에 쓴다. 측백나무의 종자(柏子仁)는 양심안신(養心安身)과 윤장통변(潤腸通便)의 효능이 있어 불면증과 건망증, 변비를 치료하는 데 쓴다.

신선대의 암릉과 침봉들이 절경을 이루는 전망 좋은 지점에 이르러 잠시 쉬어가기로 했다. 그곳에서 나는 동해대학교 환경공학과 김선희 교수와 강릉대학교 생물학과 김진석, 김태근 학생을 만났다. 그들은 설악산지역의 군락 조사를 나왔다고 한다.

그들과 헤어진 후 희운각 대피소에 도착하니 저녁 6시다. 대피소에는 등산객들이 여기저기 놓인 탁자에 둘러앉아 저녁식사 준비를 하고 있었다. 대피소 지킴이 최영철 씨에게 내가 백두대간을 순례하는 중이라고 했더니 그는 침상 가운데 가장 편한 자리를 내어 준다. 그때 미 8군에 근무한다는 이무원 씨가 텔레비전에서 나를 본 적이 있다면서 인사를 건넸다. 그 자신도 3년간에 걸쳐 백두대간 구간 순례를 마친 적이 있다고 했다. 그러더니 요긴할 때 먹으라며 미군용 씨레이션 하나를 건네주었다. 그것으로 저녁을 때우라는 의도는 아니었는데 너무 허기가 졌던 나는 그 자리에서 씨레이션 봉지를 뜯어 비스킷과 햄을 꺼내 먹었다. 허겁지겁 먹고 나니 시장기는 어느 정도 가셨다. 게다가 저녁식사를 하던 중앙대학교 약학대 학생들이 코펠 뚜껑에 밥과 고추장을 나누어줘 그날 저녁은 그렇게 해결할 수 있었다.

공룡능선을 넘어서 미시령으로
─ 백두대간 순례 58일째

　너무 피곤했던 탓일까, 곤히 자지도 못하고 새벽 2시에 잠이 깼다. 보름을 하루나 이틀 지났을 듯한 둥그런 달이 대청봉 산마루 위에 떠 있었다. 나는 일어난 김에 순례 길을 일찍 나서기로 했다. 아침을 먹고 출발하기 전 대피소 지킴이 최영철 씨에게 숙박료를 내려고 하는데 한사코 받지 않았다. 그는 다만, 내가 백두대간 순례를 무사히 마치기를 바란다고 했다.
　새벽의 여명이 밝아올 때 나는 희운각 대피소를 떠나 신선대로 향했다. 가야동 계곡과 비선대 갈림길인 무너미 고개를 지나 신선대를 오를 무렵 헤드 랜턴을 꺼도 길이 보일 만큼 날이 밝다.
　신선대에 오르자 때마침 일출이 시작되고 있었다. 화채능선의 지평선은 온통 붉게 물들고 시뻘건 불덩이가 솟아올랐다. 일순간 설악산맥의 능선과 계곡, 암릉과 침봉들이 장엄 화려하게 모습을 드러냈다. 주변에는 그 장면을 포착하기 위해 연방 셔터를 눌러대는 사진작가들이 여럿 보였다. 아마도 그 자리에서 밤을 지새운 모양이었다. 그 한순간을 포착하기 위해 며칠이고 기다림을 감내하는 사진작가들의 인내와 끈기가 새삼 대단해 보였다.

　신선대를 거의 다 내려왔을 즈음 동행 한 사람이 생겼다. 언론중재위원회 황정근 심의 1팀장이었다. 그는 애초 마등령에서 백담사 쪽으로 내려갈 생각이었지만 백두대간을 순례하는 나를 만나 계획을 바꾸었다고 한다. 그렇지 않아도 적적했는데 잘된 일이었다. 나는 그와 함께 미시령까지 동행을 하기로 했다.

천화대를 오르며 나는 주변의 풍광에 넋을 잃었다. 기기묘묘한 바위들이 모여 웅장한 암릉과 침봉을 이루면서 거대한 하늘꽃을 피워 올리고 있었다. 그래서 이름이 천화대(天花臺)인 모양이었다. 아무리 천지신명의 조화로 하늘꽃 바위 누각을 만들었다 할지라도 이렇게까지 사람의 넋을 빼앗을 수가 있는 것인지.

하지만 풍광이 화려했지만 천화대로 오르는 길은 가파르고 험했다. 바위벼랑을 오르면서 갑자기 성철 스님이 남긴 '산은 산이요 물은 물이로다.'라는 아리송한 화두가 떠오르는 것은 왜일까.

그는 당시 세상 사람들에게 무엇을 전하고자 했던 것일까. 그의 사후 벌써 그를 신격화하는 조짐이 조계종 승단을 중심으로 일어나고 있다. 하지만 과연 그것이 성철 스님이 진정 바라고 원하던 것이었을까.

이런저런 생각을 하는 사이에 어느새 천화대(1275m)에 올랐다. 범봉으로 갈라지는 능선의 정상 쉼터에서 잠시 쉬어가기로 했다. 쉼터 앞 암벽에는 벽화의 흔적이 남아 있었지만 이끼가 벽화를 뒤덮고 있어서 무엇을 그렸는지조차 알아보기 어려웠다.

천화대를 떠나서는 설악의 절경을 감상하며 나한봉에 올랐다. 나한봉은 능선의 여기저기 암릉과 침봉들이 솟아 있어 마치 모든 나한들이 이리로 몰려와 자리를 잡고 앉아 있는 듯했다. 나한은 미래불인 미륵불이 나타날 때까지 중생들을 제도하라고 부처의 수기를 받은 사람들이다. 그들은 부처가 되지는 못했지만 이미 해탈의 경지에 도달한 성자이므로 초자연적인 신통력이 있다. 본래는 존경받을 만한 사람, 공양받을 만한 사람이라는 의미로 고타마 싯다르타도 처음에는 '아라한'이라 불렸다. 특히, 초기 불교에서는 고타마 싯다르타의 제자들이 수행을 통해 최고의 경지 곧 현실의 모든 번뇌와 고통을 여읜 해탈의 상태를 일컫는 말이다. 나한봉은 이런 의미들을 모두 포함한 곳이다.

오전 9시 10분에는 마등령(1240m) 안부에 도착했다. 안부에는 제법 넓은 공터가 있어 야영을 하기에 좋아 보였다. 전에는 이곳에 간이휴게소가 있었는데 지금은 사라지고 없었다. 산행을 위한 정보를 얻을 기회가 사라져 조금은 아쉬운 생각이 들었다. 백두대간꾼들은 국립공원관리공단에서 운영하는 대피소에는 웬만해선 들지 않는다. 그것은 공단직원들의 관료적이고 사무적인 태도 때문이기도 하지만, 개인이 운영하는 대피소나 휴게소는 주인이 대개 산악인 출신이거나 그 산에 대해 속속들이 알고 있는 사람이라 요긴한 정보를 얻을 수 있기 때문이다.

마등령에 올라서니 고갯마루에는 비선대에서 올라왔다는 중년 부부가 쉬고 있었다. 그들에게 비선대 쪽에 샘터가 있다는 말을 듣고 황정근 씨가 자청해서 물을 뜨러 내려갔다. 그동안 나는 세존봉에서 비선대를 향해 뻗어내린 능선과 바위봉우리의 경치를 감상했다. 그때 어디서 나타났는지 다람쥐 서너 마리가 내 주위를 분주하게 오갔다. 내가 아몬드 몇 개를 던져 주자 다람쥐들은 금방 달려들어 앞발로 아몬드를 잡고 야금야금 갉아먹었다. 먹는 모습이 앙증맞고 귀여웠다.

설악산에 서식하는 다람쥐들은 사람을 전혀 무서워하지 않는다. 등산객들이 던져 주는 먹이에 길이 든 것이다. 하지만, 야생의 세계에서는 결코 바람직하지 않은 현상이다.

얼마 후 황정근 씨가 물을 떠 가지고 땀을 뻘뻘 흘리며 올라왔다. 우리는 곧 마등령을 떠나 1326.7m봉을 오르고, 다시 1326.7m봉을 넘었다. 이때부터 길이 험해지기 시작하면서 크고 작은 바위들이 떨어져 내려 쌓여 있는 너덜지대가 계속 나타났다. 또한, 오르막길과 내리막길이 수도 없이 반복되어 지루하면서도 몹시 힘든 길이었다.

정오가 넘어 1249.5m봉을 넘는데, 이 봉우리는 정상이 깎아지른 듯한 바위봉우리라 우회로를 타지 않고서는 지나갈 수가 없었다. 저항령이 바로 밑에 내려다보이는 바위봉우리에 올라서니 속초 앞바다가 훤하게 바라다 보였다. 또한, 내설악의 크고 작은 계곡들이 모여 백담계곡에서 합치고 길골과 곰골이 백담을 향해 치닫는 모습이 장관이었다. 바로 여기가 금강이 아니고 무엇이랴. 이은상 시인이 작사한 '금강에 살어리랏다' 라는 노래가 저절로 떠오르는 절경이다.

금강에 살어리랏다 금강에 살어리랏다
운무 더리고 금강에 살어리랏다
홍진에 썩은 명리야 아는 체나 하리오.

이 몸이 스러진 뒤에 혼이 정녕 있을진대
혼이나마 길이길이 금강에 살어리랏다
생전에 더럽힌 마음 명경같이 하고저.

저항령으로 내려가는 길은 큰 바위들이 굴러 떨어져 얼기설기 너덜을 이룬 바위너덜지대라 눈비가 올 때나 야간에 지날 때는 무척 위험하다. 우리는 그곳을 통과해 저항령에 닿았다. 저항령은 일명 늘목령이라고도 하는데 속초 설악동에서 인제 용대리나 백담사로 넘어가는 재다.

저항령 여기저기에는 참나물, 곰취, 산당귀들이 아주 흔했다. 그런데 언뜻 산삼잎처럼 보이는 것이 눈에 들어왔다. 하지만, 캐내고 보니 천남성이었다. 천남성은 조습화담(燥濕化痰), 거풍지경(祛風止痙), 산결지통(散結

止痛)의 효능이 뛰어나 풍담으로 인한 중풍, 반신불수, 구안와사, 전간, 파상풍, 관절염을 치료하는 데 쓴다. 최근에는 자궁경부암 치료에 효능이 있다는 연구결과가 나와 있다. 그러나 천남성은 독성이 매우 강해 반드시 전문가의 처방을 받아야 하고 맨손으로 만질 경우 피부가 상하므로 주의해야 한다.

저항령을 떠나 황철봉으로 가는 길도 도처에 가파른 바위너덜지대가 도사리고 있다. 그곳을 지나 오후 3시 15분에는 황철봉(1381m)을 넘었다. 황철봉 일대는 눈잣나무, 측백나무, 구상나무들이 군락을 이루고 있었다.

우리는 또 한 군데의 바위너덜지대를 통과해 1318.8m봉에 올랐다. 그곳에 앉아 잠시 땀을 식히고 있는데 한 노인이 땀을 뻘뻘 흘리면서 올라오고 있었다. 인천의 어느 산악회 고문이라는 그 노인은 길을 잃고 산속을 헤매다가 다행히 내가 지나온 길을 발견하고 뒤쫓아 왔다고 한다. 노인은 내가 따라준 물 한 컵을 단숨에 마셔 버렸다. 탈진 일보직전이라 나는 가지고 있던 정제소금 두 알을 먹게 했다. 그렇게 물과 소금을 먹고 힘을 얻은 노인은 일행을 만나야 한다면서 서둘러 미시령을 향해 떠났다.

1318.8m봉을 내려가는 길도 바위너덜지대였다. 너덜지대는 길이 따로 없어 목표를 정하고 최단거리로 바위를 옮겨다니면서 가는 수밖에는 다른 도리가 없다. 한참을 그렇게 가다 보니 무릎관절이 심하게 시큰거려왔다.

인제군과 양양군, 그리고 고성군의 경계가 되는 산봉우리를 지나니 길은 이제 평지거나 내리막길이었다. 우리는 한동안 잡목 숲을 헤치고 키 작은 풀들이 자라고 있는 구릉지대를 걸었다. 그렇게 걸어 6시가 되기 전에 미시령에 도착할 수 있었다. 미시령에 도착하자마자 우리는 휴게소에서 오징어 순대와 밀전병을 안주로 조 껍데기 막걸리 두 통을 단숨에 마셔 버렸다. 그리고 속초로 내려가 일박을 하기로 했다. 미시령은 강풍으로 유명한 곳인 데다가 휴게소 주변에는 야영이 금지되어 있기 때문이었다. 게다가 오늘 산행이 너무 힘들고 다리도 성치 않아 내일은 도저히 산행을 할 자신이 없었다.

우리는 속초로 가는 소형트럭을 얻어타고 속초로 내려갔다. 황 팀장은 일단 서울행 고속버스표를 끊어두고 나는 근처 민박집에 숙소를 정했다. 그리고 나서 함께 방파제로 회를 먹으러 나갔다.

동해의 검푸른 바다 위로 저녁노을이 지고, 오징어잡이 배들은 벌써 불을 밝히고 고기잡이를 하고 있었다. 우리는 바다가 잘 보이는 곳에 자리를 잡고 깊어가는 속초의 밤바다를 바라보며 이런저런 세상사는 이야기를 나누었다.

백두대간 길 마지막 밤을 속초에서
−백두대간 순례 59일째

오늘은 산행을 쉴 작정을 한 터라 느긋하게 아침잠을 즐겼다. 그리고 일어나서는 빨랫감을 주섬주섬 챙겨들고 목욕탕으로 향했다. 늘 하던 대로 남의 시선은 무시한 채 빨래를 하고 뜨뜻한 물에 몸을 담그니 피로가 싹 가시는 것 같았다.

돌아오는 길에는 숙소 근처 식당에서 자장면을 먹었다. 그리고 내일 산행에 가지고 갈 과일과 빵을 샀다. 그리고 방 안에 들어와 밀린 잠을 늘어지게 잤다. 푹 자고 나니 무릎 통증도 좀 덜해진 기분이었다.

저녁때는 친구 홍기돈 사장이 고등학교 동창 양원석 군과 함께 충주에서부터 위문차 달려왔다. 우리는 대포항에서 떠온 생선회와 황태해장국을 먹으며 산행 이야기를 나누었다. 그리고 저녁 늦게 그들이 떠나는 편에 나는 필요 없는 짐을 꾸려 먼저 실어 보냈다.

이젠 미시령에서 진부령까지 마지막 하루가 남았다. 민박집 주인 김근배 씨가 내가 한의학도인 것을 알고는 아끼던 화타해부경혈도 한 권을 선물로 주었다. 그는 자기 자식들은 한의학과는 거리가 멀고, 또 책은 반드시 필요한 사람에게 가야만 하는 법이라면서 이것도 인연이니 받아 두라고 했다. 변변치 못한 내게 많은 기대를 하는 것 같아서 어깨가 무거웠다.

백두대간 길에서의 마지막 밤이 그렇게 저물어 가고 있었다. 나는 동해 바다 푸른 물결을 꿈꾸며 잠자리에 들었다.

비 내리는 진부령에서
-백두대간 순례 60일째

백두대간 순례 마지막 날이다! 나는 아침 일찍 고양이 세수로 얼굴만 대충 씻은 다음 속초 고속버스 터미널 근처 식당에서 간단히 아침을 먹은 후 택시를 타고 미시령으로 향했다.

미시령에는 강풍이 몰아치고 있었다. 내가 휴게소 정수기에서 물을 좀 받으려고 하자 직원은 퉁명스럽게 물은 화장실에서 받아가라고 말했다. 여기도 한계령 휴게소처럼 물 인심이 고약했다. 나는 어쩔 수 없이 냄새 나는 화장실에서 물을 받아야만 했다.

7시에 미시령을 떠나 백두대간의 능선에 올랐다. 능선으로 올라서자 몸의 중심을 잡을 수 없을 정도로 바람이 거세게 불어닥쳤다. 허리를 굽혀 자세를 낮춰야 겨우 걸음을 떼어 놓을 수 있을 정도였다. 그러다가 활엽수가 우거진 숲 속으로 들어가서야 바람이 조금 순해졌다.

1239m봉을 올라가는 길에는 샘터가 하나 있었다. 나그네의 타는 목줄기를 적셔주는 샘터란 정말 반가운 곳이 아닐 수 없었다. 샘터를 지나 1239m봉에 올라서니 정상에는 아담한 돌탑이 하나 서 있었다. 정상에서는 동해의 푸른 바다가 한눈에 들어왔고 신선봉과 칠절봉, 향로봉도 보였다. 그런데 바람 때문에 더는 머무를 수가 없었다. 바람이 어찌나 강한지 사람조차 휘청거릴 정도였고 나뭇가지들은 울부짖는 소리를 냈다.

소간령과 신평 갈림길에는 참나물과 승마가 군락을 이루었다. 그리고 곳곳에 군사용 참호가 있는 것으로 보아 나는 전방이 점점 가까워지고 있음을 느꼈다. 냉전의 유물을 바라보면서 하루빨리 민족의 통일을 이루어야겠다는 마음 간절했다.

잡목이 우거진 길을 헤쳐 신선봉(1204m)에 올라선다. 정상에 서니 하늘에 시커먼 비구름이 몰려와 있어 경치를 보는 둥 마는 둥 하고 얼른 하산을 서둘렀다. 신선봉을 내려가는 길도 바위너덜지대였는데 그곳을 거의 다 벗어났을 때 기어이 비를 만나고야 말았다. 비옷을 꺼내 입은 지 얼마 안 되어 비는 그쳤지만 언제 다시 쏟아질지 모르는 일이었다.

너덜지대를 벗어나자 키 작은 잡목지대가 한동안 이어졌다. 이곳에서 나는 지도를 설악 지도에서 간성 지도로 바꾸었다. 스물다섯 장째, 이것이 마지막 지도다.

11시에는 소간령에서 고성군 토성면으로 넘어가는 재인 대간령에 도착했다. 대간령은 아늑한데다가 넓적하고 평평한 돌들이 많아서 산행에 지친 산꾼들이 쉬어가기에 좋은 곳이다. 게다가 야영을 하기에도 좋은 조건을 갖추고 있었다.

대간령을 떠나 마산으로 향하는 길에는 각다귀에게 목덜미를 두 번이나 물렸다. 목덜미가 따끔거리고 가려웠다. 물파스와 해충퇴치 약을 바르고 왔는데도 소용이 없었다. 풀숲을 헤치고 지나갈 때 숨어 있던 각다귀들이 떼거리로 날아들어 물어뜯으면 그야말로 속수무책으로 당할 수밖에 없는 것이다. 그래서 진드기와 각다귀들이 많이 서식하는 응복산부터 마산에 이르는 구간을 지날 때는 각별한 주의가 필요하다.

오후 1시가 되어 마산(1051.9m)에 올라섰다. 정상에 갈림길이 있는데 백두대간은 오른쪽 능선으로 지나간다.

마산을 내려갈 때 비가 다시 내리기 시작했다. 다시 내린 비는 쉽게 그칠 기미가 보이지 않았다. 알프스 리조트에 거의 다 와서 갈림길이 또 하나 나온다. 이곳에서 백두대간을 고집하는 사람이라면 오른쪽 길을 선택해야 한다. 그런데 오른쪽 능선 길을 따라 내려갔는데도 가파른 비탈길을 지나고 보니 스키장이 나왔다. 백두대간을 스키장과 콘도, 그 밖의 위락시설들이 점령하고 있는 것이다. 정말이지, 한숨이 절로 나오는 상황이었다.

나는 백두대간을 따라 걷는 것을 포기한 채 스키장과 콘도 사이로 난 길로 걷기로 한다. 스키장을 벗어나자 이번에는 군부대와 흘리초등학교가 백두대간 위에 자리 잡고 있는 게 보였다. 흘리 삼거리 슈퍼에 들러 주인에게 물으니 백두대간 능선 길을 물으니 진부령에서 흘리로 진입하는 도로를 타고 가면 된다고 한다. 그러면서 그는 다른 순례자들도 대개 그렇게 한다는 것이다.

도로를 따라가면서 보니 개발로 인해 백두대간의 능선이 곳곳에서 잘려 있고, 진부령에서 진입하는 도로에 의해서도 몇 군데가 잘려 나갔다. 마지막 구간에서 용두사미가 된 백두대간을 보며 좀 허무하다는 생각이 들었다. 원래의 백두대간은 알프스 리조트 콘도건물을 지나 군부대 기지 한가운데를 가로지른 다음, 흘리초등학교 뒷담 울타리를 따라가다가 626.6m 봉에서 진부령으로 내려서야 한다.

흘리에서 백두대간을 고집하는 것은 별 의미가 없었다. 다만, 흘리 삼거리 슈퍼에서 도로를 따라가면 나오는 백두대간 종점기념탑 앞에서 잠시 백두대간의 의미를 되새긴 다음 진부령으로 내려서면 되는 것이다. 백두대간을 순례하는 사람들은 삼거리 슈퍼주인에게 길을 묻지 않는 것이 좋다. 이 구간을 지나는 사람마다 길을 물어대는 통에 슈퍼주인은 있는 대로 짜증이 나 있는 상태였다. 나 역시 그걸 모르고 길을 물었다가 안주인의 짜증 섞인 푸념을 들어야만 했다.

마침내 나는 백두대간 종점기념비 앞에 섰다. 종점을 알리는 빗돌은 나에게 아무런 의미도 없다. 왜냐하면, 백두대간은 결코 여기서 끝나는 것이 아니기 때문이다. 지지리도 못난 인간들의 어떠한 인위적인 가로막음도 백두대간의 도도한 흐름을 끊지는 못하리라. 새들도 가고픈 곳을 따라서 자유롭게 오가는데 정작 만물의 영장이라고 자처하는 인간들은 선을 그어 놓고 오가지도 못하는 이 기막힌 현실에 가슴이 메었다. 가수 안치환도 얼마나 안타까웠으면 '백두여! 한라까지, 한라여! 백두까지'라는 노래를 불렀을까!

백두여! 한라까지, 한라여! 백두까지
백두여 백두여 천지의 눈물 흘러 반도의 염원 휴전선의 한을 품고
한라여 한라여 남도의 눈물 흘러 끊어진 핏줄 하나 되어
만나는 날 언제이련가 한라와 백두 하나 되는 날
무궁화 진달래 그 뿌리는 하난데
아! 영광의 조국 너 나의 숨결 다하는 그날
부둥킨 가슴속 뜨거운 내 눈물이
백두여! 한라까지, 한라여! 백두까지
백두여! 한라까지, 한라여! 백두까지

마침내 도착한 진부령에는 가랑비가 부슬부슬 내리고 있었다. 나는 진부령에 도착하면 벅찬 감동이 북받쳐 오며 감격의 눈물이 나올 줄로만 알았다. 그러나 막상 이곳에 도착하니 이상하게도 마음이 그저 담담하다. 나는 내 인생길에서 아주 잠깐의 시간만을 산길에서 보냈을 뿐이었다.

칠절봉과 향로봉으로 가는 길은 군부대에 의해서 가로막혀 있었다. 군부대 정문에서 보초를 서고 있는 두 명의 초병들을 보며 저들이 과연 끊어

진 백두대간의 의미를 알까 싶었다. 저 군부대 정문을 지나 백두대간을 따라 올라가면 개마고원을 거쳐 민족의 영산 백두산까지 갈 수 있는 것이다. 금강산은 여기서 며칠 만에 닿을 수 있는 거리다. 나는 통일이 되어 남과 북을 자유롭게 왕래할 수 있을 때까지 참았다가, 후에 백두대간을 걸어서 금강산으로 갈 것이다. 그때까지 금강산은 내게 '그리운 금강산'으로 남아 있으리라.

    누구의 주제런가 맑고 고운 산
    그리운 만 이천 봉 말은 없어도
    이제야 자유 만민 옷깃 여미며
    그 이름 다시 부를 우리 금강산
    수수만년 아름다운 산 더럽힌 지 몇몇 해
    오늘에야 찾을 날 왔니 금강산은 부른다.

    비로봉 그 봉우리 짓밟힌 자리
    흰 구름 솔바람도 무심히 가나
    발아래 산해 만 리 보이지 마라
    우리 다 맺힌 원한 풀릴 때까지
    수수만년 아름다운 산 더럽힌 지 몇몇 해
    오늘에야 찾을 날 왔나 금강산은 부른다.

백두대간 순례의 남은 구간은 훗날로 기약하며 집으로 가는 길에 올랐다. 원통행 시내버스를 타고 진부령을 내려가면서 안개에 젖은 설악산맥을 하염없이 바라보았다. 조금 전까지 저 산에서 있었는데 그게 아주 먼 옛날 일인 것처럼 느껴진다.

저녁 늦게 집에 도착해 초인종을 누르니 아내가 버선발로 뛰어나와 나를 반갑게 맞는다. 나는 방으로 들어가자마자 산에서 걸쳤던 모든 것들을 허물을 벗듯 훌훌 벗어던졌다. 샤워를 하니 땟국이 시커멓게 나왔다. 몸을 깨끗이 씻고 나자 그동안 백두대간에서 쌓인 노독도 말끔히 가시는 기분이었다. 아내는 나를 위해 정성스런 저녁밥상을 차려두었다.

따뜻한 식사, 편안한 잠자리. 어느덧 나는 속세로 돌아와 있었다. 이렇게 해서 60일간의 백두대간 순례는 끝이 났다.

집으로 돌아오니 아내가 선녀로 변해 있었다. 그날 밤 나는 백두대간을 품에 안은 채 깊고 편안한 잠에 빠져들었다.